상실의 언어

Languages of loss

상실의 언어

Languages of loss

사랑하는 사람을 잃은 심리치료사가 쓴

회복과 치유의 기록

＊ 사샤 베이츠 지음 신소희 옮김

심심

밤이 내렸다. 열차의 유리창이 반투명해져서, 창밖의 어두운 풍경을 내다볼지, 아니면 창에 비친 객실 안 풍경을 바라볼지 선택할 수 있었다. 나는 늘 투시도법이 일으키는 착시 현상을 좋아했다. 그래서 차창에 비친 풍경과 창밖의 풍경을 번갈아 바라보았다.

존 란체스터John Lanchester, 《더 월The Wall》 중에서

빌리에게

추천의 말

"선생님, 이 고통이 언제 끝날까요?" 누군가를 죽음으로 잃고 상 담실 문을 두드리는 분들이 가장 자주 하는 질문이다. 정도의 차이가 있지만 대부분 사별자는 사별 후 첫 1년 동안 한 번도 겪어 보지 못했던 감정의 소용돌이에 휘말리는 경험을 한다. 그 경험이 너무 낯설고 두려워 어딘가에 치워 놓고 싶은 마음이 들 기도 한다. 사별자들에게 그들의 마음을 표현할 적당한 언어를 찾는 일은 너무나 힘든 일이다.

사샤가 남편을 잃고 보낸 첫 1년도 상담실에서 만난 다른 사 별자의 1년과 다르지 않았다. 그러나 심리치료사인 사샤는 애도 과정에서 자신이 느꼈던 감정의 변화를 세심하게 관찰하고 기 술한다. 고통의 한가운데에서도 자신의 마음을 분석하고 이해 하고 공부하며 비탄의 파도를 넘나드는 것이 가혹하게 느껴지 기도 했다. 하지만 덕분에 사별자가 차마 말로 표현할 수 없던 상실의 언어가 명확해졌다. 그 시간을 함께하는 동안 상담실에 오갔던 많은 내담자가 떠올랐다.

이 책은 그 어떤 말로도 비탄의 마음을 표현힐 수 없이 홀로

있는 사별자, 사별자 곁에서 어떤 위로를 해야 할지 모르는 사
람들, 그리고 애도 상담을 하는 정신건강 전문가들에게 필요한
정확한 도움을 줄 것이다.

고선규, 임상심리 전문가 · 《우리는 모두 자살 사별자입니다》 저자

믿을 수 있겠는가. 우리에게 가장 커다란 기쁨을 주는 존재와
가장 커다란 고통을 주는 존재가 같다는 것을. 그것은 바로 사
랑이다. 사샤는 사랑 때문에 느낀 가장 달콤한 행복과 사랑 때
문에 느낀 가장 비참한 고통을 모두·맛본 사람이다. 남편에 대
한 지극한 사랑, 그리고 남편의 죽음에 대한 영원한 상실감이
그를 극적으로 변화시킨다. 게다가 심리치유가 '직업'인 이 작
가에게는 그 어떤 유려한 이론으로도 결코 메워지지 않는, 사랑
하는 자를 잃은 슬픔이 더욱 생생한 아픔으로 도드라진다. 이
책의 저자는 '사랑하는 이를 영원히 잃어버린 자의 슬픔'과 '그
슬픔에도 불구하고 삶과 세상과 인간에 대한 더 커다란 사랑의
희망을 놓지 않는 자의 기쁨'을 동시에 표현한다.
  눈물이 펑펑 쏟아지다가도 끝내는 따스하게 미소 짓게 만든
다. 이 책 속에 나오는 고통의 99.9퍼센트는 우리가 지금 하고
있는 사랑 때문에 겪게 될, 미래의 쓰라린 아픔이기 때문이다.
사랑하는 한 우리는 상처받게 되어 있다. 하지만 사랑하고 사랑

받는 한, 우리의 상처는 끝내 치유될 희망이 있다.

정여울, 《나를 돌보지 않는 나에게》 저자

사랑하는 남편을 잃고 쓴 이 생생하고 격렬한 기록을 읽으면서, 나는 사샤의 관대함과 사랑하고 사랑받는 일의 아름다움에 깊이 감동했다. 혼란과 비탄을 견뎌내는 과정을 묘사하고 철학, 영혼, 치유에 대해 사색하는 동시에 유족의 불가사의한 내면을 온전히 드러내는 사샤의 글은 매우 교훈적이며 또한 흥미롭다. 하지만 내게 가장 경이롭게 느껴졌던 건, 사랑으로써 자신 혹은 타인과 유대를 형성해가는 인간의 근본적이고도 아름다운 능력이었다. 나는 이 책을 언제나 곁에 둘 것이다.

에드 사이먼스Ed Simons,
케미컬 브라더스Chemical Brothers 멤버 · 심리치료사

사샤의 글은 강렬하고 진솔하다. 사샤가 겪어왔으며 여전히 겪고 있는 고통의 적나라함은 또 다른 자아인 심리치료사로서의 차분하고 명쾌한 객관성과 균형을 이룬다. 이 책에서 내가 아는 빌의 모습을 생생히 인식할 수 있다는 점은 사샤의 인물묘사가

얼마나 뛰어난지를 증명한다. 빌을 모르는 사람이라 해도 이 책을 읽으면 사랑하는 이를 잃은 자의 애정과 혼란스러운 비통함을 느끼게 될 것이다. 사별의 과정을 이같이 솔직하고 유머러스하면서도 차분한 문장으로 서술할 수 있다니, 정말이지 놀라운 성취다. 개인의 고통스러운 경험을 통해 눈부신 진실을 포착해내는 이 책은 혼미한 사별의 여정을 겪었거나, 이제 막 그 여정에 들어서는 다른 이들에게도 환한 불빛이 되어줄 것이다.

휴 본빌Hugh Bonneville, 영화배우

들어가는 말

이 책은 1년 전 나에게 대체 무슨 일이 일어났던 것인지 이해하려는 시도다. 내가 35년을 산 뒤에야 만나 이 세상 그 무엇보다 사랑했던 남자, 세 번째로 마라톤 대회에 출전하기 위해 훈련 중이던 채식주의자, 퀘이커 신도, 비흡연자에 술도 많이 마시지 않았고 지극히 건강해 보였으며, 살아갈 이유가 넘쳤던 쉰여섯 살 남자가 죽었을 때 말이다. 그와 함께 나의 일부도 죽어버렸음을 인정할 수밖에 없다. 나는 배우자인 동시에 가장 친한 친구, 연인이자 소울메이트이자 동반자를 잃었고, 나 자신의 미래도 잃었다. 나의 커다란 부분을 상실한 것이다. 나는 내 발밑의 땅을, 희망을, 살아갈 의지를 잃어버렸다.

그럼에도 1년이 지난 지금 나는 여기 있다. 책을 한 권 썼고, 명백히 살아남았고 (적어도 살아 있고), 겉으로나마 잘 지낸다. 어떻게 여기까지 올 수 있었을까? 글쎄, 아마도 어느 정도는 이야기를 하면서였을 것이다. 사랑하는 남편의 갑작스러운 죽음을 견뎌낸 과정에 대한 이야기 말이다. 내가 빌의 죽음을 극복한 것은 아니지만 (그건 너무 지나친 요구이리라), 적어도 견뎌내긴 했다. 남편의 죽음과 함께 살아가는 방법, 그의 빈자리를 인정하는 방법, 그의 부재라는 현실을 놓고 내 삶을 재구성하는 방법을 배웠다. 근사하고 깔끔하고 명확하게 정리된 '애도의 단계', 즉 충격과 부정과 우울과 분노에 대처하는 방법도 배웠다.

어리석게도 나는 애도의 단계를 비롯한 애도 관리 이론을 이미 잘 안다고 생각했다. 왜냐면 (바로 이 부분이 반전인데) 나는 유족 상담으로 먹고사니까. 나는 심리치료사다. 오랜 세월 동안 사별에 관해 읽고 연구하고 작업해왔다. 사별을 극복하고자 하는 이들을 수도 없이 상담했고, 그들이 슬픔을 통제할 수 있게끔 도우려고 노력해왔다.

그런데 이런 지식과 경험이 나 자신의 슬픔을 다루는 데 도움을 주긴 했던가? 내가 받은 훈련이 나의 극심한 고통을 달래주거나, 불가해한 것을 이해할 수 있는 언어로 바꿔주었나?

나는 내 의지와 상관없이 가장 가혹한 방식으로 이론과 실천을 결합시켜야 했고, 이제 와서야 끔찍했던 첫 1년 동안 '유족으로서의 나'와 '치료사로서의 나'라는 두 자아가 거쳐야 했던 과정을 되돌아볼 수 있게 되었다. 어쩌면 이 두 자아의 생생한 경험과 전문 지식을 결합하여 다른 유족들에게, 그리고 그들을 돕고 싶지만 어떻게 해야 할지 모르는 친구들에게 내부자로서의 이해를 어느 정도 제공할 수 있을지도 모른다. 의사, 사회복지사, 장의사처럼 직업적으로 유족과 소통해야 하는 사람들이나, 예전의 나처럼 이론에는 통달했지만 실제 사별 경험은 없는 심리치료사들에게 말이다.

'유족으로서의 나'는 적나라한 경험을 통해 내 남편이자 배우, 작가, 연출가, 사업가였던 빌 캐시모어에게 어떤 일이 일어났으며 그를 잃었다는 것이 어떤 느낌인지 이야기할 것이다. '치료사로서의 나'는 다양한 애도 이론을 고찰하고 전문가의 관점을 제공하며, 그런 지식이 이후에 새로이 제기되어 인간에 대한 이해를 높인다고 밝혀진 여러 광범위한 심리치료의 접근방식과 어떻게 교차하는지 알아볼 것이다. 프로이트에서 실존주의까지, 나아가 초월개인 심리치료,* 신체 심리치료** 등 다양한 방식을 살펴볼 것이다. 무엇보다도 나는 너무나 흔한 이 경험, 우리가 이야기하길 회피하지만 결국 누구도 회피할 수 없는 이 경험에 관해 최대한 배우고 싶다. 치료사로서의 자아가 너무도 잘 알고 있듯이, 회피는 결코 좋은 결과를 가져오지 못한다. 그러니 유족으로서의 자아가 그 끔찍했던 첫해로 돌아가기를 아무리 원치 않는다 해도, 이 이야기는 시작될 수밖에 없을 것이다.

---

*　인간의 의식이 다층적이라는 전제하에 신이나 우주와의 교감처럼 개인의 자아를 초월한 의식을 중시하는 심리치료.

**　몸과 마음의 복잡한 교차성과 상호작용을 연구에 적용하는 심리치료.

차례

1

＊

파열되다

＊

대부분의 시간 동안 나는 아무것도 느끼지 않았다.
아무 생각도 없었다. 나는 사실상 그곳에 존재하지 않았다.

"바로 너 같은 사람들 때문에 브렉시트가 일어난 거라니까."

브렉시트를 논하기엔 우스꽝스러운 순간이었다. 하지만 사실 제스는 날 웃겨주려던 게 맞으니까. 어찌 보면 그 상황 자체가 우스꽝스러운 것인지도 몰랐다. 보통 사람들은 단짝 친구의 남편이 병원에 뇌사 상태로 누워 있을 때 브렉시트가 아닌 다른 무엇에 관해서도 시니컬한 농담을 던지지 않을 테니 말이다. 하지만 내가 사별에 관해 깨달은 점이 있다면, 그 모든 과정에서 유머 감각은 바람직할 뿐 아니라 살아남는 데 필수적인 요소라는 것이다.

적어도 내겐 그랬다. 사별이란 말 그대로 모두에게 각기 다른 경험이니까. 나와 32년간 친하게 지낸 제스는 그 사실도 잘 알고 있었다. 내가 애초에 빌에게 끌린 것, 이후로도 그의 곁에 머물며 함께 웃었던 것, 처음 만난 날부터 14년이 지나도록 줄곧 애정과 관심과 존경을 쏟았던 것은 빌의 괴상한 유머 때문임을 잘 알듯이. 빌은 내 인생이었고, 내가 그 없이 살아간다는 건 상상조차 할 수 없는 일이었다. 하지만 아무래도 바로 그것이 앞으로 내게 일어날 일인 모양이었다.

평범한 11월의 일요일, 빌과 나는 셰퍼즈부시에 있는 우리 집에서 아침을 먹었다. 그로부터 몇 시간 뒤에 구급대원이 빌을 구급차에 실으면서 그가 마지막으로 먹은 음식이 뭐냐고 물었다.

"아보카도와 사워도 빵을 곁들인 케일 오믈렛이요." 나는 머뭇거리며 대답했다. "우릴 미워하진 말아주세요."

웨스트런던에 사는 중년 중산층의 허세가 유감없이 드러나는 이 민망한 이야기를 듣더니 제스는 왜 영국의 다른 지역 사람들이 런던 엘리트 계층을 그리 미워하는지 명쾌하게 분석했다. 한편으로 그것은 빌이 기계에 연결되어 간신히 목숨을 부지하는 와중에 나를 웃게 해주려던 제스 나름의 노력이기도 했다.

내가 빌의 병상 곁에 이르게 된 사건의 회상을 최대한 미루려 한다는 것을 여러분도 눈치챘는가? 모든 것을 솔직하게 이야기하려고 노력하는 중이지만, 1년이 지난 지금까지도 그 최초의 며칠로 돌아가려고 하면 나의 뇌는 멈추어버리거나 괴상한 유머와 쓸데없는 세부 사항들로 도피해버린다. 내 인생이 무너져 내린 그날을 너무 깊이 생각하지 않으려고 말이다.

하지만 이 머뭇대는 마음을 다잡고, 브렉시트까지 들먹이게 만든 아보카도와 사워도 빵과 케일 오믈렛이라는 아침 식사로 돌아가보자. 그 음식들을 씹으면서 우리는 그날의 계획을 의논하고 있었다. 시내에 새로 생긴 식당에서 친구인 팀과 타냐를 만나 점심을 먹을 예정이었지만, 그에 앞서 평소처럼 일요 퀘이커 신도 집회에 출석해야 했다. 빌은 세 번째 마라톤 대회 출전을 앞두고 열심히 훈련 중이었으나 가벼운 운동도 어느 정도 필요했기 때문에, 우리는 집회소까지 몇 킬로미터를 걸어가기로 했다. 그러면 모임이 끝나는 즉시 전철을 타고 시내의 점심 약속 장소로 나갈 수 있었다. 당시에는 너무도 사소해 보이던 이 같은 일상 공유가 결국은 제대로 된 마지막 대화였음을 인식할 때마다, 쓰라린 고통과 함께 그 모든 것이 엄청난 의미를 띠고 다가온다. 최고의 친구이자 소울메이트인 사람과 함께하던 시절엔 인생이 얼마나 쉽고 편안했는지. 반면 혼자만의 삶은, 혼자 먹는 아침 식사는, 혼자서 계획하는 하루 일과는 얼마나 다르게 느껴지는지.

우리는 아침 식사를 마쳤다. 여느 때처럼 내가 요리를 했기 때문에 설거지는 빌이 맡았고 (이 역시 얼마나 일상적이고 편안한 일이었던가), 그런 다음 함께 위층에 올라가 옷을 차려입었다. 자질구레한 이야기들을 나누면서 내가 화장을 하는 동안 빌은 지난 주말에 산 셔츠 세 벌 중 하나를 꺼냈다. 빌은 쇼핑을 엄청나게 싫어했기 때문에 1년에 한 번 이상 그를 가게에 데려갈 수 있다면 운이 좋은 셈이었고, 따라서 그렇게 운 좋은 날 빌이 마음에 드는 물건을 찾으면 한꺼번에 여러 개를 사두어야 했다. 그래야 다음번에 새로 사야 할 물건이 생겨서 빌이 불평하고 서로가 귀찮아지는 일을 조금이나마 미룰 수 있을 테니까.

빌은 셔츠를 침대에 올려놓고 라벨을 떼기 위해 허리를 굽혔다. 그러고는 갑자기 비명을 지르며 몸을 일으키더니 가슴을 움켜쥐었다.

20대 내내 배우로 일한 빌은 30대가 되면서 커뮤니케이션 교육과 관련한 개인 사업을 시작했다. 하지만 연기 본능은 여전히 빌의 뼛속 깊이 배어 있었기에, 나는 지극히 사소한 일에도 과장된 반응이 터져 나오는 것에 익숙해져야 했다. 등골이 오싹해질 만큼 고통과 분노로 가득한 비명 소리에 놀라 전속력으로 계단을 달려 내려갔다가, 그저 빌이 우표를 거꾸로 붙였거나 특정한 머그잔을 찾지 못했을 뿐임을 알게 되곤 했다. 이런 상황을 여러 번 겪고 나서는 빌이 내는 소리를 적당히 걸러 듣는 데 익숙해졌고 좀처럼 화들짝 놀라지 않게 되었다. 하지만 이번엔 상황이 다르다는 걸 즉시 알 수 있었다. 이 비명은 진짜였다.

빌의 얼굴은 보기만 해도 소름 끼칠 정도였다. 유령이라도 본 듯 창백하고 경악한 안색, 흐려진 눈, 혼란과 공포에 빠져 고통스러워하는 표정. 가장 먼저 떠오른 생각은 빌이 허리를 굽혔을 때 통증이 온 것으로 보아 추간판 탈출증이 아닐까 하는 것이었다. 빌은 전에도 몸을 이상한 각도로 꺾거나 꼬다가 그런 증상을 겪은 적이 있었다. 하지만 지금 그는 가슴을 움켜쥔 채 숨을 거칠게 몰아쉬고 있지 않은가.

빌이 눈을 부릅뜨고 신음하는 중인데, 난 무엇을 어떻게 해야 할지 알 수가 없었다.

"심장마비야?" 내가 물었다. 그 상황에서는 아무 도움도 안

될 질문이었지만, 난 이미 공황 상태에 빠져 있었다. "말할 수
있겠어?"

나는 빌의 얼굴을 바라보며 뇌졸중 증상이 뭐였는지 기억을
더듬어보았다. 얼굴이 일그러져 비대칭이 되는 거였나? 빌에게
왼팔이나 다른 어디를 들어보라고 해야 하나? 젠장, 왜 이리 기
억이 안 나지? 이제 빌은 목을 부여잡고서 거기도 아프다고 말
하는 중이었다.

"구급차 부를까? 아님 차를 타고 응급실로 갈래?"

빌의 의견을 구하는 건 내게 제2의 천성과도 같았다. 빌과 나
는 환상의 팀이었다. 모든 일을 서로 의논해서 결정했고 항상
서로에게 조언을 구했다. 이 경우에도 그와 의논하지 않을 이유
가 없었지만, 보아하니 빌은 딱히 의견을 낼 상황이 아닌 게 분
명했다. 어떻게 해야 할지 알 수 없었다. 빌은 말을 제대로 하지
못했지만 여전히 똑바로 서 있었고, 이제는 가랑이를 움켜쥐고
있었다.

"아야야, 여기도 아파." 빌이 헐떡거렸다.

"앉아봐. 아무래도 내가 당신 태우고 해머스미스로 가야겠어.
셔츠 입고 신발 신을 수 있겠어?"

머릿속이 뒤죽박죽이었다. 구급차를 부를 만큼 안 좋은 상황
인가? 무슨 일이 일어나는 걸까? 어떻게 가슴 통증이 목으로 갔
다기 가랑이까지 내려갈 수 있지? 대체 무슨 일이야? 구급차를
불러야 할지 망설인 것은 그야말로 영국인다운 사고방식(파잉 대

응으로 구급대원들의 시간을 쓸데없이 낭비하는 '진상'이 되지 않으려는) 때문이기도 했지만, 어느 정도는 현실적인 이유도 있었다. 우리는 해머스미스병원 응급실에서 차로 겨우 5분 거리에 살았고 빌이 나를 몇 번 그리로 실어 갔기 때문에 잘 알고 있었다. 나는 아보카도를 자르려다 손을 심하게 벤 적이 있었고, 바로 몇 주 전에는 어깨를 수술한 상처가 벌어져서 우리 침대가 살인사건 현장 꼴이 되기도 했다. 몇 주간 두르고 있던 삼각붕대를 얼마 전에야 풀고 양손을 쓸 수 있게 된 참이었다. 그 덕분에 '지금은 남편을 직접 해머스미스로 데려가는 게 빠르겠다'고 결정할 수 있었다. 나는 빌이 힘겹게 셔츠와 신발을 꿰는 것을 도와주고 그를 부축해 비틀비틀 집을 나섰다.

그때는 몰랐지만, 빌은 두 번 다시 우리 집 문턱을 넘지 못할 운명이었다. 그는 우리가 함께 만든 이 집에 다시는 돌아오지 못할 것이었고, 나 역시 다시는 부부의 반쪽으로서 현관문을 나설 수 없을 것이었다. 사실 바로 그때가 우리 둘이 부부로서 뭔가를 함께한 마지막 순간이었다. 나는 혼자서 또 다른 세상에 복귀하게 될 것이었다. 홀로 텅 빈 집의 문을 열고, 눈 깜박할 사이에 모든 가능성이 파괴되어 껍질만 남은 나의 삶과 미래를 마주하게 될 것이었다.

이젠 전설 속 이야기처럼 아득하게 느껴지는 그 기묘한 아침 식사로부터 서른여섯 시간 뒤, 나는 이런 말을 듣게 될 예정이었다. "죄송합니다. 저희로선 더 이상 할 수 있는 일이 없군요."

🜄

나는 해머스미스병원을 향해 차를 몰았다. 5분이라는 시간이 20분처럼 느껴졌고, 그동안 내 머릿속은 여전히 두 개의 괴상한 평행선을 빠르게 오락가락했다. 한쪽은 우리가 과잉 반응을 하는 건 아닌가 하는 걱정이었고, 다른 한쪽은 완전히 겁에 질린 나머지 일단 힘껏 밟은 다음 "저희 남편이 너무 아파서요"라고 하는 게 과연 과속 벌금을 모면할 핑계가 될지 확인하고 싶은 생각이었다. 그냥 소화불량이면 어쩌지? 아님 가스가 찬 거라면? 하지만 그러면 다리와 가랑이의 통증, 그리고 방금 빌이 호소하기 시작한 또 다른 기괴한 증상인 다리 저림은 뭐지? 이처럼 아무 관계도 없는 증상들의 연결고리는 대체 뭘까? 정말로 겁이 났다. 빌 말고 다른 사람에게서는 이런 상태를 본 적이 없었다.

병원에 도착하자 빌은 환자 분류소로 실려 갔다. 혈압, 심박, 체온이 측정되고 기록되었다. 이제 그는 흐릿한 시야와 메스꺼움을 호소하고 있었다. 우리는 대기실에서 기다리라는 지시를 받았지만, 빌의 왼쪽 다리가 감각을 잃은 터라 그를 휠체어에 태우고서야 그리로 갈 수 있었다.

그와 나란히 앉아서 기다리는 동안 나는 정신없이 '뇌졸중 증상', '추간판 탈출증 증상', '심장마비 증상'을 검색했다. 내가 떠올릴 수 있는 가장 유력한 시나리오 세 가시였다. 그리면서 빌을 안심시키려고 계속 이런저런 말들을 주워섬겼다. "뇌졸중은 아닌 거 같아, 여보. 간호사가 심장마비 얘기도 안 했고. 아무래도 근육 문제 같은데. 척추 신경이 삐끗해서 이상한 부작용이 발생했나 봐." 나는 잘 알지도 못하면서 내 나름대로의 진단에 매달렸다. 그 진단이 가장 덜 무섭게 여겨졌기 때문이다. 빌은 말없이 앉아 있었지만 여전히 숨이 거칠었고, 괴로워하는 기색이 역력했다.

　나는 접수처로 가서 좀 더 긴급한 인상을 주려고 애써보았다. "아무래도 상태가 심각한 것 같아서요. 지금 바로 의사 선생님을 불러주실 순 없나요?" 빌을 달래려고 속삭이는 동안엔 최대한 숨겼지만, 사실 나는 정말로 겁에 질려 있었다.

　"지금은 환자를 보고 계셔서요. 하지만 남편분이 다음 순번이에요." 이것이 돌아온 대답이었다. "다른 환자도 진료를 받아야 하니까요."

　"화장실에 가야겠어." 내가 돌아오자 빌이 말했다.

　나는 빌을 휠체어에 태워 화장실로 갔다. 그를 변기에 앉히고 일을 볼 수 있게 한 다음 칸막이 밖에서 기다렸다. 다음 순간 빌이 변기에서 일어나지 못하겠다고 외쳤다. 다시 들어가 그를 도로 휠체어에 앉히려던 나는, 이젠 빌의 왼쪽 다리가 감각을 잃었을 뿐 아니라 전혀 움직일 수 없는 상태고 내게는 그를 옮길 힘이 없다는 걸 확인했다. 빌이 화장실 바닥에 쓰러지자 나는 도와달라고 소리치기 시작했다. 금세 몇 사람이 나타나 빌을 일으켰다. 이젠 그들도 상황의 심각성을 알게 된 모양이었다. 더 많은 간호사가 달려와 빌을 화장실에서 데리고 나가더니 침대에 눕히고 온갖 장비를 그의 몸에 연결했다.

나는 안내를 받아 의사를 만났다. 의사는 정확히 어떤 일이 있었는지 다시 한 번 말해달라고 했다. 접수원, 환자 분류소의 간호사, 응급실 간호사에게까지 이미 몇 번이나 설명했는데 말이다. 나는 또다시 터무니없게 들리는 증상 목록을 늘어놓았다. 처음엔 가슴 통증이었고 다음엔 목, 그다음엔 가랑이, 그다음엔 왼쪽 다리 저림, 시야 흐림과 메스꺼움, 왼쪽 다리 감각 상실, 복통, 마침내 다리 마비까지. 의사는 당황스럽고 겁이 난 기색이었다. 당황하고 겁이 난 의사라니, 나로서는 전혀 안심이 되지 않는 광경이었다.

의사는 심장 분과의 동료에게 전화를 걸어 환자 분류소에서 측정한 심박을 살펴봐달라고 했다. 심장 분과 의사들은 일종의 심장마비가 분명하다고 생각하는 듯했지만, 전혀 납득할 수 없는 얘기였다. 나만 납득되지 않는다면 어느 정도 이해가 되었겠지만 내 앞의 의사도 나만큼 당황스러워하는 듯 보였다. 나는 점점 더 무서워졌다. 의사는 대체 무슨 일인지 모르겠다고 계속 중얼거리며 다시 한 번 증상이 나타난 순서대로 얘기해달라고 했다. 이제 의사는 진료실에 있는 나와 응급실에 누운 빌 사이를 오락가락하고 있었다. 빌이 기계에 연결되어 온갖 검사를 받는 중이었기 때문에 나는 거기 들어갈 수 없었다. 시간이 얼마나 흘렀는지도 알 수 없었다. 고작해야 15분 정도였겠지만 훨씬 길게 느껴졌다. 그때 의사가 어느 간호사에게 말했다. "도저히 모르겠네. 아무래도 구급차를 부를까 봐. 구급차를 불러야 할 까? 그래, 구급차를 불러야겠어."

이쯤 되니 초현실적인 기분이었다. 우린 병원에 와 있는 거 아니었나? 저 사람 의사 아냐? 대체 왜 병원에서 구급차를 부르 는 거야? 대체 무슨 일이지? 내가 꿈을 꾸고 있는 건가? 제발 꿈 이라고 해줘. 이 모든 게 너무 이상하단 말이야.

구급차가 도착했다. 구급대원들에게서 풍기는 침착하고 능숙 한 분위기가 나를 안심시켰다. 아직 내가 중산층 특권계급의 아 침 식사 메뉴를 고백하기 전이었기 때문인지, 구급대원도 내게 호의를 보이며 우리를 채링크로스병원으로 데려갈 거라고 설명 해주었다. 그곳 응급실에는 MRI 스캐너가 있다고 했다.

빌이 바퀴 달린 들것에 실려 구급차에 올랐다. 나는 빌의 손 을 꼭 쥐며 아무 문제도 없다고 말해주었다. 보아하니 해머스 미스병원 응급실은 이제 응급치료센터로 격하되어 동네 의원 과 별다르지 않게 된 모양이었다. 우리가 만난 의사도 그저 지 역 보건의라서 이 같은 종류의 응급 상황에는 익숙하지 않은 게 분명했다. 이게 대체 무슨 증상인지는 모르겠지만, 이제 곧 밝 혀질 터였다. 구급차는 불빛을 번쩍이고 사이렌을 울리며 해머 스미스병원에서 채링크로스병원을 향해 달려갔다. 빌이 고통스 러워하며 비명을 지르는 동안 나는 줄곧 차분한 목소리로 우리가 어디까지 왔는지 말해주었다. "거의 다 왔어, 여보. 해머스미스 로터리가 저 앞이니까 이제 금방이야. 당신은 괜찮을 거야. 봐, 이제 로터리도 지났으니까 다 온 거나 마찬가지야. 이제 1분도 안 걸려. 도착하면 바로 MRI 스캔을 받을 거고, 그러면 원인을 알아내서 치료할 수 있어. 당신은 괜찮을 거야."

도착하자마자 빌은 어딘가로 실려 갔고 나는 신원을 확인받았다. 지금까지는 제법 침착하고 차분했다고 (적어도 겉으로는) 생각했지만, "저 사람 배우자예요"라고 말하려고 입을 열자마자 말문이 턱 막히고 목소리가 갈라지며 몸이 휘청거렸다. 아무래도 내가 생각한 만큼 괜찮은 상태가 아닌 모양이었다. 트라우마에 빠지면 나 자신을 심한 충격으로부터 보호하기 위해 몸과 마음이 따로 움직일 수 있다는 사실을 처음으로 실감한 순간이었다.

나는 '가족 대기실'로 안내되었다. 불편한 의자 셋과 탁자 하나가 놓인, 상자처럼 좁고 텅 빈 공간이었다. 그곳에서 다시 아주아주 길게 느껴지는 시간 동안 홀로 기다려야 했다. 몸이 덜덜 떨려왔다. 쇼크 상태인 게 분명했다. 너무 추웠고, 경련을 통제할 수 없어서 몸과 마음이 따로 놀고 있다는 것이 두려웠다. 복도 저쪽에서 빌의 고통스러운 비명이 들려왔다. 나는 '뼛속까지 얼어붙는 듯한' 오싹함을 느꼈고, 그 와중에도 그 표현이 과장이 아니었구나 하는 생각을 했다. 빌과 함께 있고 싶었지만 사람들이 그를 대체 어디로 데려갔는지 알 수 없었다. 그리고 내 다리는 도저히 스스로 일어나 그를 찾으러 갈 상태가 아니었다.

　또 한참 시간이 흘렀다. 내가 어떻게 해야 할지 알 수 없었다. 친구에게 전화를 걸어볼까 생각했지만, 끔찍한 소식을 전해서 친구의 일요일을 망치고 가족과의 즐거운 하루를 방해하는 게 아닐까 싶어 걱정이 되었다. 아니, 그보다는 알 수 없는 소식이라고 해야겠지. 나도 지금 이게 무슨 상황인지 모르는 상태니까. 나는 전화하는 대신 문자메시지를 보내기로 했다. "혹시 지금 바빠?" 대답은 없었다. 시간이 흘러갔다. 정말로 누군가와 이야기하지 않으면 미쳐버릴 것 같아서, 이번엔 다른 친구에게 똑같은 문자를 보냈다. 역시 대답이 없었다. 엄마에게 문자를 보냈다. "빌이 쓰러졌는데 이유를 모르겠어요. 지금 같이 병원에 와서 검사받는 중이에요." 엄마한테서 즉시 답장이 왔다. "곧 가마." 긴장이 탁 풀렸다. 뭔가 생산적인 일을 한 기분이었고, 나를 짓누르던 끔찍한 무기력도 어느 정도 누그러지는 듯했다.

　점심을 함께 먹기로 했던 친구들에게 약속을 못 지키게 되었다는 문자를 보내고, 만약의 경우를 대비해 내담자들에게도 문자를 보내 다음 일주일 동안의 진료 예약을 모두 취소했다. 나는 아직 모르고 있었지만, 이것은 이후로도 몇 날 며칠이나 이어지게 될 전화와 문자와 이메일의 서막에 불과했다. 가족, 친구, 업무, 취미, 휴가 일정. 이 모두를 취소하고, 조정하고, 통지하고, 다시 계획해야 했다. 모든 것을 정돈하고 처리해야 했다.

　영겁 같은 시간이 흐른 뒤 문득 뭔가를 먹어야겠다는 생각이

들었다. 점심시간이 훌쩍 지나 있었다. 이 끔찍한 가족 대기실을 떠났다가 소식을 전하러 온 사람을 놓칠까 봐 걱정스럽기도 했지만, 한편으로는 여기에 있는 걸 더는 견딜 수 없었다. 이 복도 저 복도를 헤맨 끝에 매점을 찾았다. 바나나 하나와 커피, 그리고 뭐든 머리를 식힐 것이 필요하다는 생각에 〈옵서버〉 한 부를 사왔다. 신문 1면에는 다가오는 새해에 반드시 만들어져야 할 새로운 법안을 다룬 기사가 실려 있었다.

가족 대기실로 돌아와서 커피를 마시고 바나나를 조금 먹고 〈옵서버〉에 실린 사진을 대충 훑어본 다음에야 의사가 나타났다.

"그럴 거라고 예상했지만, 아까 말씀드린 대로 대동맥박리입니다."

대체 뭘 말해줬다는 거지? 내가 이 사람과 이야기한 적이 있나? 난 그런 말을 들은 기억이 전혀 없는데. 아니, 이 사람 얼굴이 살짝 낯익기는 해. 아까 우리가 도착하고 사람들이 우르르 몰려와서 빌을 데려갔을 때 본 것 같아. 내 신원을 확인하고 날 가족 대기실로 안내한 사람인지도 몰라. 맙소사, 내 머리가 어떻게 된 거지? 모든 게 한 시간 이내에 일어난 일일 텐데, 누굴 보았고 무슨 일을 겪었고 무슨 얘길 들었는지 도무지 기억할 수가 없다니. 정신 차려야 해.

"대동맥박리가 뭐죠?" 내가 물었다. "이제 어떻게 하면 되나요?"

"음, 일단 환자분을 다시 해머스미스로 보낼 겁니다."

"뭐라고요? 왜요? 우린 방금 해머스미스에서 왔는데 왜 또 돌아가라는 거예요?"

"여기 와야 했던 건 이곳에 MRI 스캐너가 있기 때문이죠. 하지만 심장 분과는 해머스미스병원에만 있습니다. 그러니 구급차로 다시 가야 해요. 환자분에게는 응급심장수술이 필요합니다. 수술 담당의도 지금 연락을 받고 그리로 가는 중입니다."

세상에! 그래, 심장수술이라는 말을 들으니 심각하게 느껴지긴 했다.

물론 지금이 정치적 사안에 관해 이야기할 시점은 아니다. 수년간 영국 국민의료보험의 자금줄을 말리고 응급실을 조직적으로 폐쇄해나간 내핍 정책 탓에 우리가 몇 번이나 구급차를 갈아타고 런던을 오락가락하며 빌의 목숨을 구할 수도 있었던 귀한 시간을 낭비하게 된 어이없는 상황 말이다. 그런 지엽적인 이야기로 빠질 만큼 내가 눈치 없는 사람은 아니다. 지금으로서는 그날 우리에게 일어난 일을 되돌아보는 것, 그리고 대체 대동맥박리가 무엇인지 알아보는 것이 더 중요하리라.

나는 다시 구급차에 올라타 (뒤쪽에 실린 빌 옆에는 대규모 인력이 꽉 들어차 있었기 때문에 이번에는 앞자리에 앉아야 했다) 검색을 재개했다. 조금 전 그 친절한 의사가 설명해주려고 했던 병이 도대체 어떤 것인지 아직 전혀 이해하지 못했기 때문이다.

빌은 이제 조용해졌지만, 나는 계속 어깨 너머로 그의 이름을 부르며 다 잘될 거라고 말해주었다. "다른 의사를 만나러 해

머스미스로 돌아가는 길이야. 어떻게 하면 되는지 그 의사가
안대."

이젠 나도 상황이 이해되는 듯싶었다. 적어도 병원에서 들은
설명과 위키피디아 및 이런저런 웹사이트의 정보를 주워 모으
니 대강은 알 것 같았다.

그러니까 빌의 대동맥, 즉 심장에서 온몸으로 피를 내보내는
가장 중요한 동맥이 찢어지는 바람에 그 안에 있어야 할 피가
전혀 상관없는 신체 부위들로 흘러간 것이었다. 물론 이는 지극
히 복잡한 의학적 증상에 관한 문외한의 이해에 불과하지만, 어
쨌든 내가 이해할 수 있는 건 그 정도였다. 이제 수술로 찢어진
동맥을 복구하면 모든 것이 해결될 터였다.

우리가 탄 구급차는 어느새 끔찍하도록 익숙하게 느껴지는
해머스미스 로터리를 다시 한번 통과했다. 이번엔 반대 방향으
로, 셰퍼드부시로드와 우드레인을 따라서. 아까 문자를 보낸 친
구 중 하나가 전화를 걸어 왔지만, 나는 이따 다시 연락하겠다
고만 대답했다. 빌의 누나에게 전화를 걸어 그가 곧 수술을 받
을 거라는 음성메시지를 남기고, 빌의 동업자에게는 빌이 다음
주에 잡은 약속을 전부 취소해달라고 문자를 보냈다. 어이없게
도 마음 한편으로는 여전히 사람들이 내가 과잉 대응을 한다고
여기지 않을까 걱정하고 있었다. 이 모든 게 괜한 법석은 아닐
까? 하지만 적어도 현실적인 문제를 해결하는 동안에는 딴생각
을 하지 않아도 되었다.

해머스미스병원에 도착하자 채링크로스에서와 똑같은 과정이 진행되었다. 사람들이 우르르 몰려와서 우리를 데려갔다. 우리는 긴 복도를 지나 승강기에 올랐다. 빌은 바퀴 달린 들것에 실린 채, 나는 계속 곁에서 그의 손을 잡아주고 말을 걸려고 애쓰면서. 내내 침묵을 지키던 빌이 속삭였다. "무슨 병이래? 이제 어떡할 거래?" 문득 이 혼란 속에서 아무도 그에게 제대로 설명을 해주지 않았다는 사실을 깨달았다. 혹은 그도 설명을 들었지만 나처럼 전혀 알아듣지 못했거나 머리에 들어오지 않았을 것이다. 나는 그에게 내가 이해한 대로 설명해주고, 이제 수술 준비를 하면서 담당의사를 기다릴 거라고 덧붙였다. 더 이상 평화롭지 않게 된 일요일에 오찬 식탁을 떠나 우리에게로 달려올 불운한 당직자가 누구일지는 모르겠지만.

집중치료실에 도착한 우리는 또다시 헤어져야 했다. 친절한 간호사가 내 팔을 잡고 대기실로 안내하더니 따뜻한 음료라도 드시겠냐고 물었다. 누군가의 친절을 마주하자, 그러니까 나 역시 고난을 겪고 있다는 걸 알아주는 사람을 만나자, 억지로 가장하고 있던 침착함이 또다시 깨져버렸다. 내가 울음을 터뜨리자 간호사는 나를 자리에 앉히고 차 한 잔을 가져다주었다. 잠시 후 나는 빌이 있는 방으로 들어갈 수 있었다. 방 안을 허둥지둥 돌아다니던 의료진 중 하나가 자신이 수술 보조의라며 우리에게 할 이야기가 있다고 말했다.

"아주 까다로운 수술입니다. 수술을 받지 않으면 환자분은 사망할 겁니다. 하지만 수술을 받아도 뇌졸중을 일으킬 위험이 있고, 어쩌면 생명을 잃을 수도 있습니다."

본능적으로 분노가 솟구쳤다. 이 멍청한 인간이 무슨 소릴 하는 거야? 빌은 이제 중요한 수술을 받을 환자인데 헛소리로 겁을 줄 게 아니라 안심할 만한 얘기를 들려줘야지. 대체 이 멍청이는 어디서 수련을 받은 거지? 환자 대하는 법도 모르나?

"난 이겨낼 거야." 빌이 쉰 목소리로 중얼거렸다.

"당연하지, 여보. 저 의사 정말 멍청한 사람이네."

그때만 해도 내겐 (부디 빌도 그랬길 바라지만) 그가 죽을지도 모른다는 생각이 순전한 허구처럼 느껴졌다. 마치 지구에 소행성이 떨어질 거라는 이야기처럼 말이다. 의사가 옳을 수도 있다는 생각, 그가 하는 말이 중요할지도 모른다는 생각은 단 한 순간도 마음속을 스치지 않았다. 그저 그의 졸렬함과 무신경함에 (내겐 그렇게 느껴졌다) 항의하고 싶을 뿐이었다. 나는 빌이 회복될 것을 100퍼센트 확신했고 그런 확신에 손톱만큼의 의혹도 가질 수 없었다. 그때는 빌도 나와 똑같은 생각이리라 여겼지만, 그다음에 일어난 일을 돌이켜보면 어쩌면 그도 어느 정도는 알고 있었던 게 아닐까, 상황의 심각성을 나보다는 더 뚜렷이 파악하고 있었던 게 아닐까 하는 생각이 든다.

의사가 수술 동의서를 가지고 돌아왔다. 내게는 그것도 단지 관례일 뿐 실질적인 위험의 징조처럼 느껴지지 않았다. 아이튠즈에서 노래 한 곡만 다운받으려 해도 권리양노 서명을 해야 하

는 시대 아닌가. 빌은 똑바로 누워 있었고 의사와 나는 병상 양
옆에서, 말 그대로 그의 몸 너머로 대화를 나누었다. 수술 동의
서가 빌의 가슴 위로 넘어오자 나는 빌이 서명할 수 없는 상태
일 거라는 생각에 직접 서명하려고 다가섰다.

"내가 할게." 빌이 헐떡이며 딱 펜을 쥘 수 있을 정도만 베개
에서 고개를 들었다. 그가 구불구불 흘려 쓴 서명은 평소 그의
깔끔한 손 글씨와는 전혀 비슷한 구석이 없었다.

지금 되돌아보면 빌이 일부러 나를 막았던 게 아닌가 싶다.
결과적으로 나를 위중한 결정의 책임자로 만들었을 그 서류에
서명하지 못하게 해서 이후에 남을 죄책감으로부터 구해주려
했던 게 아닐까. 그랬다면 빌은 마지막까지도 나를 보호하고 염
려했던 셈이다. 그런 생각을 하면 마음이 찢어질 것만 같다. 게
다가 이런 추측을 따라가다 보면 더더욱 괴로워진다. 그렇게 씩
씩하게 말하면서도 결국은 자기가 죽으리라는 걸 알았다는, 적
어도 어느 정도 예상하고 있었다는 얘기니까. 빌이 그런 생각을
한다는 걸 알았다면 솔직히 말하라고, 함께 의논해보자고 얘기
할 수 있었을 텐데. 두렵다고 말해도 괜찮다고, 두려움 속에서
도 내가 그를 붙잡아주고 곁에 있을 거라고 얘기해주었을 텐데.
하지만 빌은 (그가 정말로 죽음을 생각하고 있었다면) 두려움을 꾹 눌
러 삼키고 날 위해 용감한 모습을 보였다. 그런 생각이 들면 견
딜 수가 없다. 우리가 작별 인사를 나누지 못한 것은 아니다. 하
지만 그건 "이따 봐" 정도의 인사였기에, 지금 와서 보면 너무도

부족하게 느껴진다.

"빌, 정말 정말 사랑해. 당신이 깨어날 때 곁에 있을게." 나는 빌에게 약속했다.

"나도 당신을 정말 정말 사랑해." 빌이 대답했다.

빌이 누운 병상이 마취실로 옮겨졌다. 잠시 후 의사 한 사람이 돌아와서 내게 따라오라고 했다. 그제야 뭔가 이상하다는 느낌이 들었다. 원래 이런 식인가? 원래 마취실까지 따라 들어가게 해주나? 나는 여기서 기다리고 있어야 하는 거 아닌가? 나더러 빌이 마취되는 순간까지 곁에 있어주라고 하는 이유가 있나? 하지만 난 또다시 그런 생각들을 밀어내버렸다.

나는 마취실로 들어가 빌에게 최대한 쾌활하게 말을 건넸다. "나 또 왔어. 당신을 사랑한다고 한 번 더 말해주려고. 이제 집에 들러서 고양이들 밥 챙겨주고 휴대전화를 충전한 다음 당신 깨어날 시간에 맞춰서 돌아올게."

빌이 자기도 날 사랑한다고 대답하는 사이 마취 효과가 나타났고, 그는 의식을 잃었다.

그것이 내가 빌에게서 들은 마지막 말이었다.

🌢

내가 빌을 처음 만났을 때 들은 말은 (당연하지만) "안녕하세요"였고, 그다음에는 이런 말이 이어졌다. "그 아이스크림 드실 건

가요?" 2003년 7월 그리스의 스키로스섬, 홀리스틱 투어* 야영
지의 최고 인기 장소였던 공동 식탁에서 후식을 먹던 참이었다.
나는 서른다섯 살의 텔레비전 방송국 PD로, 다음 프로그램인 채
널4의 〈그랜드 디자인〉을 시작하기 전에 잠시 휴가를 보내고 있
었다. 빌은 마흔두 살의 배우 경력이 있는 극작가이자 커뮤니케
이션 교육 및 컨설팅 회사 경영자였으며, 10년 만에 제대로 된
휴가를 즐기던 중이었다. 우리 둘 다 서로 다른 친구에게서 이곳
을 추천받고 홀로 놀러 와 있었다.

나는 정서적으로 그리 좋지 않은 상태였다. 애인과 매우 나쁘
게 헤어진 직후라 거의 신경쇠약에 이르러 있었고, 날마다 울면
서 다시는 남자 따위와 엮이지 않겠다고 맹세하곤 했다.

빌이 아이스크림을 먹을 거냐는 질문으로 처음 내 인생에 들
어온 순간에는, 그가 내게 가장 중요한 사람이 되리라는 생각은
커녕 알고 지내는 사이로 남으리라는 상상조차 하지 않았다. 그
러나 겨우 며칠이 지난 후 다른 공동 식사 자리에서 나는 내가
또다시 울고 있음을 깨달았다. 다만 놀랍게도 이번에는 괴로워
서가 아니라 너무 웃다 진이 빠져 흘리는 눈물이었다. 어디선가
신비롭게 나타난 천사가, 과체중에 촌스러운 반바지를 입은 중
부 출신 중년 남자의 모습으로 어이없는 농담을 하며 내 어둠에

● 스파, 요가, 스포츠 등 다양한 활동으로 신체와 정신건강을 함께 돌보는 목적의
여행 프로그램.

한 줄기 빛을 던져주었다.

우리 둘 모두에게 매우 이례적인 일이었지만, 일주일도 안 되어 나의 끔찍한 상황을 알게 된 빌은 자기가 날 사랑하고 돌봐주겠다고 장담하며 나를 되살려놓았다. 더욱 놀라운 사실은 내가 그러도록 허용했고 나 역시 그러길 바랐다는 것이다. 그런 내 모습은 나 자신에게도 낯설고 당혹스럽게, 그리고 정말로 멋지게 보였다.

상황은 점점 더 희한해져갔다. 나와 빌은 처음 만난 바로 그 주에 셰퍼드부시의 신축 주택 계약서를 주고받기에 이르렀다. 6주 뒤 집이 완공되자 우리는 사람들에게 빌이 내 집의 절반을 샀으며 나와 동거할 것이라고 선언했다. 가족과 친구들은 내가 돌아버렸다고 생각했다. 새로 지은 집의 절반을 6주 전 그리스에서 처음 만난 낯선 남자에게 팔다니. 하지만 나와 빌은 이게 옳은 일인지 아닌지 단 한 순간도 의심하지 않았다. 내가 예기치 못한 웃음을 터뜨린 순간부터 그리스 해안에서의 성급하고 무모한 로맨스에 이르기까지, 우리는 이것이 평생 지속될 관계임을 알고 있었다. 그 뒤로 얼마나 멋진 여행과 탐험을 함께했던가! 조건 없는 사랑과 존중, 모험과 안정을 겸비한 우리의 관계를 그대로 보여주는 삶이었다.

난 항상 우리의 만남이 운명적이었다고 생각했다. 우리는 같은 도시 출신이었고 교제 범위가 겹쳤다. 양쪽 모두 알고 있는 친구도 여섯 명이나 되었지만, 그중 아무도 우리를 서로에게 소개할 생각을 하지 못했다. 우리는 각자 임의적인 결정으로 같은 날 같은 섬에 도착하여 만나게 되었다. 빌은 사업을 궤도에 올리느라 10년 동안 쉬지 않고 일한 끝에 지쳐서 혼자 휴가를 떠나온 터였고, 나는 이별한 지 얼마 안 되어 평소보다 개방적이면서도 나답지 않게 약해진 상태였다. 우리가 다른 시공간에서 만났을 경우보다 훨씬 더 깊이 교감할 수 있었던 것은 이러한 우연 덕분이었다. 그야말로 운명 같았다. '그래야만 했던' 것이다. 낭만적인 사람이라 할 수 없는 나로서는 그런 생각을 받아들이기 어려웠지만, 그렇다고 부정하기엔 너무 많은 징후가 존재했다. 맙소사, 내가 물러졌던 걸까?

확실히 빌과 함께하는 삶이 나를 무르게 만들긴 했다. 성격뿐만 아니라 다른 여러 면에서도 말이다. 빌이 내 삶에 들어오기 전까지 나는 지극히 실제적이고 현실적인 성격이었다. 반면 빌은 몽상가이자 시인이었으며 낭만적이고 애정 넘치는 사람이었다. 연애 초기에 그는 하루에도 몇 번이나 내게 이런 문자를 보내곤 했다. "사랑해." "오늘은 좀 어때?" "뭐 하고 있어?" "이따 봐." 상냥하고 소소하고 애정이 느껴지는, 별것 아닌 듯싶지만 받으면 기분 좋고 흐뭇해지는 안부 문자들. 하지만 보내는 사람 쪽에서는 그런 문자가 얼마나 많은 시간을 잡아먹는가! 반면 시간을 효율적이고 생산적으로 쓰는 데 집착하던 나는 일주일에 한 번쯤 문자를 보냈고, 그나마도 이런 내용이었다. "우유 좀 사 올래?"

얼마 지나지 않아 나도 연애에는 좀 더 노력이 필요하다는 사실을 깨달았고, 그래서 정말로 한결 물러졌다. 내가 빌의 영향을 받아 서서히 상냥해져가는 것이 느껴졌다. 나는 예전보다 따스하고 사려 깊고 타인에게 공감할 줄 아는 사람이 되었으며 놀랍게도 진심으로 그런 변화를 즐기고 있었다. 그동안 알아온 것보다 덜 경쟁적이고 덜 실용적인 관계를 맺는다는 게 좋았다.

더욱 희한한 점은 내가 철학적으로도 더 유연해져서 운명이라는 관념을 받아들이게 되었다는 것이다. 운명이라는 것, '그래야만 했던' 것이 존재한다는 애매모호한 관념을 부정하지 않게 되었고, 심지어 영적 개입의 가능성까지도 인정하기에 이르렀다.

하지만 빌을 떠나보낸 뒤 내게 운명이라는 관념은 낭만적이고 유쾌한 것이 아니라 불길한 것으로 바뀌었다. 우리의 만남이 마땅히 예정된 것이었다고 믿는다면 빌의 죽음도 '그래야만 했던' 것일 수밖에 없지 않은가. 그렇다면 어째서 빌이 죽어야 했나? 그게 무슨 의미란 말인가?

빌이 죽은 뒤 여러 달 동안 나는 이런 수수께끼에 매달려 있었다. '이 모든 게 예정된 일이었나? 내가 저지른 어떤 잘못에 대한 처벌일까? 그렇다면 왜 내가 아니라 빌이 죽었지? 그가 무슨 죄라고? 이것이 일종의 숙명이라면 우리 둘 중 누구의 숙명일까? 나는 이 일에서 무엇을 깨달아야 하는 걸까? 왜 빌을 내게 주어 행복을 맛보게 한 다음 도로 빼앗아 간 거지?' 대답할 수 없는 질문들이 혼란한 머릿속에서 꼬리에 꼬리를 물고 회오리쳤다. 그러니 누가 나한테 무슨 말을 했는지 전혀 기억나지 않는 것도 당연하다. 나는 존재, 신앙, 영성, 내세에 관해 예전과는 전혀 다른 의문을 갖게 되었고, 존재하지도 않는 답을 찾아 쉴 새 없이 질문을 던졌다. 왜, 어째서, 누가, 무엇 때문에? 빌이 없으면 난 뭐지? 이 같은 실존적 분노, 영성과 믿음을 재검토하고 새롭게 정의하려는 욕구는 유족에게 드물지 않은 현상이며, 사랑하는 이를 갑자기 잃은 경우에는 더욱 그렇다. 하지만 정신적 급강하의 소용돌이에 휘말려 깊은 혼돈에 빠져 있던 나로서는 이러다 내가 완전히 미쳐버리는 건 아닌지 걱정스러웠다. 나는 서서히 온전한 분별력과 현실의 끈을 놓쳐가고 있었다.

물론 나도 이성적으로는 사별이 다양한 형태로 닥쳐온다는 사실을 알고 있었다. 지금 내 상태도 사별 과정의 일부일 뿐이겠지? 성서라도 읽으면 정신을 가다듬고 이 상황에서 의미를 찾아낼 수 있을까?

🌢

사별 과정을 다룬 여러 이론 중에서 가장 유명한 것은 엘리자베스 퀴블러 로스Elisabeth Kubler Ross가 1969년에 정립한 5단계 이론이다. 이 5단계 이론은 너무도 유명한 나머지 일반 상식처럼 여겨지게 되었고, 이를 복음처럼 받아들이는 유족들은 자신이

각 단계를 체감하지 못하거나 최후의 '수용' 단계에 이르지 못하면 뭔가 잘못된 건 아닌지 걱정한다.

윌리엄 워든William Worden의 애도 이론은 비교적 덜 알려진 편인데, 그는 사별 과정에서 완수해야 할 네 가지 '과업'을 제시한다. 그 밖에도 일반인에게는 대체로 생소할 여러 이론이 있지만 당시 내가 빠져 있던 상태, 즉 '광기'를 언급한 이론은 드물다. 어쩌면 광기라는 것이 심리치료학계에서는 너무 모호하고 어설픈 관념인지도 모른다. 하지만 그런 불안정하고 깊은 광기야말로 사별 초기에 내가 느낀 감정이었다. 나는 정말로 미쳐버릴 것 같았다. 허구적 창작물들만 살펴봐도 내가 특별한 상황에 놓였던 것이 아님을 알 수 있다. 햄릿과 오필리아, 혹은 영화 〈사랑과 영혼〉의 데미 무어를 보라.

이런 현실이 나를 고민에 빠뜨렸다. 심리치료 교육과정이나 학술서가 지금 내가 이토록 격렬하게 느끼는 감정을 다루지 않는다면, 나아가 나로서는 전혀 느낄 수 없는 감정을 느껴야 한다고 언급한다면, 저 유명한 5단계 이론이나 조금 덜 유명한 네 가지 과업으로는 뭔가 부족한 게 분명했다. 하지만 그 이론들 역시 타당한 면이 있기에 지금까지 그토록 자주 인용되어왔을 터였다. 지나치게 포괄적이고 미흡한 '애도'의 관념 속에는 더욱 깊이 연구해야 할 여러 지층이 숨겨져 있는 듯했다. 최소한 나 자신의 이성을 유지하기 위해서라도 말이다.

내 나름의 혼란스러운 사별 과정과 비탄의 삼성을 돌아보면

서, 이 광기를 통과할 경로가 무수히 많다는 점을 보여주고 싶
다. 애도의 경험을 관통하는 렌즈는 다양하며, 우리가 내던져진
심연의 의미를 해독할 수 있는 언어 역시 다양하다는 것을 알
리고 싶다. 이런 혼돈을 언어만으로 전달하기란 지극히 어렵다.
낯설고 압도적인, 게다가 자꾸만 변화하는 이 감정적·물리적
소용돌이가 어떻게 느껴지는지, 나 자신과 타인을 납득시킬 만
한 새로운 소통 수단을 찾아낼 수는 없을까?

　나는 혼돈의 밑바닥에서 손이 새까매지도록 열심히 땅을 파
헤쳐 의미를 찾아갈 것이다. 수많은 애도 이론 가운데 내가 공
감하는 것은 무엇이며 공감하기 어려운 것은 무엇인지 계속 탐
구해나갈 것이다. 나는 독자에게 그들의 비탄 역시 지극히 개
인적인 것이 되리라는 사실을 설명하려고 한다. 물론 유족들 간
에는 공통점 역시 존재하며, 나는 혼자가 아니고 미친 것도 아
니라는 (적어도 영원히 미쳐 있진 않으리라는) 생각은 큰 도움이 된다.
하지만 자신의 경험이 기존의 어떤 규범에도 들어맞지 않는다
고 느끼는 경우도 많을 것이다. 이 역시 정상적인 일이다. 비탄
은 개인의 성격과 배경과 삶의 맥락에 따라 달라지며, 그렇기
때문에 무엇보다 먼저 지금 우리의 개성이 형성된 과정을 이해
해야 한다. 따라서 나는 다양한 애도 이론을 탐구하고 나 자신
에게 적용해보는 한편, 심리치료 수련 과정에서 배운 더욱 광범
위한 내용들을 종종 인용할 생각이다.

　심리치료사는 인간의 마음을 움직이는 것을 탐구하고, 인간

관계의 역학이 지금처럼 작동하게 된 원인에 대해 질문을 던진
다. 우리가 목표로 하는 것은 인생의 어려운 순간들을 헤쳐나가
는 과정에 도움이 될 보다 뛰어난 통찰과 자기 이해다. 물론 사
랑하는 이의 죽음도 그 어려운 순간 중 하나일 것이다. 애도 이
론과 마찬가지로 심리치료 분야에도 이 과정에 대한 여러 접근
방식이 존재한다. 그중 비교적 유명한 정신분석, 인문주의, 실
존주의, 초개인주의 등은 아마 여러분도 들어본 적이 있을 것이
다. 통합적 심리치료사로서 나는 이런 접근방식 대부분을 연구
했고, 이제부터는 그 방식들이 애도의 시기에 내게 (그리고 여러분
에게) 어떤 도움을 줄 수 있을지 살펴보려고 한다.

　하지만 무엇보다 중요한 것은, 애도에는 옳거나 그른 방식이
없다는 점이다. 사별은 늘 고통스럽고 기나긴 과정이며, 그 과
정에서 다치지 않거나 변하지 않는 사람은 없다.

　나 역시 혼돈의 밑바닥에서 (다시 말해 병원으로 돌아가서) 그러한
사실을 깨닫게 될 것이었다. 그것도 너무나 갑작스럽게.

🌢

　빌에게 작별 인사를 하고 나오는데 복도 저쪽 끝에서 엄마가
걸어오는 게 보였다. 곧바로 눈물이 터졌다. 연민과 상냥한 얼
굴 앞에서 내가 무너져버린다는 것, 내면에 들끓는 감정을 놓아
버린다는 것이 점점 더 분명해지고 있었다. 엄마는 날 십에 네

려다주고 하룻밤 자고 가겠다고 했다. 우리는 초조하게 저녁 시간을 보내다가 잠깐 다시 병원에 들러 수술실에서 나오던 의사를 만났다. 의사의 말에 따르면 수술은 잘되었고 대동맥박리의 흔한 부작용인 뇌졸중이나 뇌 손상도 전혀 없어 보인다고 했다.

놀랍게도 일요일은 아직 끝나지 않았다. 우리가 산책과 점심 계획을 세우며 즐거워하던 게 불과 몇 시간 전의 일이었다니. 엄마와 나는 완전히 달라진 기분으로 집으로 향했다. 의사의 낙관적인 예측을 들으니 안심이 되었지만 그렇다고 마음 놓고 잠을 잘 수 있을 정도는 아니었다. 길고 어두운 밤을 지나는 동안 나의 뇌는 통제를 벗어나 폭주하며 그날의 끔찍한 순간들을 자꾸만 되풀이했고, 꼭 감은 내 눈꺼풀 속에 보고 싶지 않은 이미지들을 생생한 총천연색으로 투사했다.

마침내 월요일의 해가 떠오르면서 고통스러운 밤도 끝났다. 엄마는 집으로 돌아갔고, 나는 자전거에 올라 병원으로 향했다. 모든 게 잘될 거라고, 몇 분만 있으면 빌과 이야기할 수 있으며, 곧 평소의 생활로 돌아갈 수 있을 거라고 굳게 믿으면서.

병원에 도착하자마자 듣게 된 얘기는, 의사들이 빌을 깨우려고 시도했는데 그의 우반신만 반응했다는 것이었다. 좌반신은 마비된 상태였는데, 이는 밤사이에 뇌졸중이 일어났다는 의미였다. 그래서 곧바로 다시 진정제를 투여했다고 했다. 빌의 뇌활동을 체크하고 상황을 분석하는 동안 그에게 스트레스를 주지 않기 위해서였다.

이 새로운 소식에 나는 경악과 공포를 느꼈지만, 아직은 비교적 침착한 상태였다. 좋아, 이 정도는 감당할 수 있어. 뇌졸중이야 많이들 겪는 일이니까. 얼마간 재활을 해야겠지만 그게 뭐 대수겠어? 빌이 잠시만 더 일을 쉬면 돼. 맙소사, 그 사람 날 들들 볶겠군. 워낙 참을성이 없고 집에 묶여 있는 걸 싫어하니까 한 몇 주는 성질이 나 있겠어. 파리에서 주말을 보내려던 계획은 확실히 물 건너갔고, 다음 달에 예약해둔 세인트루시아 장기 휴가 여행은 가능하려나? 여전히 내게는 현실적인 문제들이 최우선 순위였다. 나는 상황을 통제할 수 있다는 익숙하고 편안한 생각에, 짧은 공백기만 넘기면 이전과 같은 삶이 계속될 거라는 끈질긴 믿음에 매달려 있었다.

나는 빌의 병상 옆에 앉아 그에게 말을 걸었다. 최근 대세인 의학 이론에 따르면 그가 무의식 상태라 해도 내 말을 들을 수는 있을 테니까. 수없이 많은 기계에 연결된 빌 주위로 간호사들이 회람판과 온갖 의료 도구를 들고 오락가락했다. 간호사들은 줄곧 소리를 죽여 속삭였고 걱정스러운 기색이었지만, 나는 그런 분위기를 싹 무시하기로 했다. 모든 게 괜찮아질 거라 믿는다면 정말로 그리 될 터였다. 그럴 수밖에 없었다. 다른 선택지는 없었으니까. 부정denial이라는 것이 얼마나 완고한지 놀라울 뿐이다. 내가 상상할 수 없는 일은 일어날 수 없어. 다른, 선택지는, 없어. 나는 빌에게 수다를 늘어놓았다. 누구와 통화를 했고, 내 문자를 받은 사람들이 얼마나 다정하게 답해주었는지.

"의사들이 빨리 당신을 깨워주면 좋겠어, 빌리. 당신도 알다시피 일방적인 대화는 너무 힘들잖아. 이제 할 얘기도 다 떨어져가거든. 이 상황에 관해 당신 이야기도 들어봐야 대꾸할 말이 생길 텐데. 난 혼자 떠드는 건 잘 못한다고."

할 말이 바닥나자 나는 빌에게 책을 읽어주기로 했다. 또 다른 최신 이론에 따르면 인간은 상대의 말을 이해하지 못한다 해도 친숙한 목소리를 듣는 것에서 위로를 받는다고 하니까.

나는 틈틈이 책 읽기를 멈추고 간호사들에게 이런저런 질문을 던졌다. "저희가 지금 뭘 기다리는 거예요?" "이제 어떻게 되는 거죠?" "빌을 언제 깨워줄 건가요?"

확실한 대답은 돌아오지 않았다. 사람들의 안색이 점점 더 어두워져갔다. 나도 머릿속 한구석에서는 그 사실을 인식했지만, 그런 생각이 떠오를 때마다 차단하는 쪽을 택했다. 마치 두더지가 구멍에서 머리를 내밀 때마다 망치로 때려잡는 유원지의 놀이 기구처럼. 나는 나 자신을 보호하고 평소의 차분함과 분별을, 내가 알던 원래대로의 삶을 유지하려고 애썼다. 모든 게 괜찮아지리라 굳게 믿기만 하면 정말로 그렇게 될 거라고, 심리치료 용어를 쓰자면 '마법적 사고magical thinking'를 한 것이다. 생각만으로 현실에 영향을 줄 수 있다는 허황한 믿음 말이다.

오후 늦게야 주워들은 내용에 따르면 (적어도 내가 이해할 수 있었던, 혹은 받아들일 준비가 된 바로는), 처음 대동맥이 갈라졌을 때 생성된 혈전이 빌의 뇌 주변을 틀어막아 서서히 산소결핍을 일으키는 중이라고 했다. "더욱 심각한 뇌졸중"이라는 말이 귓전을 스쳐 갔고, 나는 다시 한번 생각을 고쳐먹기로 했다.

'좋아, 그럼 몇 주 재활 가지고는 안 되겠네. 그래도 빌이 초조해하거나 투덜대지는 않겠어. 뇌가 그럴 수 있는 상태가 아닐 테니까. 아무래도 집을 팔고 개조된 단층집을 사야 할까 봐. 확실히 우리 미래가 내 예상과는 달라지겠는 걸. 뭐, 그래도 괜찮아. 집이든 생활이든, 다 바꾸면 되지. 나 혼자 벌어서 먹고살려면 내담자를 더 많이 받아야겠군. 그러면 되겠지? 혹시 그걸로도 모자라면 어쩌지?'

그 와중에도 나는 꾸역꾸역 무의식 상태의 남편에게 책을 읽어주었고, 마침내 이만 집에 가서 기다리라는 얘기를 들었다. 더 많은 검사를 진행하기 위해서라도 내가 자리를 비켜줘야 했다. 병원에서는 다른 소식이 있으면 전화하겠다고 약속했다.

비틀대며 다시 자전거에 올랐다. 돌아가는 길은 올 때보다 훨씬 더 힘들었다. 오늘 아침 집에서 나올 때의 무모함과 태평스러움이, 모든 게 괜찮을 것이며 곧 마취에서 깨어난 빌을 만날 수 있을 거라 믿었던 어리석음이 야속했다. 어제도 그랬지만 시간이라는 게 얼마나 길게 느껴질 수 있는지, 한 사람의 삶과 미래가 낙관주의에서 생각만 해도 끔찍한 공포로 얼마나 빠르게 뒤바뀔 수 있는지 놀라울 뿐이었다. 내가 느긋하고 유쾌하게 자전거를 몰고 온 뒤로 시간이 얼마나 지났지? 네 시간? 다섯 시간? 그 짧은 시간 동안 빌의 뇌가 어떻게 그 정노도 악화된 길까? 그리고 내 삶과 미래는 어떻게 이만큼 빠른 속도로 무너진 걸까?

집에 돌아온 나는 친구 줄리아에게 전화를 걸었다. 이번에도 다정하게 이야기를 들어주는 사람이 있다는 생각에 나의 공포를 입 밖으로 꺼낼 수 있었다. 나는 지금껏 차마 말할 수도 생각할 수도 없었던 것, 빌이 살아남지 못할 수도 있다는 것을 깨달았다. "빌은 내 전부야." 나는 줄리아에게 말했다. "그이를 잃을 순 없어. 내겐 그이 말고는 아무것도 없는걸."

◆

몇 년 전 빌과 나는 아이를 가질 수 없다는 사실을 받아들였다. 내가 40대 중반에 이를 때까지 10여 년간 꾸준히 시도한 끝에 결국 운명을 인정한 것이다. 마지막 체외수정이 실패로 돌아간 것을 알았을 때 우리는 서로를 바라보며 말했다. "이걸로 됐어. 이제부턴 당신과 나 둘뿐이야." 받아들일 수밖에 없는 현실이었다.

쓸쓸하고 가슴 아픈 일이었지만, 이미 10년에 걸쳐 다섯 번이나 체외수정에 실패했기에 그렇게 충격적인 결과는 아니었다. 결국은 이렇게 끝날지도 모른다고 이야기한 것도 벌써 8년쯤 지난 일이었다. 일단 한두 차례 체외수정에 실패하고 나면 낙관적인 생각을 유지하기가 힘들다. '혹시 모르니까'라며 몇 차례 더 '마지막' 시도를 한다 해도 말이다.

그렇다 해도, 정말로 우리에게 서로 말고는 남은 평생 사랑하고 의지할 사람이 없으리라 생각하니 괴롭고 두려웠다. 문제는 우리의 관계가 아니었다. 우리 사이는 무슨 일이 있든 끄떡없을 거라고 빌도 나도 100퍼센트 확신했으니까. 하지만 이제 서로 말고는 가족이 없으리라는 사실을, 우리가 얼마나 취약한 존재가 되었는지를 생각하면 두려웠다. 우리가 서로의 존재에 대해 신께, 그리고 서로에게 감사한 것은 사실이다. 우리가 굳건하고 행복한 관계를 맺고 있으며 기막히게 잘 맞는다는 것, 같이 있으면 즐겁고 서로에게 확신을 가졌다는 것에 대해서. 하지만 이제 우리의 운명은 영원히 서로에게만 묶인 셈이었고, 다른 그 누구도 존재하지 않을 것이었다. 둘 외에는 그 어떤 변화도 추가도 없을 거라는 말이다.

우리에게 다른 가족들이 없었던 건 아니다. 하지만 그리 자주 만나지 않았고, 특히 나는 가족들과 데면데면한 편이었다. 빌은 나보다는 가족들과 잘 어울렸다. 형제자매 셋과 그 배우자들, 그리고 일곱 명의 조카에게도 애정을 쏟았다. 하지만 그들은 비교적 멀리 사는 데다 우리와 마찬가지로 매우 바빴기 때문에, 서로 애정을 가지고 연락을 주고받았을지언정 삶의 많은 부분을 공유하지는 못했다.

앞에서 보았듯이 엄마는 내가 요청하면 모든 일을 미루고 병원으로 달려와주는 분이고 나 역시 그 점에 무척 감사하지만,

우리는 정서적으로 가깝지 않고 관심사도 맞지 않는 편이다. 친구들에게 먼저 문자를 보낸 것으로도 짐작하겠지만, 내가 위기에 처했을 때 가장 먼저 엄마를 찾는 일은 드물다. 사실 나는 엄마에 대해 높은 벽을 쌓아왔고 내 얘기를 꺼내는 일도 전혀 없었다. 어린 시절부터 좀처럼 떨쳐버리지 못한 습관이다. 빌과의 결혼 얘기를 꺼내는 데만도 반년이나 걸렸고, 아기를 가지려고 노력 중이라는 말은 아예 한 번도 하지 않았다. 내겐 소위 모성애라는 게 없는 편이었으니까 엄마도 우리가 아기를 원하지 않는다고 여기겠거니 싶었고, 나 역시 그러한 짐작에 맞추어 행동할 생각이었다. 아이가 없는 게 우리의 선택이라고 생각하는 편이 더 나을 듯했다. 어찌할 수 없는 슬픈 현실을 알게 되면 엄마도 슬퍼할 테니까. 그나마 좀 더 친밀하게 지냈던 아빠는 4년 전에 돌아가신 터였다. 아직도 아빠의 죽음을 생각하면 끔찍하게 슬프고 애석하다. 언니와는 가까운 사이가 아니라 지난 2년간한 번도 대화한 적이 없다. 마찬가지로 조카와도 소원했고, 그애가 최근에 낳은 아이 프랭키도 아직 만나보지 못했다.

그러니 내가 줄리아에게 했던 말, 빌을 잃으면 모든 것을 잃는 셈이라는 말은 100퍼센트 진심이었다. 나는 정말로 두려웠다. 우리는 둘 다 무척 독립적인 사람이고 서로 다른 관심사도 많았지만, 기본적으로 대부분의 시간을 함께 보냈다. 사교 활동을 할 때도, 집에 머물며 텔레비전 앞에서 뒹굴 때도, 휴가 여행을 갈 때도 함께였다. 같은 사람과 물건에 관해 불평했고, 둘 다

연극과 책과 자전거 타기와 음식과 유머를 좋아했다. 빌을 잃을 순 없었다. 그를 잃는다면 내가 살아갈 이유도 송두리째 잃게 될 것이었다.

줄리아는 그렇게 생각할 필요가 없다고, 아직 희망이 있을 거라고 말해주었다. 하지만 나로서는 그리 확신할 수가 없었다.

30분마다 병원에 전화를 걸었지만 새로 알아낸 게 없다는 대답뿐이었다. 빌의 대동맥이 찢기면서 새어 나온 피가 뇌에 악영향을 끼쳤다는 건 확실했다. 출혈로 인해 생성된 혈전이 뇌의 생존에 필요한 산소 공급을 차단하고 있었다. 하지만 뇌가 정확히 얼마나 손상되었는지는 판단할 수 없다고 했다. 그걸 판단하려면 채링크로스병원으로 가서 다시 MRI를 찍어봐야 하는데, 지금으로서는 빌을 해머스미스의 심장 분과 병상에서 그쪽으로 이동시키는 일이 너무 위험하다는 얘기였다. 수술 직후 빌의 심장은 너무도 취약한 상태라서 상황을 계속 지켜봐야 했기 때문이다.

이번에도 나는 두 전문 분야를 몇 킬로미터 떨어진 두 병원으로 갈라놓은 예산 감축의 잔인함에 절규하지 않으려고 안간힘을 썼다. 빌이 그런 상황에 빠지는 걸 막을 수 있었다고, (수술 전후 모두에) 좀 더 빨리 MRI를 찍을 수만 있었더라면 빌은 살았을 거라고 믿는 실수를 범하지 않으려 애쓴다. 빌을 구할 수 있었던 두 번의 기회가 사라졌다는 생각을 하면 너무 괴롭다. 빌이 살아남을 수도 있었다는 생각 자체를 견딜 수가 없다. 상황이

달라졌을 가능성을 곱씹기보다는 어쨌든 결국 일어났을 일이라
고 받아들이는 편이 더 쉬운 법이다.

집에 앉아서 손톱을 물어뜯으며 친구와 친척들에게 문자를
보내고 전화를 걸었다. 밤 9시쯤 엄마가 다시 왔다. 기다림과
불안으로 점철된 이틀째 밤을 나와 함께 보내주기 위해서였다.
시간이 흐르고 또 흘렀지만 병원에서는 연락이 없었다. 우리는
잠을 청해보기로 했지만, 둘 다 옷을 그대로 입은 채 필요하다
면 언제든 병원으로 달려갈 태세였다. 엄마는 나와 함께 침대
에 누웠다. 설사 엄마가 바로 옆방에 있다 해도, 나는 혼자 남
겨지는 것을 견딜 수 없는 상태였다. 우리는 나란히 누워 잠들
지 못한 채 눈만 말똥말똥 뜨고 있었다. 마음을 안정시키려고
명상 팟캐스트를 틀어보았지만 여전히 잠이 오지 않았다. 미국
인 불교학자가 심호흡을 하고 근육에 긴장을 풀라는 지시를 내
리는 동안 우리는 꼼짝 않고 반듯이 누워만 있었다. 지시대로
명상을 하려고 애를 써도 도저히 초조함이 가라앉지 않았다.

몇 시간이 지났을까. 전화가 울렸다. 병원의 누군가가 내게
빌의 상태가 악화되고 있다는 얘기를 전했다. 해볼 수 있는 일
이 하나 더 있긴 한데 효과가 있을지에 대해서는 회의적이라고
했다. 빌을 다시 채링크로스병원의 뇌신경 분과로 데려간 다음
두개골 일부를 톱으로 절단해 내부압력을 줄여보겠다는 얘기
였다. 병원에서도 그게 딱히 도움이 되리라고는 생각하지 않았
지만, 이제 그것만이 유일한 방법이었다. 그들은 빌이 살아남지

못할 거라고 거의 확신하고 있었다.

내가 들은 말들이 머릿속에 들어오지 못한 채 전화기와 귀 사이의 허공을 떠돌았다. 나는 전화를 끊고 엄마에게 방금 들은 이야기를 전했다.

엄마는 내가 잘못 들었을지도 모른다고, 다 끝났다는 얘기는 아닐 거라고 말했다. 나는 쇼크를 받아 멍해져 있었다. 엄마에게 사실 저 사람들이 뭐라고 말했는지 잘 모르겠다고 했다. 어쩌면 내가 잘못 듣고 오해한 것일 수도 있으니까, 엄마가 다시 병원에 전화해서 방금 내게 전한 내용을 한 번 더 말해줄 수 있는지 물어보라고 했다. 엄마는 병원에 전화를 걸어 딸아이가 제대로 이해를 못 한 것 같으니 다시 상황을 알려달라고 말했다. 그들은 내게 했던 말을 반복했다. 엄마가 전화를 끊었고, 우리는 서로를 바라보았다. 아무 말 없이.

우리는 계단을 내려가 차에 올랐다. 엄마가 채링크로스병원으로 차를 몰았다. 한밤중이었다. 해머스미스병원에서 온 간호사 하나가 바깥에 서서 담배를 피우고 있었다. 그 간호사가 들려준 얘기에 따르면 그들도 지금 막 도착했으며 빌은 위층으로 옮겨졌다고 했다. 그가 우리를 안내해주었다. 뇌신경 분과에 이르자마자 우리는 또 다른 대기실로 이끌려 갔다. 기다란 형광등이 싸늘한 방 전체를 환히 밝혔고, 그 불빛 아래 다른 환자의 가족들이 보였다. 창백한 안색으로 플라스틱 의자에 반쯤 앉고 반쯤 드러누운 채 잠을 청하려 애쓰는 사람들. 떠나보내려는 사람이 누군지는 몰라도, 그들이 며칠이나 새로운 소식을 기다리며 거기 머물고 있다는 건 확실했다. 내 평생 본 중에 가장 서글프고 황량한 광경이었지만, 이제 나 역시 그 대열에 합류하게 될 터였다.

엄마와 나는 빈 의자를 찾아서 쭈그려 앉았다. 여전히 할 말을 잃은 채였다. 의사가 와서 구급차 이송 중 빌의 상태가 악화되었다고 전했다. 아까 얘기했던 수술을 시도하는 것조차 의미 없게 되었다고. 해봐야 소용없을 거라고.

이제 그들이 할 수 있는 일은 아무것도 없다고.

◆

빌의 몸에서 마지막 숨결이 떠나갈 때까지는 사흘이 걸렸다.

뇌사에 빠져 살아날 가망이 없다 해도, 법에서 정한 열두 가지 특정 조건을 충족하지 못하면 공식적인 사망 인정을 받을 수 없었다. 빌은 폐에 여전히 약간의 공기가 남아 있었기에 열두 번째 조건을 충족하지 못했다. 사흘 동안 나는 병원에 앉아 마지막 공기 한 모금이 빌의 폐에서 빠져나오길 기다렸다.

BBC 채널1 드라마 〈응급실〉 장면 속으로 들어온 기분이었다. 실제로 빌이 배우였을 때 〈응급실〉에 두 번 출연하기도 했던 터라 이 상황이 두 배쯤 더 비현실적으로 느껴졌다. 빌은 그두 번의 엑스트라 출연(1993년에는 '고든'이었고 1998년에는 '트레버'였

다)에 관해 우스꽝스러운 이야기를 들려주곤 했다. 어느 쪽인지
는 기억이 안 나지만 그중 한 번은 바람둥이 역할이었는데, 사
고를 당하는 바람에 아내와 애인이 동시에 병실로 찾아온다는
내용이었다. 다행히도 나는 그런 상황을 겪지 않았지만, 대신
빌에게 작별을 고하기 위해 병원을 찾은 그의 가족과 가까운 친
구들을 맞이해야 했다. 다들 충격을 받아 안색이 창백했지만 특
히 빌의 형제자매인 제이니, 제임스, 케이트는 경악과 비탄에
잠긴 모습이었다. 빌의 어머니인 조진이 겨우 넉 달 전 (마찬가지
로 갑작스럽게) 사망해 지난 몇 달간 그 집에서 오랜 시간을 함께
보낸 터였다. 우리는 그분을 애도하고 엄청나게 많은 세간을 정
리하며 추억에 잠기곤 했다. 빌이 어머니의 장례식에서 추도사
를 읽었고, 일주일 뒤에는 화장한 재를 빌의 아버지 곁에 모시
는 의식을 치렀다. 이제 우리가 그분들의 아들을 위해서 똑같은
일을 해야 한다는 사실이 믿기지 않았다.

　하루하루가 한 시간처럼 순식간에 흘러갔다. 밤이면 나는 집
에 가서 잠을 자려고, 정확히 말하면 잠은 이루지 못해도 누워
있으려고 애썼다. 여전히 '우리의' 침대라고 생각할 수밖에 없
는 그 침대에서. 그리고 낮이면 병원으로 돌아와 빌의 침대맡에
서 있거나 앉거나 누웠다. 때로는 빌을 찾아온 사람들에게 그
자리를 양보하기도 했다. 기괴하고 끔찍한 칵테일파티의 서투
른 진행자가 된 기분이었다. 인사를 하고, 사람들을 빌의 침대
맡으로 안내하고, 그들이 마지막 인사를 할 수 있게 자리를 비

켜주고, 맛도 없는 커피와 초콜릿을 권했다. 물론 휴지도.

이젠 나 역시 〈응급실〉이나 그 비슷한 영화 혹은 드라마의 출연진이 된 것만 같았다. 텔레비전 드라마에서 그토록 자주 보던 장면에 내가 들어와 연기하고 있었다. 이건 촬영 현장이 분명했다. 현실일 리가 없었다. 나의 자아 일부는 내가 화면 속에서 다른 배우들이 수없이 보여주었던 연기를 하는 모습을 지켜보고 있었다. 남편을 잃고 슬퍼하는 아내의 배역. 손님을 맞이하고, 빌리에게는 다정하게, 의사들에게는 횡설수설 말을 건네고, 울다가도 다음 손님이 도착하면 다시 웃음을 짓고. 이 모든 연기를 하는 내가 있었지만 한편으로 나는 그곳에 존재하지 않았다. 나는 몇 번이나 무너지고 다시 몇 번이나 퍼뜩 정신을 차리는 나 자신을 지켜보았다. 끔찍하게 외로워 누군가 곁에 있어주기를 갈망하는 밤과, 혼자 있고 싶지만 사람들이 계속 드나들어 정신없이 바쁜 낮이 번갈아가며 찾아왔다.

대부분의 시간 동안 나는 아무것도 느끼지 않았다. 아무 생각도 없었다. 나는 사실상 그곳에 존재하지 않았다.

🌢

심리치료에서는 이런 증상, 자신이 그곳에 존재하지 않는다고 느끼는 감각을 '해리dissociation'라고 부른다. 많은 사람이 비탄 말고도 여러 가지 이유로 해리를 겪는다.

이는 트라우마에 대한 자연스러운 반응이다. 인간의 정신이 한꺼번에 처리할 수 있는 현실적 고통의 양은 한정되어 있기 때문이다. 즉 해리는 지극히 고통스러운 상황에서 자신을 보호하기 위한 일련의 반응 중 하나로, 유기체가 자신을 지키고 위험을 피할 안식처를 찾고자 수행하는 전략이다. 말하자면 괴물이 들어오지 못하게 문을 걸어 잠그는 것과 같다.

트라우마는 자신이나 가까운 이들의 생명이 위협받는다고 느낄 때 발생한다. 지진, 교통사고, 강간, 혹은 하룻밤 사이에 일어난 사별 같은 일회성 사건 때문일 수도 있고, 개인의 생존을 위협하는 만성적 두려움 때문일 수도 있다. 조국을 탈출한 난민, 전장에 고립된 군인이나 민간인은 물론, 보호자에게 학대받는 아이들도 트라우마를 겪는다. 끔찍한 가정환경에서 벗어날 길이 없는 아이는 전쟁터에 갇힌 군인이나 유괴당해 감금된 피해자만큼 절박한 생존의 위기를 느끼기 때문이다.

생존의 위협에 따른 두려움이 뇌가 감당하지 못할 만큼 커지면 본능이 정신을 장악한다. 이는 의식적인 결정이 아니라 무의식에 의한 생리작용이며, 수천 년간 이어져온 본능적인 반응이다. 수백만 년의 진화를 거쳤음에도 생존이 위태로울 때면 태고의 무의식적 반사작용이 힘차게 치고 들어오는 것이다.

진화의 관점에서 보면 이는 바람직한 일이다. 뱀이나 과속 차량과 마주쳤을 때 뇌가 미처 상황을 인지하기도 전에 펄쩍 뛰어 달아날 수 있다는 뜻이니까. 다시 말해 우리의 생명을 시켜주는 기능인 셈이다.

이와 같은 생리적인 반사작용을 흔히 '투쟁-도피-경직' 반
응이라고 부른다. 무의식적·자동적·본능적 단계에서 일어나는
이 반응은 유익할 뿐만 아니라 꼭 필요한 것이기도 하다. 상황
에 반응하여 우리의 신체를 위기에서 구해내기 때문이다. 이 반
응이 왜, 그리고 어떻게 우리를 구해주는지 알아보려면 아주 오
래전 진화의 초창기를 잠시 들여다봐야 한다.

태초에 인간의 뇌는 생존에 필요한 원초적이고 기본적인 요
소, 즉 심박과 호흡과 균형감각을 조정하는 기능만을 갖추고 있
었다. 당시만 해도 인간은 단순한 생명체였다. 이처럼 소박한
초기의 뇌는 현재의 인류에게도 그대로 남아 있는데, 이를 당시
우리의 진화 상태를 기리는 의미에서 'R복합체'라고 부른다.*

인간이 한층 복잡한 생물체로 진화하면서 R복합체를 둘러싸
고 더욱 크고 복잡한 뇌가 형성되었다. 이처럼 더 많은 책임을
지게 된 뇌, 즉 '변연계'는 점점 늘어나는 인간의 다양한 필요를
관리하기 위해 생겨났다. 변연계는 뇌의 통솔권을 넘겨받아 감
정, 무의식적 반응, 그리고 가장 중요한 생존 본능의 제어판 구
실을 했다.

이후로 인간의 필요가 더욱 확장되고 복잡해지면서, 기존의
뇌를 둘러싼 세 번째 뇌인 '신피질'이 형성되었다. 이 최첨단 뇌

---

*   영어로는 reptilian brain, 즉 '파충류 뇌'라고 한다.

는 언어, 추상적 사고, 이성, 의식뿐 아니라 우리의 경험을 관리하고 해석하여 건강한 자의식을 형성하는 과정을 책임지게 되었다.

그런데 우리가 생존의 위협을 느끼거나 트라우마를 겪는 순간, 그러니까 진화한 뇌가 가장 절실할 것 같은 순간에 신피질은 작동을 멈추고 덜 진화한 옛 변연계에 지휘를 맡겨버린다. 어째서일까?

일단 그런 순간 우리에게 필요한 것은 생각보다 행동이기 때문이다. 변연계는 정적이고 기술 중심인 현대와 달리 신체가 삶의 중심이었던 선사시대로 거슬러 올라가는 기관이다. 변연계는 우리의 자율신경계, 즉 신체와 본능에 더욱 긴밀하게 연결되어 있다. 그렇기 때문에 복잡한 인지적 사고로 느려지기 일쑤인 신피질보다 더 빠르게 반응한다.

인간의 자율신경계는 상호 보완적인 두 부분으로 이루어져 있다. 바로 행동 본능을 촉진하는 체내의 카페인 공급원인 교감신경계와 몸을 편안하게 누그러뜨리는 체내의 안정제인 부교감신경계다. 이 두 신경계를 관장하는 시상하부는 우리의 감정적 흥분에 영향을 미친다. 시상하부 안의 편도체는 체내의 화재감지기라고 할 수 있는데, 긴급 상황을 감지하면 코르티솔과 아드레날린 같은 스트레스호르몬을 분비하여 몸이 위기에 대응할 준비를 갖추도록 경고하기 때문이다. 그러면 몸 전체가 위험신호를 전달받고 본능적으로 교감신경계의 액셀을 밟아 생존 모

드에 진입한다. 이때 심장박동과 폐호흡, 사지의 혈액 공급을
확보하기 위해 부차적인 기능은 모두 정지된다. 온몸이 행동 태
세를 갖추는 것이다.

　이처럼 행동 부대를 투입하는 것이 변연계 최고의 장기다. 긴
급 상황에서 쓸데없는 생각들로 시간을 낭비하는 느리고 논리
적인 신피질은 방해만 될 뿐이다. 따라서 트라우마의 순간에 변
연계와 신피질은 서로 소통을 중단하고 각각의 격납고로 들어
간다. 변연계는 마치 잭 바워*처럼 이어폰을 귀에서 빼버림으로
써 상황을 통제하려 드는 관제 센터의 지시를 끊어버리고 현장
에서 필요한 일에 착수한다(잭 바워가 누구인지 모른다면, 여러분이 좋
아하는 아무 액션 히어로나 악당을 집어넣어도 무슨 말인지 대충 이해할 수 있
을 것이다).

　이처럼 변연계가 방출한 스트레스호르몬과 생존 본능이 작용
하는 동안에는 신피질이 통신을 재개할 수 없다. 바로 이때 우
리가 '투쟁-도피-경직' 상태로 접어든다.

　변연계와 신체적 반응이 우세해질 때, 우리는 솟구친 아드레
날린을 쏟아부을 태세를 갖춘다. 선택지는 둘 중 하나다. 새롭게
각성한 초인적인 힘으로 적과 맞서 싸우거나, 적이 너무 거대할
경우에는 꽁지 빠지게 달아나거나. 투쟁과 도피는 모두 신경계
를 과잉 각성 상태로 만들어 자신을 지키는 데 큰 도움을 준다.

●　　텔레비전 드라마 〈24〉의 주연인 테러 방지 현장 요원.

하지만 가끔은 싸우거나 달아날 수 없을 만큼 절망적인 상황도 있다. 어쩌면 적이 지나치게 강할 수도 있다. 하지만 부상당해 달아날 기력도, 사자에 맞설 힘도 없는 사슴이 그렇듯 우리에게도 한 가지 유력한 선택지가 남아 있다. 변연계의 세 번째 무기는 바로 경직 반응, 즉 죽은 척하는 것이다. 생기 없고 숨결도 희미해 죽은 듯 보이는 사슴은 포식자에게 입맛 당기지 않는 먹잇감이다. 마치 유통기한을 넘긴 식료품이 인간에게 그렇듯 말이다. 그리고 사자가 너무 굶주린 나머지 나중에 배탈이 나든 말든 사슴을 잡아먹기로 결정한다 해도, 이처럼 외부 신체 반응을 차단하고 죽은 척하는 전략에는 장점이 있다. 사슴이 자연적인 마취 상태에 빠지게 되어 목을 물어뜯길 때 느끼는 고통도 훨씬 줄어든다는 것이다.

그러나 인간이 위험에 처할 경우, 이처럼 경직되어 전혀 움직이지 못하는 '전조등 앞의 토끼'와는 다소 다른 반응이 나타난다. 우리는 그런 상태에서도 할 수 있는 일을 하는데, 바로 다른 무언가에 주의를 돌리는 것이다. 예를 들어 해리 상태에 빠지거나, 망상에 잠기거나, 벽지나 구두 한 짝처럼 전혀 상관없는 물건에 정신을 팔기도 한다. 우리가 그 자리에 없는 척하며 체내에서 전달하는 고통의 메시지를 차단할 수 있게 해주는 물건이라면 뭐든 상관없다.

하지만 이처럼 반사적이며 극적인 반응에는 모종의 대가가 따른다. 우리의 몸이 투쟁-도피 반응을 준비할 때면 아드레날린이 분비되고, 그러면 교감신경계가 활성화되어 심박이 빨라지고 숨이 가빠지며 과잉 각성 상태가 된다. 말하자면 액셀을 힘껏 밟는 것과 비슷하다.

이 상태에서 다시 경직 반응을 일으키려면 부교감신경계가 우세한 상태로 빠르게 전환해야 하는데, 그러면 심박과 호흡이 느려진다. 마치 비상정지 상황에 처해 급브레이크를 밟는 것처럼 말이다.

이런 식으로 한꺼번에 제어장치를 가동시키면 신체에 막대한 부담이 가해진다. 액셀과 브레이크를 동시에 밟아대는 셈이니까. 따라서 경직 반응은 정말로 가망이 없을 때만 의존해야 하는 최후의 수단이다. 상황이 너무 위태로워 투쟁이나 도피로는 전혀 해결 가능성이 없을 때 말이다.

쇼크에 따른 마비 현상과 해리에 따른 거리두기는 경직 반응의 일부이며, '저각성 상태hypo-arousal'로도 알려져 있다. 이런 상태는 자살을 막아줄 수 있지만 나름의 부작용도 존재한다. 저호흡은 혈중 산소량을 감소시켜 활력과 사고력을 떨어뜨린다. 동작과 활동이 몽롱하고 느려지거나, 눈앞의 상황조차 인식하지 못하는 것처럼 보일 수도 있다.

사별 이후 초기의 마비와 해리 상태는 변연계가 끔찍한 현실로부터 나를 보호하기 위해 신경을 통제한 결과였다. 단짝 친구일 뿐만 아니라 가장 가까운 가족, 사실상 유일한 가족이었던 빌이 날 떠나갔다는 현실을 분명히 인식했다면 감당하기 어려

웠을 테니까. 그런 상황에 곧이곧대로 반응했더라면 내 목숨마
저 위기에 처했으리라. 그래서 경직 반응이 개입하여 날 구해준
것이다.

당시 병원에서의 내 모습을 보다 객관적인 시선으로 돌아보
면, 거의 하루 종일 경직 상태로 굳어 있었음을 알 수 있다. 신체
활동도 대부분 멈춰버렸는데, 이 역시 경직 반응의 일부였다.

"나 화장실 다녀올게." 난 빌에게 말을 건넸고, 들리지는 않았
지만 분명히 빌이 생각하고 있을 (만약 그가 여전히 생각할 수 있다면)
질문에 대꾸도 했다. "그래, 또 가는 거 맞아."

그렇게 몇 분마다 화장실로 달려갔다. 변기에 앉을 때마다 내
장이 모두 물로 변해버린 것 같아 무서울 정도였다. 식사를 전
혀 못 했고 늘 구토할 것 같았는데(실제로는 전혀 아프지 않았는데
도), 내 몸은 위만큼이나 아래로도 모든 내용물을 비워내려고 작
정한 듯했다. 나는 비유적으로나 실제로나 진이 빠진 상태였다.
'투쟁-도피-경직' 반응이 생존과 직결되지 않은 일체의 신체 활
동을 자동으로 차단하고 있었다.

며칠이나 잠을 이루지 못했다. 아무것도 기억나지 않았다. 뇌
가 통째로 사라진 기분이었다. 의사나 장기기증 담당자가 알려
준 내용을 싹 까먹어서 그들이 몇 번씩 같은 말을 되풀이해주어
야 했다. 물론 사람들은 기꺼이 몇 번이고 했던 말을 다시 해주
었다. 모두가 놀랍도록 상냥하고 친절하며 세심했다.

90퍼센트 정도의 시간은 이 같은 마비와 해리 상태에서 흘러

갔다. 하지만 이따금 현실이 선명하게 머릿속을 치고 들어올 때면 내장이 입 밖으로 찢겨 나올 것만 같았다. 나는 주체하지 못하고 몸을 떨며 흐느꼈다. 친구들과 함께 있다가 이런 발작을 일으켜서 진정될 때까지 친구들이 꼭 붙잡아줘야 했던 경우도 있다. 발작은 내가 병원 침대에서 빌 곁에 누워 있을 때, 내 몸이 침대 난간과 빌의 움직이지 않는 몸 사이에 불편하게 끼여 있음을 새삼 인식하는 순간에도 찾아오곤 했다. 내 눈물이 빌의 몸을 덮은 얇은 병원 시트를 흠뻑 적셨지만, 그 아래의 생명 없는 육신은 나 때문에 자기가 축축해졌다는 것조차 느끼지 못했다.

하지만·내면의 붕괴를 제외하면 대체로 지극히 고요하고 평화로운 날들이었다. 빌과 나는 단둘뿐이었고 다른 사람을 걱정하거나 주위에서 일어나는 일에 신경 쓰지 않아도 되었다. 둘이 나란히 붙어 불편하게 누운 채 빌의 가슴에 내 머리를 올리고 차분한 들숨과 날숨을 느끼다 보면, 그 움직임이 순전히 기계에 의존한 것이라는 사실도 잊어버릴 수 있었다. 끔찍한 상황 속에서도 그렇게 함께 누워 수다를 떨면 익숙하고 편안한 기분이 들었다. 물론 수다를 떠는 건 나뿐이었지만, 침묵에도 불구하고 빌이 여전히 나와 함께 있는 것처럼 느껴졌다. 나는 계속 이야기를 늘어놓았다. 이런저런 추억을 회상하고 내가 얼마나 그를 사랑하는지, 또 얼마나 그리워할 것인지 이야기했지만, 한편으로는 그를 안심시켜주려고 했다. 이젠 떠나도 괜찮다고. 난 어떻게든 견뎌낼 것이며 친구들이 내 곁에 있어줄 거라고.

그리고 마침내 최악의 순간이 찾아왔다. 나로서는 예기치 못한 일이었다. 뭐라 말할 수도 없고 숨을 쉴 수도 없는, 죽을 것 같고 죽고만 싶은 끔찍한 붕괴의 순간이었다. 평생 그렇게 압도적인 무기력을 느낀 것은 처음이었지만, 유감스럽게도 그것이 마지막 경험은 아닐 것이었다. 빌이 죽음을 향해 가던 사흘의 막바지, 그가 뇌사 판정의 마지막 단계에 이르는 데 성공하여 (혹은 실패하여) 공식 사망 선고가 나오기를 기다리고 있을 때였다.

판정이 진행되는 동안 나는 또다시 대기실로 보내졌다. 의사가 다가오더니 마침내 끝났다고 말했다. 11월 9일 목요일 늦은 오후였다.

의사의 태도는 상냥했다. "좀 어떠세요?" 그가 걱정스러운 얼굴로 물었다.

"마음이 놓이네요." 내가 대답했다. 의사가 예상했던 답은 아닌 것이 분명했다. 하지만 나는 빌이 사실상 월요일 밤부터 죽어 있었다는 것을 알았다. 병원에서 보낸 사흘은 무시무시하고 낯설고 평화로운 동시에 고독하며 끔찍한 시간이었다. 열두 번째 조건 판정이 계속 지연되는 바람에, 나는 임종이 닥쳤으니 마지막 인사를 하라는 말을 사흘 동안 열 번도 넘게 들어야 했다.

빌을 껴안고 흐느끼며 작별 인사와 사랑의 말을 전하는 비통한 과정을 겪은 후에, 빌은 '공식 사망' 상태가 아니며 방금 했던 일을 한 시간 뒤에 되풀이해야 한다는 통보를 열 차례 이상 받았다. 나는 완전히 기진맥진하고 절망한 상태였다. 공포영화의 한 장면을 끝없이 재촬영하는 듯했다. 정말이지 더는 견디기 힘들었다. 남편의 임종을 몇 번이나 반복해야 한다니 너무 잔혹한 일 아닌가. 그렇기에 마침내 빌이 사망했다는 사실은 질질 늘어지며 빌과 나를 괴롭혀온 고문의 끝처럼 느껴졌다. 이제 빌은 해방되어 편히 쉴 것이며 나는 병원을 떠날 수 있었다.

그래서 나는 울지 않았고, 안도감을 솔직하게 받아들였다. 의사는 내가 자기 말을 제대로 이해하지 못했다고 생각하는 듯했다. 하지만 난 이해했다. 적어도 이해했다고 생각했다. 장기기증 담당자가 다가와 이제 장기 적출을 위해 빌을 수술실로 데려갈 거라고 이야기하기 전까지는. 그 순간 나는 무너져버렸다. 정말로 순식간에. 내 사랑, 내가 지켜줘야 할 연약한 빌리가 곁에서 지켜보거나 손을 붙잡아줄 나 없이 수술실로 가야 한다는 사실을 견딜 수가 없었다.

내 머릿속엔 빌을 지켜줘야 한다는 생각뿐이었다. 빌은 아무것도 느끼지 못하는데, 벌써 월요일부터 아무것도 느끼지 못했는데, 나는 갑자기 새끼를 지키려는 암사자처럼 그에게 일어날 일을 못 견뎌하고 있었다. "빌에게 잘해주세요." 나는 흐느끼며 장기기증 담당 간호사들에게 외쳤다. "제발 빌을 혼자 놔두지 마세요. 마지막까지 손을 잡아주세요." 간호사들은 내게 빌 곁에 있어주겠다고 약속했다. 빌이 혼자 있어서는 안 된다는 것이 정말로 중요하게 느껴졌다. 왜인지는 모르겠지만, 그가 이 마지막 여정을 홀로 겪어야 한다는 생각을 견딜 수가 없었다.

그리고 나는 내가 얼마나 외로운지 직면해야 했다. 우리 둘이 이룬 가족의 절반이 사라지고 연약해진 나만 홀로 남아 있었다. 병원에서의 시련이 끝나면서 느꼈던 짧은 안도감은 온데간데없고, 더욱 오랫동안 이어질 또 다른 시련이 눈앞에 닥쳐왔다. 내가 어떻게 빌 없이 계속 살아갈까? 내가 알던 인생은 폭발해버렸다. 폭탄이 터졌고, 든든하게만 보이던 우리 배는 산산조각 나버렸다. 난 아무 생각 없이 거기 올라타, 탄탄하고 항해에 적합한 배니까 당연히 안전할 거라고 믿고 있었다. 이제 그 배에서 남은 거라곤 나뭇조각들, 폭풍우 치는 대양 한복판을 무기력하게 떠가는 내 몸을 찌르며 덮쳐오는 파편들뿐이었다.

그토록 떠나고 싶었던 병원을 정말로 떠날 수 있게 된 지금 나는 어디로 가야 할까? 정말로 집에 돌아가야 하나? 빌 없는 집이라는 게 존재할 수 있나? 그저 네 벽과 지붕이 있는 곳, 심장이 없어진 껍데기 안으로 돌아가는 꼴이 아닌가. 하긴, 어차피 이젠 나도 뼈와 가죽의 집합체일 뿐 알맹이는 텅 비어 있었다.

빌을 잃은 나는 누구일까? 아무것도 아니었다. 내겐 아무것도 없었다. 살고 싶다는 마음마저도.

내가 살아남은 것은 오로지 놀라운 친구들 덕분이었다. 친구들은 내가 병원에서 지낸 사흘 동안 일을 중단하고 함께 있어주었을 뿐 아니라, 내가 집으로 돌아온 뒤에는 돌봄 당번을 정하여 차례로 곁을 지켜주었다. 친구들만이 아니라 나 역시 내가 혼자 있어서는 안 된다는 걸 알고 있었다. 그랬다간 무슨 일이라도 생길까봐 두려웠다.

◆

나 자신의 안전에 대한 두려움은 본능적인 것이었지만 연구를 통해 증명된 사실이기도 했다. 통계만으로도 두려워할 이유는 충분했다. 내가 점점 더 격렬하고 뚜렷해지던 자살 욕구에 따르기로 결정할 수도 있었고, 심지어 뇌의 결정과 상관없이 내 몸이 그런 짓을 저지를 수도 있었다.

과학적으로 보더라도 인간은 실제로 이별에 따른 상심 때문에 사망할 수 있다. 최근의 연구를 통해 몇 가지 놀라운 사실이 드러났다. 배우자를 잃은 사람은 이후 석 달 동안 사망 가능성이 41퍼센트나 증가한다는 것이다.

그들의 몸을 검사한 결과 대동맥 염증이 심해졌고 심박 가변성이 낮아졌는데, 이는 건강 악화의 징후다. 둘 다 심장에 문제를 일으켜 조기사망의 원인이 될 수 있다. 이 연구에 따르면 배우자를 잃은 사람들은 우울증 지수 또한 20퍼센트 높아졌다. 또 다른 연구는 그들이 심장마비나 뇌졸중을 일으킬 확률 역시 이후 30일 동안 증가한다는 사실을 밝혀냈다. '투쟁-도피-경직' 반응을 다루며 언급했듯이 과중한 정서적 스트레스가 신경계에 영향을 미친다는 사실을 생각하면 충분히 이해할 수 있는 현상이다.

배우자를 둔 사람들에게는 두렵고 걱정스러운 문제지만, 사실 나는 이런 종류의 통계를 좋아한다. 엄밀한 과학 연구에 기반하면서도 우리 모두 본능적으로 알고 있는 사실을 확인해주는 결과 말이다. 시, 노래, 음악, 문학, 미술이 오래전부터 이야기해왔듯이, 사랑하는 이를 잃으면 우리의 심장은 정말로 부서질 수 있다.

내 생각에 이런 연구 결과는 몸과 마음이 통합시스템으로서 작용하며 몸은 말 그대로 우리의 정서 상태를 보여준다는 자명한 관점을 증명하는 것이기도 하다. 슬픔은 우리의 몸에 물리적인 영향을 끼친다. 외적으로는 관절염, 피로, 요통 등 온갖 질병에 취약하게 만들고, 내적으로는 주요 장기들뿐 아니라 세포, 호르몬, 호흡 단계에까지 나쁜 영향을 미친다.

내 몸은 그러한 쇼크의 여파를 뚜렷이 느꼈고, 이제 몽롱함과 무감각을 지나치게 선명한 고통으로 대체하려는 참이었다. 정상적인 ('정상적'이라는 말이 무슨 뜻인지도 더는 알 수 없었지만) 활동이 불가능해졌다. 밥 먹는 법, 잠자는 법, 몸을 씻고 옷을 입는 법도 기억나지 않았다. 나는 닷새 동안 같은 옷을 입고 있었다. 뇌 한 구석은 과민 상태인 반면 신체는 일종의 평행우주에 가 있었다.

이 시점에서 친구들이 정해놓은 '돌봄 당번'이 제구실을 했다. 첫날 나를 집에 데려다주고 하루 밤낮을 함께 보낼 역할은 줄리아에게 맡겨졌다. 줄리아는 나와 함께 심리치료사 교육을 받기 전까지 유언장 공증 변호사로 일했다. 이 상황에서 내 곁에 있어줄 완벽한 상대를 고른다면 쇼크 상태의 유족을 다룰 심리치료 기술과 더불어 끔찍한 행정절차 진행을 도와줄 실용적법 지식을 지닌, 그러면서도 나의 친구인 누군가일 터였다. 줄리아는 소름 끼칠 정도로 그 조건에 딱 맞아떨어지는 사람이었다. 그야말로 안성맞춤이었다.

죽음 이후 처리해야 할 일들의 목록은 끝이 없었다. 우선 빌의 유언장을 찾아야 했다. 그 일은 비교적 쉬웠으나, 줄리아처럼 법 지식으로 단련된 눈을 갖지 않아도 빌이 유언장에 서명을 하지 않았다는 사실은 곧바로 알아볼 수 있었다. 물론 유언장 내용을 그대로 따르겠노라고 결정할 수 있긴 했지만 (실제로 그럴 생각이었다) 법적으로 빌은 유언장 없이 죽은 셈이었기에 유언장을 집행하려면 수많은 추가 서류를 준비해야 했다. 그건 복잡한 일이었고 거기다가 빌이 하던 사업도 정리해야 했기 때문에, 우리는 나를 대리할 법률사무소를 찾아보기로 했다.

나는 두 곳을 방문한 뒤 두 번째 사무소를 선택했는데, 첫 번째로 찾아간 곳은 나를 대하는 태도가 얼마나 어설픈지 그 와중에도 웃음이 나올 정도였기 때문이다. 나는 눈물도 흘리지 않고 비교적 차분하게 궁금한 점들을 문의했지만, 법률사무소 직원은 계속 줄리아 쪽만 보며 대답했고 바로 앞에 앉아 있는 나를 3인칭으로 불렀다. 앨런 파트리지*가 등장하는 코미디 프로그램 속에 갇힌 기분이었다. 하지만 어찌 보면 그 사람의 미숙한 접객 태도가 고맙게 느껴지기도 했다. 이 같은 시련 속에서도 나에게 유머 감각이 남아 있으며 내가 처한 상황의 부조리함을 재미있어할 수 있다는 게 확인되었으니까. 게다가 빌이라면 이 상황의 우스움을 얼마나 즐겼을까 하는 생각을 하며 내 마음은 한층 더 편안해졌다.

또 다른 중요한 과제는 내담자들에게 한동안 상담을 할 수 없다고 알리는 일이었다. 이젠 존재했다는 사실조차 믿기 어려운 과거의 세상, 빌이 수술을 받으면 무사히 회복되리라 생각했던 그 세상에서 나는 돌아오는 일주일 동안의 상담만을 취소해두었다. 이제는 일할 수 없는 기간이 더 길어지리라는 사실이 명백했다. 심리치료사 친구 둘이 내담자 명단을 나누어 일일이 연락을 취하고 원한다면 나를 대신할 치료사를 찾아주겠다고 했지만, 다들 그 제의를 거절하고 내가 복귀할 때까지 기다리겠다며 애정과 근심을 전했다. 내담자들의 염려에 더욱 마음이 아파왔다. 그들을 걱정시킬 생각은 아니었는데.

이틀째 돌봄 당번은 내 친구 셰리였다. 우리는 장례식장에 전화를 걸고 직접 방문해보았다. 인도주의적 종파의 사제들과 대화를 나누고 장례식에 쓸 음악도 골랐다. 빌의 (법적 효력은 없지만

＊   영국 코미디언 스티브 쿠건이 만들어낸 가상의 캐릭터.

요긴한) 유언장에 따르면 그는 종교의식을 원치 않았기 때문에
뭔가 대안을 찾아야 했다. 그다음엔 은행을 비롯하여 빌의 죽음
을 통지해야 할 여러 공공기관에 전화를 돌렸다. 휴대전화 약
정, 체육관 회원권, 신용카드, 잡지 구독 등도 취소했다. 오늘날
우리의 삶은 얼마나 터무니없이 복잡한지, 얼마나 많은 비밀번
호가 필요한지. 빌이 목록 만들어두기를 좋아하는 성격이었던
게 천만다행이었다.

  사흘째에는 사촌 조너선이 와서 함께 빌의 재정 상태를 살펴
보았고 사망진단서를 떼러 병원에도 같이 가주었다. 조너선 다
음에는 또 다른 사촌 애냐가 기진맥진해 축 늘어진 나를 넘겨받
아 해머스미스 시청 등기소로 데려갔다. 사망신고서를 받기 위
해서였다.

  이 모든 과정에서 깨달은 것은, 어떤 일이 나를 무너뜨릴지
종잡을 수 없다는 사실이었다. 심지어 조너선과 함께 병원에서
서류를 기다리는 동안에도 내겐 웃을 수 있는 순간이 있었다.
구급대원더러 급히 영안실로 내려와달라는 안내 방송을 듣고
우리는 "구급대원을 찾기엔 좀 늦은 거 아닌가?"라며 소곤대기
까지 했다.

  하지만 등기소에 들어서자마자 내 마음에서 웃음 따위는 싹
사라져버렸다. 물론 애냐와 내가 있던 대기실이 출생이나 결혼
을 신고하러 온 다른 사람들로 가득 차 있었다는 사실도 거기에
한몫했다. 이 사람들은 어떻게 감히 계속 행복하게 살아갈 수

있는 거지? 무미건조하고 숨 막히게 좁은 행정실에 들어서자 상황은 더욱 나빠졌다. 내 머릿속이 서서히 흐트러지기 시작했다. 등기 담당관은 컴퓨터 너머에서 빌의 이름, 주소, 직업 등 온갖 질문을 쏟아내며 내가 대답한 내용을 차례차례 입력했다.

그러다가 담당관이 빌의 생년월일을 묻는 순간 나는 무너지고 말았다. "1961년 4월 17일"이라고 말하려는데 목소리가 갈라지더니 눈물이 솟구쳤다. 지난 14년 동안 내가 반드시 기억하고 축하해야 했던 중요한 날짜가 오늘부터는 나와 상관없어졌으니까. 이제 그날은 중요하지 않았다. 앞으로는 아무도 내게 빌의 생일을 묻지 않을 것이었다. 왠지 그 사실이 빌의 '사라짐'을 상징하는 것처럼 느껴졌다. 이제부터 사람들이 나에게 물을 날짜, 유일하게 중요한 날짜는 빌의 사망일이 되리라. 그리고 사망은 결코 축하할 일이 될 수 없다. 나는 소리 없이 흐느꼈다. 하필 이렇게 괜찮은 척할 여력도 없을 만큼 무너져버렸을 때 나를 떠맡은 애냐에게 미안할 뿐이었다. 하지만 애냐는 전혀 당황한 기색을 비치지 않았고, 마침내 집으로 돌아오자 날 위한 선물이라며 파자마를 건네주었다. 나는 보송보송하고 빛깔 고운 파자마로 갈아입고서 얌전히 애냐가 만들어주는 저녁 식사를 기다렸다. 잠잘 준비를 마친 다섯 살짜리 아이처럼. 그리 나쁘지 않은 기분이었다.

나흘째에는 마리아나가, 닷새째에는 잉게가 찾아왔다. 하루하루가 쳇바퀴 돌듯 흘러갔다. 다정한 친구들이 단체 채팅방에서 정한 순번대로 오가며 나를 돌보는 동안, 처리할 일들의 목록은 서서히 짧아졌다. 빌과 내가 다양한 경로로 만난 친구들이라 그들끼리는 서로 모르는 경우도 많았지만, 그럼에도 모두 하나로 뭉쳐서 모자람 없는 애정과 지지를 베풀어 주었다. 나는 몽롱한 상태로 떠다니면서, 무슨 일이 일어나든 받아들이고 흘러가도록 내버려두는 수밖에 없다는 걸 깨달았다. 맑고 생산적인 정신으로 감당할 수 있는 사소한 일들의 파도를 넘어가려 애쓰다가도, 다음 순간 해일처럼 몰려오는 슬픔에 두드려 맞곤 했다. 끊임없이 밀려드는 비탄이 내 정신의 해안을 사정없이 내리치면 그 막강한 힘 앞에 무력하게 쓰러질 수밖에 없었다. 때로는 견뎌낼 만했지만, 때로는 그 위력에 휘청거리며 두 번 다시 일어나지 못하는 건 아닐까, 다시는 물 위로 솟구쳐 공기를 들이쉬지 못하는 건 아닐까 공포에 떨기도 했다.

놀라운 것은 그 와중에도 아직 웃을 일을 찾아낼 수 있었다는 사실이다. 빌도 분명히 내가 그러길 바랐으리라. 그는 타고난 희극인이었으니까. 어쩌면 나를 웃긴 일들 중 일부는 빌이 저승에서 몰래 지휘한 것인지도 몰랐다. 빌의 죽음 이후 내가 떠맡게 된 온갖 업무 중에는 그의 이메일, 문자, 페이스북, 왓츠앱 채팅방 등 온갖 현대 생활의 도구들을 날마다 체크하는 일도 포함되었다. 혹시라도 중요한 문제가 언급되진 않는지, 미처 연락을 못 한 사람은 없는지 확인하기 위해서였다. 녹색당원이자 한때 선거후보로 나서기도 했던 빌은 지역 녹색당 채팅방에도 속해 있었다. 채팅방의 다른 사람들은 내가 자기네 대화를 지켜보고 있다는 사실을 모르는 게 분명했다. 그들은 빌의 죽음에 관한 타래를 열어 대화를 나누고 있었다. "빌 캐시모어 이야기 들었어?" "좋은 사람이었는데." "정말 안타까운 일이야." "어쩌다 그리 됐는지 아는 사람 있어?" 대체로 예상 가능하고 무해한 내용이었다. 하지만 곧 대화는 현실적인 방향으로 흘러갔다.

"이런 상황에서는 절차가 어떻게 되지?"

"장례식에 대표자를 보내야 하나?"

"누구 갈 수 있는 사람?"

"아내 되는 분께 뭐라도 보내야 하는 거 아냐?"

친구들과 나는 마지막 물음에 뭐라고 대답할지 고심하느라 한참을 유쾌하게 보냈다. 결론은 대강 이런 내용이었다.

"아내 되는 분은 장미, 난초, 프리스태트의 솔티드 캐러멜 트러플, 허밍버드의 컵케이크와 애스퍼널의 문구류를 특히 좋아한답니다."

그들은 꽃을 보내왔다.

나는 줄리아와 함께 법률사무소를 다시 찾아갔다. 이번엔 지난번보다 더 상태가 나빴고 울음을 멈출 수 없었다. 어느 사무 변호사(나이 든 남자)가 다른 변호사(젊은 남자)를 보내 티슈를 찾아오게 했다. 한참 시간이 지나서야 돌아온 청년은 내 눈길을 피하며 아무 말 없이 키친타월 한 뭉텅이를 건네주었다. 다행히도 이 상황이 나를 다시 웃게 했다. 유언장 공증 변호사들은 유족을 다루는 태도가 놀랍도록 서툴렀는데, 어떤 면에서는 일종의 직업병인지도 모르겠다. 아니면 단지 내가 다른 유족들에 비해 자제력이 부족했던 걸까? 하지만 그리 나쁜 상황은 아니었다. 빌 역시 키친타월 에피소드를 아주 좋아했을 테고, 정신 상태가 불안정한 나와 대화해야 한다는 사실을 깨달은 순간 젊은 변호사의 얼굴에 뚜렷이 떠오른 두려움도 재미있어했을 테니까. 어쩌면 그 장면을 자기 희곡에 집어넣었을지도 모른다. 빌은 배우이자 사업가였을 뿐 아니라, 희곡과 신문 기사를 썼고 종종 직접 쓴 1인극을 연기하기도 했다. 그는 항상 바쁘게 지내며 일정을 꽉꽉 채우기를 좋아하는 사람이었다.

나 역시 그런 사람이었으며, 이 새롭고 달갑잖은 세상의 이질감과 불편함 속에서도 여전히 그렇게 살아갔다. 하루하루 지나면서 그처럼 터무니없고 초현실적인 순간들을 점점 더 즐길 수 있게 되었다. 여전히 가끔 무너지곤 했지만, 대부분의 시간은 멍한 해리 상태로 떠돌며 지긋지긋하고 끝이 없지만 반드시 해치워야 하는 현실적인 업무들을 처리해나갔다. 심지어 어떤 업무는 비교적 효율적으로 처리할 수도 있게 되었다.

내가 배우자의 죽음이라는 끔찍한 공포 앞에서도 제구실을 할 수 있었던 이유는 무엇일까? 쇼크와 트라우마의 최면 효과 때문이기도 하겠지만, 위기에 처하면 기존의 습관으로 회귀하는 인간의 성향 때문이기도 하다. 과거 우리를 보호하고 구해주었던 생활 방식과 행동에 의지하려는 것이다.

모든 인간은 서로 연결된 두 가지 관점에 따라 작동한다. 뇌는 지적·인지적 관점에서 작용하며 우리가 처한 문제를 논리와 분석에 따라 합리적으로 헤쳐나갈 수 있게 한다. 반면 감정, 기분, 에너지 등은 더욱 구체적이고 정서적인 관점에서 반응하며 직감이 말하는 바를 전달한다.

이 두 관점이 조화를 이룰 때도 있다. 예를 들어 컨디션이 안 좋을 때 우리는 마음 편히 쉬어야 한다고 인지적으로 '생각하는' 동시에 똑같이 '느끼기도' 한다. 다시 말해 몸도 우리가 우울하고 지쳤으며 세상을 대면할 기분이 아니라는 메시지를 보내는 것이다. 이런 상황에서는 문제 될 것이 없다. 우리가 옳은 일이라고 느끼는 것에 뇌 역시 논리적으로 동의하기 때문이다. 그래서 이럴 때는 보통 일정을 취소하고 집에서 휴식을 취하며 영양가 있는 음식을 먹고 일찍 잠자리에 든다.

하지만 뇌와 몸이 화합하지 못하는 경우도 있다. 슬프고 지쳐서 웅크린 채 잠들고 싶은 마음뿐이지만 뇌가 우리를 다그칠지도 모른다. 방구석에서 우울해하는 건 '불건전한' 일이라는 둥, 그런 감정을 '극복'해야 한다는 둥, 다들 내가 지금쯤은 업무에 복귀하기를 기대할 거라는 둥 멈춰서는 안 될 이유에 대한 흔해 빠진 주문들을 읊어대면서 말이다. 생각은 감정을 무시하고 우리를 느끼는 바와 반대되는 방향으로 몰아붙여, 원래 단순한 문제였던 것을(나는 지쳤고 휴식이 필요해) 양가감정과 갈등과 종종 죄책감까지 뒤섞인 복잡한 문제로 만들어버린다. 이렇게 느끼다니 내가 나빠, 난 게을러, 내가 봐도 그러는 게 옳다면 어떻게든 해내야겠지 등등의 (당연하게도 익숙하게 들리는) 주문들로 말이다. 갑자기 모든 것이 불협화음을 일으키고 내면의 갈등이 심해지며 이미 한계에 도달한 기력은 더욱더 소진되어간다.

이는 우리의 '느끼는 자아'와 '생각하는 자아'가 매일, 매 순간 치르는 무수한 협상과 타협의 일부에 지나지 않는다. 비단 유족이 아니라도 많은 사람이 이런 과정을 겪는다. 그 대부분은 의식적인 차원이 아니라 무의식적인 차원에서 진행되기 때문에, 우리는 영문도 모른 채 불확실하고 불안정하며 불만스러운 감정을 겪게 된다. 이 부정적인 단어들은 우리의 몸과 마음이 빚는 불화를 잘 드러낸다. 몸과 마음이 조화를 이루면 내적 평화가 찾아들지만, 그러지 못하면 불협화음에 이어 온갖 다른 문제들이 뒤따라온다. 우리의 현재 상황과 반응에 따라 정신은 감정의 세계에 도움이 되기도 하고 방해가 되기도 한다. 물론 반대로 감정이 정신에 도움을 주거나 정신을 압도하고 방해할 수도 있다.

하지만 이 점을 깨닫기 위해서는 우선 '심신의 통합성'을 받아들여야 한다. 이는 몸과 마음이 전인적 체계를 이루며 함께 작용한다는 의미로 심리치료사들이 쓰는 표현인데, 서구에서 오랫동안 대세를 이룬 사고방식과는 정반대라고 할 수 있다. 17세기 철학자 르네 데카르트René Descartes는 다음과 같은 유명한 말을 남겼다. "나는 생각한다, 따라서 존재한다." 그리하여 수 세기 동안 서구인들은 몸과 마음이 각각 따로 작용한다고 믿어왔으며, 의료인과 정신건강 전문가 역시 자기들이 서로 다른 체계를 다룬다고 생각해왔다. 그러나 이제는 소수의 의사와 극소수의 심리치료사 들만이 이런 데카르트적 이원론에 동의한다.

나 자신에 관해 말하자면 무엇보다 통합적·상관적 심리치료사라고 할 수 있다. 즉 나는 몸과 마음이 언제나 상호작용하며 결코 분리하여 생각할 수 없다고 믿는다. 그런 사실이 항상 바람직한 결과로 이어지는 것은 아니지만 말이다. 심리치료의 목표 중 하나는 몸과 마음에 동등한 무게를 부여하고 각각 비슷하게 주의를 기울여 균형을 이루게 하는 것이다. 내담자에게 과거와 현재의 다양한 상황, 그리고 미래에 대한 전망을 이야기하게 함으로써, 우리는 몸과 마음이 언제 어떻게 조화를 이루거나 불화하여 갈등을 일으키는지 이해시키려고 애쓴다. 그러면 한쪽이 우세해질 때 다른 한쪽은 참여할 기회를 잃는다는 사실을 깨닫게 되고, 자신이 처한 상황에서 어느 쪽이 주도권을 잡아야 적절한지 생각해볼 수 있다.

🜄

심리치료사들은 가끔씩 농담 삼아 사람들을 지극히 환원적인 두 가지 유형으로 구분하곤 한다. 바로 '느끼지만 처리하지 못하는 사람'과 '처리하지만 느끼지 못하는 사람'이다.

'처리하는 사람'은 위기에 처하면 곧바로 두뇌를 가동하여 대처 상태로 들어간다. 뇌에 힘을 실어주기 위해 몸이나 감정과의 연결을 차단하는 것이다. 조직하고 계획하고 해결하며 논리적 · 이성적 사고로 상황을 처리하면서 모든 걸 통제하고 있다는 환상을 유지하려 한다. 뇌가 신체에 이래라저래라 지시한다는 점에서 이를 '하향적 행동 방식'이라고도 한다. 나는 천성적으로 '처리하는 사람'인데, 여기에는 장점도 있고 단점도 있다. 장점이라면 이런 상태가 본능적인 공포를 인지하지 못하게끔 차단해주어 자기 통제력을 잃었다는 분노와 무기력을 막아준다는 것이다. 내 정신은 고통, 공포, 슬픔, 분노 등 조금이라도 곁을 내주면 나를 압도해버릴 온갖 불쾌한 감정을 초월하려고 애쓴다.

많은 사람이 이런 차단 기술을 실천하며, 대부분은 그런 상태에 너무 익숙해져서 자신이 그러고 있다는 것조차 인지하지 못한다. 그래서 우리 심리치료사들은 거듭하여 (일부 내담자들이 짜증을 낼 정도로) 이렇게 말한다. "자신의 감정과 접촉하세요. 감정의 소리를 들으세요."

나는 20대에 처음으로 심리치료를 받을 때, 지금 어떤 느낌이냐는 질문을 들으면 당황해서 어쩔 줄 모르며 "글쎄요, 내 생각엔……" 하고 더듬거리곤 했다.

심리치료사는 내 느낌에 대해 '생각'하는 것과 실제로 내가 느끼는 것은 다르다고 찬찬히 설명해주었다. 하지만 나는 치료사의 말을 이해할 수 없었고, 그럴수록 더욱 그쪽에서 듣고 싶은 말이 무엇일지 '알아내기' 위해 정신을 집중해서 뇌를 가동했다. 머리로 상황을 해결하는 데 너무도 익숙해서 마치 목 아래가 잘려 나간 듯 신체로부터 아무 정보도 전달받지 못했다. 심지어 이처럼 머릿속에 갇히는 습관이 애초에 심리치료를 받게 된 원인 중 하나였다는 사실조차 깨닫지 못했다. 나는 내가 일을 제대로 처리하지 못한 것뿐이라고 생각했고, 사실은 지나치게 잘 처리한 나머지 다른 모든 걸 차단해버린 게 문제였음을 끝내 인정하지 못했다.

'처리하는 사람'의 삶에는 장단점이 있다. 일단 이들은 책임자처럼 보이고, 실제로 일을 수행한다. 어려운 상황에서도 잘 견뎌내며 현명하게 결정을 내리는 것처럼 보인다. 반면 그만큼 무거운 대가도 따른다. 교환에는 항상 조건이 붙기 마련이니까. 이들은 사실상 일종의 데카르트적 이원론(나는 생각한다, 따라서 존재한다)을 내면화하고 감정을 무시함으로써, 몸과 감정이 제공하는 긴요한 정보들이나 자신을 한층 다면적으로 이해할 기회를 차단해버린다.

게다가 이들의 전략은 장기적으로는 성공할 수 없는데, 감정은 결코 정신력으로 제거할 수 없으며 언젠가 반드시 돌아와 복수하기 때문이다. 잠시 동안, 어쩌면 몇 년까지 눈에 안 보이게 짓누를 수 있다 해도 감정은 여전히 그 자리에 존재한다. 단지 숨겨져 있을 뿐 언젠가는 주의를 요구하고 나설 것이며, 그래도 외면당한다면 어떻게든 밖으로 새어 나올 길을 찾아낼 것이다. 어쩌면 예전보다 더 통제하기 어려운 방식일 수도 있다. 부적절한 순간의 걷잡을 수 없는 감정 폭발, 질병이나 우울증, 인생 말년의 신경쇠약처럼 말이다. 우리는 도망갈 수 있을 뿐 숨을 수는 없다. 어느 시점에는 반드시 감정의 목소리를 들어주어야 한다. 안 그러면 그쪽에서 **어떻게든** 듣게 만들 것이다.

몇 달 동안 심리치료를 받은 뒤에야 나는 비로소 치료사가 했던 질문을 이해할 수 있었다. 내 느낌에 대해 생각하는 것과 실제로 느끼는 것이 다르다는 사실을 깨달은 것이다. 그리고 한참 더 시간이 지나서, 즉 **몇 년이나** 심리치료를 받고 나서야 감정을 귀담아듣고 이해하는 방법을 깨우치게 되었다. 감정에 압도되거나 두려움을 느끼거나 섣불리 재단하지 않고 그 목소리를 있는 그대로 받아들일 수 있게 된 것이다. 하지만 오래된 습관은 좀처럼 사라지지 않아서, 위기의 순간이 오자 (빌의 죽음 직후에 내가 경험한 것은 명백히 위기 상황이었다) 많은 사람처럼 나 역시 과거의 방식으로 돌아가버렸다. 두려운 일이 있을 때 나를 지켜주었던 대응 방식 말이다. 다시 말해, 병원에서 보낸 시간과 그 직후에 나는 대체로 가장 익숙한 행동 방식에 의존하는 퇴행 상태에 놓여 있었다.

그렇다면 '느끼는 사람'들은 어떨까? 그 이야기로 들어가기 전에, 우선 이런 유형 구분은 결코 결정적인 것이 아님을 유념

해주었으면 한다. 누구나 과거에 자신에게 가장 효율적이었던 방식에 따라 살아가기 마련이며 그 방식은 각자의 성장환경과 성격, 경험에 따라 좌우된다. 더욱 중요한 것은 이런 유형화가 엄중하지도, 종합적이지도, 영구적이지도 않다는 사실이다. '당신은 이런 사람이다'라는 종신형 선고가 아니라, 그저 인간의 개성을 살펴보는 여러 관점 가운데 하나일 뿐이다. 어떤 사람은 상황에 따라 그때그때 다른 행동 방식으로 기울 수도 있다. 예를 들어 직장에서와 사적 관계에서의 행동 방식이 다르거나 기분이 좋을 때와 스트레스를 받을 때의 행동 방식이 다를 수 있다. 유형이란 유동적이고 변화 가능하기 때문에 우리를 규정하는 요소가 될 수 없다. 다만 자신이 어떤 상황에서 어떤 유형에 가까워지는지 알고 있으면 유익할 것이다.

다시, '느끼는 사람'들은 위기 상황에서 어떻게 행동할까? 거의 문자 그대로라고 할 수 있다. 그들은 자신의 감정을 밀고 나가며 느낌을 곧이곧대로 드러낸다.

'느끼는 사람'은 자신의 감정에 직관적으로 반응하며, 몸에서 보내는 감정적 정보를 민감하게 받아들인다. 이를 '상향적 행동 방식'이라고도 한다. 감정이 반응을 조절해야 할지 판단하는 정신적 여과장치를 거치지 않고 그대로 표출되는 것이다. 감정이 큰 목소리를 내며 모든 것을 좌우하기 때문에 뇌로서는 끼어들 자리가 없다.

이런 사람들은 폭력이나 괴롭힘을 당하는 사람을 보면 자신의 안전은 안중에도 없이 무턱대고 도우러 달려갈 수 있다. 고급 레스토랑에서 발가락을 찧는다면 다른 점잖은 손님들이 놀라 쳐다보든 말든 곧바로 고통의 비명을 질러댈지도 모른다. 혹은 자신의 배우자가 다른 사람과 얘기하는 것을 보자마자 부정을 의심하며 분노를 터뜨릴 가능성도 있다.

빌이 괴로워하며 가슴을 움켜쥔 최초의 순간, 내가 '느끼는 사람'이었다면 비명을 지르고 울음을 터뜨렸을 것이다. 곧바로 구급차를 부르려 했지만 너무 놀란 나머지 전화번호가 기억나지 않았을 수도 있다. 대체 무슨 상황인지 모른다는 두려움에 넋을 잃고 다리가 풀려서 부축을 받고서야 구급차에 올라탈 수 있었을지도 모른다. 병원에 도착해서도 '처리하는 사람'인 내가 그랬듯 마음을 꾹 누르고 몇몇 지인에게 혹시 지금 바쁘냐며 조심스럽게 문자를 보내는 대신, 아는 사람마다 전화를 걸어 어떡하면 좋겠냐고 물어보았을 것이다. 내가 알던 세상이 무너지는데도 속수무책이라는 사실을 두려워하며 울고 도움을 요청하는 일 말고는 아무것도 할 수 없었으리라.

이런 상태를 흔히 '쇄도flooding'라고 한다. 너무 격렬한 감정에 직면하면 뇌는 제 기능을 하지 못하고 압도당한다. '투쟁-도피-경직' 상태에서처럼 뇌의 작동이 중단되는 것이다.

빌은 '느끼는 사람'에 가까운 편이었다. 그가 괴롭거나 화나거나 두려울 때 내지르던 끔찍한 비명에 관해서는 앞서 언급한 바 있다. 빌의 뇌는 신체 반응을 조절하지 못했는데, 그런 순간이면 그저 감정덩어리가 되어 정신이 끼어들 여지가 없었기 때문이다.

'처리하는 사람'과 마찬가지로 '느끼는 사람'에게도 장단점이 있어서, 이런 행동 방식이 유익할 때도 있고 해로울 때도 있다. 이들의 장점은 자신의 감정을 분명히 안다는 것이다. 이들은 자신의 감정과 긴밀히 접촉하기에 굳이 그것에 관해 '생각'하지 않아도 된다. 따라서 누군가에게 위로가 필요할 때 더욱 상냥하고 공감 어린 태도를 보여준다. '처리하는 사람'은 문제해결에 도움이 될 실용적 방안을 제시하려 드는 반면, '느끼는 사람'은 상대에게 정말로 필요한 건 포옹과 맞장구 몇 마디임을 이해한다.

이는 항상 통신선이 열려 있으므로 괴로움뿐 아니라 즐거움도 더 쉽게 받아들일 수 있다는 뜻이기도 하다. 이들은 현재 상황에서 기분이 좋다고 '느껴야 하는지' 분석하려는 뇌의 여과장치를 거치지 않고 직관적으로 기쁨과 행복을 누린다. 게다가 감정을 곧바로 드러내기 때문에 고여서 부패한 감정이 훗날 회한이나 뒤늦은 폭발 같은 유독한 방식으로 표출되지 않는다.

빌과 나는 '느끼는 사람'과 '처리하는 사람'이라는 스펙트럼의 양극단에 있었고, 따라서 연애 초기에 우리의 싸움은 매우 불균형한 양상을 이루었다. 빌은 쉽게 화를 내고 큰 소리로 불만을 표현했지만 그만큼 빨리 누그러져 몇 분만 지나면 마음을 풀고 내게 사과하곤 했다. 반면 '처리하는 사람'인 나는 마음속의 분노를 뒤늦게야 인식했고 좀처럼 감정을 해소하지 못했으며 나를 괴롭히는 것들을 오랫동안 방치했다. 나의 뇌는 커져가는 불쾌감을 인식하지 못하거나 알아차린다 해도 내가 알아서 극복해야 한다고 지시했는데, 그러면 몇 달 뒤 아주 사소한 문제로 폭발하여 며칠씩 뚱하게 있을 뿐이었다.

나는 빌이 자제력이 부족하고 경솔하다는 생각에 짜증을 냈고, 빌은 내가 말하고 훌훌 털어버려야 할 문제를 인지조차 하지 못한다는 사실에 화를 냈다. 하지만 몇 년이 지나면서 우리는 자기 자신과 서로를 점점 더 깊이 알아갔다. 상대의 관점을 이해하고 조화로운 결혼 생활을 이루기 위해 자신의 천성을 조율하는 데 능숙해졌고, 그러면서 보다 균형 잡힌 관계를 영위하게 되었다.

생각보다 감정이 우선인 사람들의 단점이라면 정신이 나간 것처럼 보이기 쉽다는 것이다. 애초의 문제에 더하여 무지막지한 감정 분출 문제에도 대처하느라 상황이 더 악화될 수 있다. 주위 사람들 입장에서는 이들의 감정적 붕괴에 신경 쓰다가 그 근원이 된 문제는 미처 해결하지 못할 수도 있다. 또한 이들은 자신의 감정 분출을 통제할 수 없다는 생각에 무력감과 참담함을 느끼기도 한다.

심리치료사의 입장에서 볼 때 '느끼는 사람'에게 '처리하는 사람'과 똑같이 '감정의 목소리에 귀 기울이라'고 말하는 것은 전혀 도움이 되지 않는다. 지나치게 감정에 치우친 것이 이들의 문제이기 때문이다. 이들이 해야 할 일은 감정이 폭주할 때 뇌에 도움을 요청하여 쇄도 상태를 누그러뜨리는 것이며, 심리치료사의 역할은 이들이 수도꼭지를 잠글 수 있도록 돕는 것이다. 감정이 범람하여 댐을 터뜨리고 자신과 주위 사람을 몽땅 삼키는 대신, 꾸준하고 통제 가능한 흐름으로 표출되게끔 하는 것이다.

지극히 단순한 차원에서는 이 같은 균형잡기 또한 심리치료의 목적에 속한다고 할 수 있다. 우리는 '처리하는 사람'이 감정을 차단하는 자신의 성향을 인식하고 감정과 더욱 긴밀하게 접촉하는 법을 배우도록 돕는다. 그러면 뇌의 철권통치가 약화되어 괴로움을 선명하게 인식하고 나아가 즐거움도 더 쉽게 인식하는 바람직한 결과를 불러온다. 한편 '느끼는 사람'의 경우엔 쇄도의 징후를 알아차리고 뇌를 끌어들여 감정을 제어하도록 돕는다. 뇌가 주특기를 발휘하여 상황을 진정시키고, 감정이 폭주하여 혼란을 일으키지 못하게 하는 것이다.

'처리하기'와 '느끼기'뿐 아니라 몸과 마음이 균형을 이루도록 돕는 것도 우리의 일이다. 양쪽의 메시지를 통합해 더욱 합일된 '심신'을 이루고, 중요한 정보의 원천인 둘을 골고루 돌봄으로써 한쪽이 지나치게 우세하거나 소외되지 않도록 하는 것이다. 그러면 더욱 다양한 대응의 선택지가 생겨나며, 몸과 마음 중 한쪽이 독재를 펼치고 다른 한쪽은 자동조종 반응의 노예가 되는 일을 막을 수 있다. 하지만 앞으로 살펴볼 내용처럼 위기 상황에서는 균형을 잡기가 어려울 수 있다. 아무리 경험이 풍부하고 상담 훈련을 잘 받은 심리치료사라 해도 이를 실천하기는 쉽지 않다. 심리치료사들은 이따금 자신의 행동과 자신이 말하는 내용이 부합하지 않을 수도 있다는 사실을 인식하고 있어야 한다.

🜁

나는 '하던 대로' 계속해나갔다. 위기 상황을 맞아 예전의 행동 방식으로 되돌아간 것이다. 내 몸의 신호는 무시하고 머리에만 집중한 채 바쁘게 실무를 처리했다. 죽음에 뒤따라온 온갖 행정 업무 무디기를 열심히 지워나갔다. 나는 장례식 계획을 세우고 추도사를 썼다. 그건 비교적 쉬운 일이었다. 빌은 정말 근사한 사람이었고, 그가 어떤 사람이었으며 나에게 어떤 존재였는지 들려주고 싶은 이야기가 너무도 많았으니까. 빌의 가족, 대학 동창, 배우 및 작가 친구들, 사업 동료들에게도 그와 함께했던 다양한 인생 여정에 대해 이야기해달라고 요청해놓았지만, 우리의 좀 더 사적인 삶에 관해서도 뭔가를 쓰고 싶었다.

어느 날 밤 친구인 루이즈가 저녁 식사를 하러 왔다. 그날 내 돌봄 당번이었던 셰리가 식사를 준비해주었다. 나는 다시 식사를 들기 시작한 참이었지만 아주 천천히, 조금씩만 먹을 수 있었다. 장례식 날 루이즈는 멀리 가야 할 일이 있어서 참석할 수 없었기 때문에 나는 완성된 추도사를 미리 읽어주었다. 다 읽고서 고개를 들어보니 루이즈와 셰리 모두 눈물을 흘리고 있었다.

나는 깜짝 놀랐다. 두 사람이 왜 우는지 이해할 수가 없었다. 머릿속이 멍해졌고, 살짝 당혹스럽기도 했다.

"글이 슬프니?" 나는 친구들에게 물었다. 내 머리는 애초에 이 추도사를 쓰게 된 이유조차 제대로 인식하지 못하고 있었던 것이다.

물론 머릿속 한편에서는 빌이 죽었고 다시는 그와 만날 수 없다는 사실을 알고 있었다. 하지만 그것의 실제 의미와 느낌은 여전히 와닿지 않았다. 야릇하고도 혼란스러운 기분이었다. 나는 동시에 두 개의 평행우주에서 살아가는 것 같았다. 내가 빌이 죽었음을 알고 있는 우주와 빌이 잠시 자리를 비웠을 뿐이라고 생각하는 훨씬 유쾌한 우주. 빌은 일하러 나간 거야, 아니면 다른 방에 있거나. 나 자신을 위로하기 위해 의식적으로 그렇게 생각한 것은 아니다. 다만 내 머릿속 어딘가에서 정말로 그렇게 믿고 있었다. 빌은 잠시 나갔을 뿐이며 곧 돌아올 거라고.

그런 두 개의 세계가 서로 충돌하는 순간은 치명적이다. 그의 죽음을 처음 들었던 순간으로 되돌아가는 느낌이다. '다시는 그의 목소리를 못 듣겠구나'라는 깨달음이 '받아들이는 뇌'와 '부인하는 뇌' 사이의 깊은 경계선을 나도 모르게 불쑥 건너올 때면 복부를 강타당한 듯한 충격이 느껴졌다. 빌이 죽었다는 사실이 예전엔 불가능했던 방식으로 뼛속 깊이 스며 왔다. 그럴 때마다 구역질하고 싶었지만 결국 그만뒀고, 이어 쇼크 상태의 몽롱한 완충 효과가 돌아와 나를 포근하게 감싸주었다. 그러다 또 나시 어떤 생각, 어떤 문장, 어떤 장면이 나를 강타했고, 이런 과정이 몇 번이고 반복되었다. 너무 힘들었다. 고통스럽고 불안했다.

빌이 일하러 나간 거라고 믿다 보니, 새로운 현실을 받아들이는 대신 예전의 생활과 관련된 습관들이 생겼다. 나는 집에 있는 물건들을 전혀 치우거나 바꾸지 않았다. 빌이 귀가했다가 세간이 바뀐 걸 알면 당황하거나 화를 낼까 봐 걱정이 되어서였다. 빌은 오래전부터 내가 신발을 아무 데나 벗어놓는다고 투덜대곤 했기에 내 신발도 안 보이게 치워놓았다. 계단에 놔뒀던 물건들도 전부 치웠다. 빌이 밤에 들어왔다가 걸려 넘어질까 두려웠기 때문이다. 한편으로는 이 모든 게 정신 나간 짓이고 빌은 돌아오지 않는다는 걸 아는데도, 나머지 부분들이 그 사실을 차마 받아들이지 못하거나 현실과 관계없이 멋대로 그렇게 행동하는 것 같았다. 나는 빌에게 신경 쓰지 않는 방법을 몰랐다. 그의 존재가 내게 너무나 선명히 새겨져 있어서 달리 어떻게 행동하면 좋을지 알 수 없었다.

물론 이러한 상태를 표현하는 다른 말도 있다. '부정denial'이다.

앞서 언급했듯 엘리자베스 퀴블러 로스는 유명한 5단계 애도 이론에서 첫 번째 단계를 부정이라고 명명했다. 퀴블러 로스의 이론이 워낙 유명한 터라 사람들은 흔히 사별을 다룬 이론이 그것뿐이며, 어느 유족에게든 정확히 맞아떨어지리라 생각한다. 물론 잘못된 생각이지만, 이 이론이 많은 사람에게 도움이 되는 것은 사실이다. 쇼크, 해리 상태, '처리하기', 처음에 병원에서

의사의 경고를 받아들이지 못한 일이나 현실에 대한 절대적 거부까지, 지금껏 내가 서술한 내용 대부분은 부정 단계의 전형적인 증상이다.

그러니 퀴블러 로스의 이론은 여러 모로 타당하다고 할 수 있다. 부정 상태는 실존하며 나 역시 이를 겪었다. 내 경우 그것은 상당히 일찍 닥쳐온 초기 단계 중 하나였다. 하지만 당시 내가 겪은 상태가 그것만은 아니었다. 나에겐 여러 가지 상태가 뒤섞여 동시에 나타났다. 내적 붕괴와 부정, 그리고 잊을 만하면 몰아쳐 오던 처절하고 막을 수 없는 비탄.

하지만 거듭 강조해두고 싶은 점은 모든 유족이 부정 단계를 겪진 않는다는 것이다. 겪는다 해도 첫 번째 단계가 아니거나 다른 단계와 뒤섞일 수 있다. 혹은 사별 과정의 후반에 오거나 (생각보다 흔한 경우인데) 아주 오랜 기간에 걸쳐 몇 번씩 거듭해서 되돌아올 수도 있다.

그러니 잊지 말고 반드시 기억해두자. 올바르고 정상적인 사별 경험은 없다. 퀴블러 로스의 5단계는 나를 비롯해 많은 이가 공감하는 유효한 이론이지만, 그 이론에 공명하지 않는 사람도 그만큼 많을 것이다.

부정은 유족이 아니라도 누구나 평생 동안 어느 정도 활용하기 마련인 방어기제 중 하나다. 프로이트는 여러 가지 방어기제를 발견하고 명명했으며 그의 딸이자 후계자였던 안나 프로이트Anna Freud가 이를 더욱 확장시켰다. 부녀 모두 이런 방어기제

가 내면에서 용납 불가능한 욕구(종종 살의나 성욕과 연관된)가 끓어
오를 때 자신을 지키기 위해 생겨난다고 믿었다.

프로이트가 처음 수립한 방어기제 관념은 세월이 흐르면서
다른 이론가들에 의해 한층 발전하고 변화했다. 이제 인간이 방
어기제를 성적충동뿐만 아니라 다양한 것들로부터 자신을 보
호하기 위해 활용한다는 사실은 정설로 여겨진다. 현재 방어기
제라는 말은 광범위한 불안과 걱정, 나아가 직면할 수 없을 만
큼 괴로운 주변의 일들로부터 자신을 지키기 위해 무의식적으
로 활용하는 모든 방식을 가리킨다. 부정, 억압, 퇴행, 전위, 투
사, 반동형성, 주지화, 합리화, 승화. 방어기제는 생존 전략이지
만 어떤 면에서는 자기기만이기도 하다.

부정이란 너무 괴롭게 느껴지는 현실을 받아들이길 거부하는
행동 방식이다. 아무리 뚜렷한 증거가 존재하더라도 용납할 수
없는 상황을 경험하지 않고자 하는 것이다.

뇌가 죽음이라는 잔인한 현실을 수용하고 그에 적응하기란
지극히 어렵다. 따라서 부정 상태는 우리가 매번 견딜 수 있는
만큼의 고통만을 받아들여 서서히 상실을 견뎌낼 수 있게 해준
다. 빌이 영원히 사라졌다는 현실은 용납 불가능한 것이었기에,
나 역시 계속 빌이 언제든 돌아올 것처럼 행동해야 했다. 내겐
빌이 필요했다. 그가 있어야만 했다. 내게 빌 없는 삶은 무의미
하므로 그는 반드시 집에 돌아와야 했다. 부정은 현실보다 훨씬
편안한 안식처이므로 우리는 어떻게든 그 안에 머무르며 고통

스러운 현실이 침입하지 못하게끔 안간힘을 쓴다.

우리가 구축한 방어기제는 온갖 다양한 형태로 발현된다. 부정은 때로 사랑하는 사람의 죽음이 그리 큰일은 아니라는 허세의 형태로 나타나기도 한다. 우리는 인생에서 그들의 존재를 축소시키고 죽음에 따르는 여파를 과소평가한다. 심지어 남들이나 자신에게 이렇게 말하기도 한다. "별일 아냐, 나한테 그렇게까지 중요한 사람은 아니었어. 그 사람 만나기 전에도 잘 살았잖아. 그러니까 앞으로도 괜찮을 거야." 물론 전부 헛소리지만, 우리의 마음 한구석은 실제로 겪게 될 후유증을 부인하려 한다.

이런 종류의 부정은 프로이트의 또 다른 방어기제인 합리화와도 비슷하다. 합리화는 현실을 인지적으로 왜곡하는 것으로, 일견 논리적이고 이성적으로 보이는 서술에 의지해 상황을 해설하려는 행동 방식이다. 사실상 그 서술이 전혀 타당하지 않다 해도 말이다.

내게 나타난 또 다른 방어기제는 주지화, 즉 머리로 상황을 해결하려는 경향이었다. 이는 특히 '처리하는 사람', 몸보다는 머리로 사는 것을 선호하는 이들에게 흔히 나타난다. 그러니 내가 이 책을 쓰고 상황을 숙고하면서 시간을 보내기로 한 것도 놀라운 일은 아니다. 가만히 있다가는 실제로 뭔가를 '느끼게' 되어버릴지도 모르니까.

이와 달리 '느끼는 사람'에게 더 많이 나타나는 방어기제는 퇴행이다. 아이와도 같은 충동에 자신을 내맡기고 분노를 폭주

시키거나, 아니면 누군가 손을 잡아 위로해주고 머리를 쓰다듬
어주지 않으면 아무것도 할 수 없어서 이불 속에 숨어만 있을
수도 있다.

승화 역시 내게 나타난 방어기제 중 하나다. 승화란 문제상황
과 연관된 활동에 전력을 다하며 고통을 회피하려는 행동 방식
이다. 나는 원래부터 심각한 일 중독자였다. 항상 뭔가를 하고
끊임없이 바쁘게 지내며 불쾌한 생각이나 감정을 쫓아버린다.
현실이나 내면의 고통이 파고들까 봐 단 한 순간도 편안히 쉬지
못한다. 현실을 회피하려고 친구들과의 만남 같은 사교 활동에
의지하거나, 집 정리 같은 일거리를 일부러 만들거나, 행정 업
무에 정신을 쏟는 식이다. 좀 더 긍정적인 승화의 사례로는 공
격적 욕구를 스포츠 분야로 돌려 좋은 성적을 거두는 경우나 우
울한 성향을 활용해 뛰어난 미술, 음악, 문학작품을 창작하는
경우를 들 수 있다.

부정의 또 다른 흔한 형태는 외적 수단을 통해 자아를 마취시
키는 것이다. 알코올, 마약, 폭식이나 거식, 물건 쟁이기, 청소,
소비, 도박 등 해리 상태를 유지하고 견디기 어려운 현실의 침
투를 막아줄 수 있다면 무엇이든 상관없다.

'처리하기'와 '느끼기'의 경우처럼 (앞서 살펴보았듯 이 역시 일종
의 방어기제다) 누구나 특별히 선호하는 자기보호 방식이 있다. 중
요한 점은 자신이든 타인이든 위기를 겪는 누군가를 함부로 판
단해선 안 된다는 것이다. 방어기제는 사람에 따라 아주 다양하

게 나타나지만 애초에 그럴 만한 이유가 있다는 점, 즉 보호해야 할 상처가 없었더라면 방어기제도 나타나지 않았으리라는 사실을 잊어서는 안 된다. 함부로 판단하지 않을 뿐만 아니라 공감을 표현하는 것 또한 중요하다. 우리가 어떤 방어기제에 빠져드는 것은 특정한 시점에서 공포를 느끼고 보호 수단을 필요로 했기 때문이다. 비록 지금은 애초에 공포를 느낀 원인을 뚜렷이 기억하지 못한다 해도 말이다. 또한 특정한 방어기제가 다른 것에 비해 신체적으로 건강하거나 사회적으로 무난하다고 여겨질 수도 있겠지만, 그렇다고 해서 정신적으로 더 건강하거나 '우월한' 것은 아님을 알아야 한다.

가령 내 친구들은 종종 내가 정말 '잘' 견뎌내고 있다며 칭찬을 했다. 자신이 나 같은 일을 겪었다면 밤마다 와인을 한 병씩 비우거나 잠자리에 눕지도 못하고 비명을 질러댈 거라면서 말이다. 이 말에 함축된 메시지는 나의 분주함, '처리하기', 주지화, 글쓰기 등이 모두 내가 상황을 잘 견뎌내고 있다는 의미이며, 반면 그들은 그러지 못했으리라는 것이다. 하지만 내게 나타난 부정의 형태가 비교적 생산적이고 사회적으로 건전해 보였다 해도, 나 자신이 감정적으로 딱히 더 건강했던 것은 아니다. 와인병을 비우고 침대에 처박혀 넷플릭스만 시청하거나 날마다 친구들과 통화하며 엉엉 우는 것이 내 실제 감정에는 더 솔직한 행동이었을 것이다. 우리가 겪는 부정의 형태가 어떻든 간에 그 목적은 항상 같다. 상실의 고통에서 자신을 보호하는 것.

앞서 설명했듯이, 애도 이론에서 윌리엄 워든은 엘리자베스 퀴블러 로스와 나란히 언급되는 이름이다. 그는 2008년 퀴블러 로스의 5단계와 구별되는 '애도의 4가지 과업' 이론을 주창했는데, 그 첫 번째 과업은 '상실을 현실로 받아들이기'다.

'과업'이라는 명칭은 유족이 아직 현실을 받아들이지 못한 상태며 이를 극복하지 않고서는 앞으로 나아갈 수 없다는 점을 명백히 암시한다. 워든의 첫째 과업은 퀴블러 로스의 '부정 단계'와 상응한다.

워든의 둘째 과업은 '상실의 고통 처리하기', 셋째 과업은 '고인 없는 세상에 적응하기', 넷째 과업은 '고인과 지속적인 관계를 수립하며 새로운 삶에 착수하기'다. 퀴블러 로스의 5단계만큼 딱 떨어지거나 머리에 쏙 들어오는 내용은 아니고 강조 지점도 다소 다르지만, 다섯 단계와 비교적 쉽게 연결된다.

빌의 장례식은 비탄 속에서 부정과 현실, '느끼기'와 '처리하기'를 오가야 하는 내 상황을 완벽하게 보여주는 사례였다. 나의 이중적인 정신상태를 반영하듯 그날 하루도 둘로 쪼개질 예정이었다. 오전에는 동네 화장터에서 소규모 예배를 치르기로 했다. 빌의 가족과 친한 친구 다섯 명이 관 속의 빌에게 내밀한 작별 인사를 고하는 자리가 될 것이었다. 그다음엔 우리 집 뒤뜰에서 뷔페식으로 점심을 들고, 오후에는 '부시홀'이라는 동네 공연장에서 더 많은 친구가 참석한 가운데 보다 성대한 세속적 장례식을 치를 예정이었다. 에드워드 왕조 시대에 지어져 최근 아름답게 복원된 이 공연장을 빌과 나는 무척 좋아했다. 그 장소의 연극적 분위기도 오랫동안 연극계에 관여해온 빌에게 어울리는 듯했다. 게다가 오래전 우리가 잠시나마 결혼식장으로 고려한 장소였고, 빌이 생전에 마지막 저녁을 보낸 곳이기도 했다. 그는 발작을 일으킨 일요일 직전, 그러니까 토요일 밤에 거기서 공연을 관람했다.

지나고 보니 그날은 논리와 감정 사이를 오가는 하루였을 뿐만 아니라 정말 이상한 일들이 연달아 벌어진 날이기도 했다. 이성으로는 도저히 이해하기 어려운 일들이었기에, 나로서는 빌리의 영혼이 우리 곁에 있다고 생각할 수밖에 없었다. 빌이 우리를 격려하고 동의를 표하며 의심할 여지 없는 특유의 방식으로 우리를 웃겨주고 있다고.

빌리가 그 자리에 있을 뿐 아니라 모든 일을 연출하고 있다는 첫째 단서는 화장터에서 의식을 하는 도중에 나타났다. 그날 오전은 끔찍하게 슬픈 시간이었다. 나를 태워 갈 영구차가 집 앞에 멈춰 선 순간부터 나는 정신을 놓아버렸다. 차가 지독히 느리게 화장터로 가는 동안, 그리고 장례식이 절반쯤 진행될 때까지도 나는 줄곧 격렬하게 흐느꼈다. 하지만 미묘하게도 우리의 첫 번째 만남을 연상시키는 방식으로(계속 울던 내가 어느새 빌의 농담을 들으며 웃고 있다는 걸 깨달은 그 순간처럼) 빌은 이번에도 놀라운 솜씨를 발휘했다.

예배를 주관한 목사는 빌과 나의 친구인 그레이엄이었다. 그의 온화한 장례 연설 중간중간 몇몇 가족과 친구들의 감동적인 증언과 참여가 이어졌다. 빌의 누나들은 직접 고른 찬송가를 불렀고 빌과 가장 친했던 탬과 마이크는 각각 아름다운 추도사를 낭독했다. 빌의 조카 포피와 올리브도 시를 한 편씩 낭송했다. 셋째 조카 케이틀린은 뮤지컬 〈요셉 어메이징〉(어린 시절 빌 삼촌이 처음으로 데려가주었던 공연이라고 했다)에 나오는 노래 〈Any Dream Will Do〉를 부르기로 했다. 빌의 친구 토니가 케이틀린의 노래에 반주를 해줄 예정이었다. 그날 아침 콘월에서 런던까지 와준 토니는 양쪽 장례식에 모두 참석하여 화장터에서는 오르간을, 부시홀에서는 피아노를 연주하기로 되어 있었다.

노래를 들을 차례가 되었다. 케이틀린이 마이크 앞에 자리를 잡자 토니가 오르간 건반을 눌렀다. 아무 소리도 나지 않았다. 토니가 건반을 누르고 또 눌렀지만 여전히 침묵뿐이었다. 다들 자리에 앉은 채 조금씩 꼼지락거리면서도, 케이틀린이 초조해하고 토니가 당황해하는 동안 참을성 있게 기다리고 있었다.

뭐든 기분전환이 절실했던 우리는 몇 사람이 가벼운 농담을 던지자 일제히 큰 소리로 웃었다. 하지만 내가 이 모든 게 빌리 짓이라고 확신하게 된 것은 바로 다음 순간 일어난 일 때문이다.

빌은 늘 자신의 배우 경력을 자기 비하적인 농담거리로 삼곤 했다. 나와 같이 텔레비전을 보다가 엑스트라 배우가 등장하면, 특히 그게 구부정하고 추레한 인물일 때면 그는 반드시 "아, 저거 내 배역이네"라고 말했다.

빌은 일상의 사소한 순간과 장면에서 농담거리를 찾길 좋아했고, 대부분의 사람들에겐 흔하고 평범하게 여겨질 일들에서도 우스운 이야기를 이끌어냈다.

또한 그에겐 단 한 마디로 긴장된 상황을 누그러뜨리는 재주가 있었다. 특유의 무표정으로 "지금 마음에 드는 일이라곤 호들갑 떠는 사람이 없다는 것뿐이군"이라든지 "자네에게 마음에 드는 점은 결코 호들갑을 떨지 않는다는 거야" 같은 말을 불쑥 던지며 말이다.

바로 지금이야말로 긴장된 순간이었다. 그레이엄 목사는 도움을 줄 사람을 찾아 어딘가로 사라졌고, 나머지 참석자들은 계속 꼼지락대거나, 코를 훌쩍이거나, 그 와중에도 조용히 낄낄대고 있었다. 마침내 작업복을 걸친 덩치 크고 부스스한 남자가 나타났다. 딱 시트콤 엑스트라같이 생긴 그 남자는 꾸물꾸물 안쪽으로 들어오더니, 우리 모두 모른 척하고 싶은, 하지만 공간 한가운데 너무나 뚜렷하게 자리 잡은 관을 조심스레 비켜 갔다. 그리고 오르간 앞에 다다르자 우리 눈에 띄지 않으려는 듯 어설프게 몸을 구부렸다. 이어 오르간 측면의 버튼 하나를 누르며 "이게 마스터 스위치입니다"라고 수줍게 중얼거린 다음, 도저히 감출 수 없는 거구를 돌려 오르간 옆에서 비켜났다. 지나치다 싶게 쑥스러운 몸짓으로 관 주위를 돌아가는 그 남자의 일거수일투족을 모두가 지켜보고 있었다. 그가 마침내 문간에 이르러 돌아섰을 때 재킷 등판에 큰 글씨로 'STAFF'라고 적혀 있는 것이 보였다. 빌이라면 반드시 웃음을 터뜨렸을 사소하지만 절묘한 디테일이었다.

"빌리의 배역이네!" 내가 소리치자 모두 웃음보를 터뜨렸다. 정말이지 빌의 유머 그대로였고, 고조된 긴장을 깨는 그의 전형적인 방식이었다. 빌의 소리 없는 메시지가 들려오는 듯했다. "이 장례식에서 마음에 드는 점은 아무도 엄숙하지 않다는 거야."

우리의 웃음이 가라앉자 오르간이 울리기 시작했다. 케이틀린은 박수갈채를 받으며 노래를 마쳤고, 우리 모두 처음보다 훨씬 밝아진 기분으로 화장터를 떠날 수 있었다. 나는 왠지 우쭐해졌다. 빌리가 거기 우리와 함께 있었으며 행사에 만족했다는 확신이 들었다.

빌리에게 무언의 지지와 찬성을 얻었다는 느낌에 힘입어, 300여 명이 참석할 오후의 장례 행사는 사뭇 다른 마음가짐으로 준비할 수 있었다. 심지어 직접 추도사를 읽을 기력도 생긴 것 같았다. 애초에는 사제에게 대리 낭독을 부탁할 생각이었지만 오전의 일을 겪고 나니 기운이 솟았다. 아니면 그냥 이제 울 만큼 울었기 때문일까? 아니면 그 공간의 애정 충만한 분위기에 힘을 얻었던 걸까? 어쩌면 그 모든 이유 때문인지도 모른다. 하여간 추도사 낭독 순서가 되자 나는 사제에게 단상에서 내려와달라고 요청한 다음 직접 올라가 글을 읽기 시작했다.

나는 빌이 날 얼마나 행복하게 해주었는지, 빌 덕분에 내 삶이 얼마나 달라졌는지 얘기했다. 빌과 함께한 14년은 내 인생 최고의 시간이었다고. 조금의 과장도 없는 진심이었다. 내가 그를 얼마나 존경했는지, 그가 내 삶에 존재했다는 사실에 얼마나 감사하는지. 겨우 14년 동안이었다 해도 말이다.

차마 추도사에 쓰지 못한 내용도 있었다. 내가 빌에게 얼마나 깊은 고마움을 느끼는지 새삼스레 인식하지 않을 수 없었다. 우리는 아이를 갖지 못한 슬픔, 그리고 나와 친가족들의 소원한 관계에 대한 유감스러움을 함께 나누며 지금 가진 것을 최대한 활용하자고, 우리에겐 서로가 있으며 우리가 의좋고 사랑하는 사이라는 데 감사하자고 굳게 다짐했다. 우리는 같은 세계관과 가치관을 공유했으며, 함께 인생을 한껏 누리기로 결심했다. 나는 빌과 달리 스포츠와 맥주에 관심이 없었고 빌 역시 내가 요리와 요가에 쏟는 열정에 공감하지 못했지만, 우리에게는 다른 여러 공통의 취미와 관심사가 있었다.

이처럼 고통스러운 상실의 경험을 공유하고 나서, 나는 매 순간 충실하려 노력했던 우리의 삶에 이젠 나 홀로 찾아야 할 교훈이 존재함을 새삼 깨달았다. 일상에서 순간적인 기쁨을 발견하는 일의 중요성과, 확실한 행복에 집중함으로써 슬픔과 그리움과 상실감을 조금이나마 달래는 방법을. 하지만 그런 마음가짐이 빌을 잃어버린 내게 머지않아 그토록 큰 도움을 주리라는 것은 미처 몰랐다. 나 혼자서 그렇게 살아간다는 게 얼마나 어려운 일이 될 것인지도 알지 못했다.

덜걱거리는 단상에 기대어 서 있으려니 힘들었지만 아직도 할 이야기가 많았다. 나는 빌의 넘치는 모험심에 관해 들려주고 싶었고, 그래서 우리가 함께한 터무니없는 모험 몇 가지를 이야기하기 시작했다. 발리에서 일주일간 단식하며 진흙탕 물을 마시다가 장세척을 해야 했던 일, 코스타리카에서 화산에 올라갔던 일, 피지에서 비행기가 추락해 다른 승객들과 함께 기체를 밀어야 했던 일. 빌의 성급하고 안달하는 성격 때문에 포르투갈에서는 에그타르트를, 셰퍼드부시에서는 기차역 승강장 너비를 놓고 말다툼에 말려들었던 일. 그중에도 최고의 추억은 남아프리카에서 휴가를 보내던 중 쫓겨난 일이었다. 빌이 개코원숭이 사육장에서 일어난 학대 행위에 항의했다가 부지에서 추방당한 것이다. 빌은 용감할 뿐 아니라 원칙을 지키는 사람이었다.

우리가 결혼 직후 1년 동안 직장에 휴직계를 냈던 시기에 대해서도 이야기했다. 우리는 석 달간 동남아시아를 돌아다니며 여행 기사를 썼고, 그다음 아홉 달은 오스트레일리아에서 지냈다.

오스트레일리아에서 빌은 응용심리학 과정을 수료했고 나는 요가 강사 자격증을 땄다. 우리가 여생을 어떻게 보낼지 얼마나 열심히 궁리했던가. 빌이 응용심리학에 관해 열정적으로 이야기하는 것을 듣고 나도 심리치료사 자격증을 따볼까 생각하게 되었고, 빌 역시 내 결심을 적극적으로 지지해주었다. 그는 내 평생 만난 가장 관대한 사람이었으며 나중엔 그의 관대함이 일종의 농담이 될 정도였다. "정말 잘했어. 지금껏 당신이 한 일 중 최고야." 빌은 날마다 최소 한 번 이상 이렇게 말했다. 내가 뭔가 복잡한 문제를 해결했든, 그저 빌이 도저히 못 찾겠다고 한 냉장고 안의 케첩을 찾아냈든 그는 똑같이 칭찬을 퍼부었다. 내가 "정말 잘했어. 지금껏 당신이 한 일 중 최고야"라는 말을 못 듣고 지나간 날은 단 하루도 없었다.

마지막으로, 나는 빌이 지금 어디 있든 나와 소통할 수 있기를 바란다고 말했다. 앞으로도 나를 이끌어주고 보살펴주었으면 좋겠다고.

나의 이런 부탁에 빌은 이미 몇 번의 즉흥적인 메시지로 응답해주었다(적어도 나는 그렇게 확신한다). 처음 두 번은 빌의 친구 앤디를 통해서였다. 앤디는 추도사에서 빌과 30년간 친구로 지내는 동안 단 한 번 말다툼을 벌였다는 이야기를 했다. J. D. 웨더스푼J. D. Wetherspoon.*이 실존 인물인가 하는 문제로 싸웠다는 것이다. 그런데 장례식 다음 날 〈디저트 아일랜드 디스크Desert Island Discs〉**의 초대 손님이 다름 아닌 J. D. 웨더스푼의 창립자 팀 마틴Tim martin이었다. 앤디는 빌과 함께 작업한 연극에 관해서도 이야기했는데, 〈타임스〉에 실리는 십자말풀이와 관련된 농담이 나왔다고 했다. 단어 설명은 '붉은색 과일'이었고 정답은 '토마토'라는 얘기였다. 그런데 장례식 당일 〈타임스〉 십자말풀

---

* 영국의 프랜차이즈 술집 상호.
** BBC 채널4 라디오방송국의 음악 프로그램.

이에 정확히 똑같은 단어 설명과 정답이 등장했다.

지금 다시 이 일들을 돌이켜보면서도 온몸에 소름이 돋는다. 그뿐만이 아니었다. 빌이 프리텐더스Prentenders* 팬이었기 때문에 나는 장례식에서 그들의 노래를 두 곡 틀었다. 그리고 장례식 다음 날 친구 페니가 동네 교회 예배에 참석했는데, 믿을 수 없게도 바로 몇 줄 앞에 프리텐더스의 리드 보컬 크리시 하인드Chrissie Hynde가 앉아 있었다는 것이다. 페니는 노부인들을 헤치며 통로를 달려가 크리시에게 말을 걸었다. 자기가 바로 전날 친구의 장례식에 다녀왔는데 거기서 친구를 위해 다 함께 당신 노래를 두 곡 불렀다고.

"이런, 제가 알았더라면 직접 가서 노래를 불러드렸을 텐데요." 친절하게도 록의 여신 크리시 하인드는 넋 나간 표정의 낯선 사람에게 이렇게 대답해주었다. "그런데 무슨 노래였나요?"

이 이야기의 반전은 페니가 그 노래의 제목들을 기억하지 못했다는 것이다. 그야말로 빌 마음에 쏙 들었을 우스꽝스러운 사연이다.

그러니까 내가 정말로 하고 싶은 말은 우연의 일치든 영적 개입이든, 현실이든 상상이든, 이성이든 광기든, 이런 사건들이 내게는 정말로 빌이 보낸 메시지처럼 느껴진다는 것이다. 심리치료사들이 유족을 연구한 내용에 따르면 이런 현상은 아주 흔히

---

* 1970년대 말부터 활동한 영국 록 밴드.

일어나며 경험한 거의 모든 사람에게 깊은 위로를 주었다고 한다. 나 역시 그랬다. 나는 이 메시지들을 소중히 껴안고 웃음 지으며 빌에게 감사를 보낸다. 내게 계속 연락해줘서 고맙다고, 항상 그랬듯이 여전히 날 웃게 해줘서 고맙다고.

빌이 정말로 여기 있는 게 아니라는 건 나도 안다. 당연히 알고 있다. 모든 것이 예전과 달라졌고 턱없이 부족하게 느껴지니까. 하지만 그렇다 해도 이 일들에는 분명히 의미가 있고, 지금 내게 유일하게 남은 것을 나는 놓아버릴 수가 없다.

2

*

흩어지다

사랑하는 애착 대상 없이는 그 무엇도, 그 누구도 안전하게

느껴지지 않는다. 그리하여 나의 세계와 자신감도 작게 쪼그라들었다.

꿈을 꾸었다. 나는 고층 건물의 최고층 통유리창 아파트에서 변기에 앉아 있었다. 한참 일을 보는데 거대한 폭발음이 들리더니 맑은 하늘에 탁한 먼지구름이 번졌다. 건물 아래 묻혀 있던 다이너마이트가 폭발한 것이다. 건물이 진동하며 무너져 내렸고, 그 반향에 몸이 마구 흔들렸다. 나는 차분한 태도로 추락해 죽는 순간을 기다렸다. 파멸과 붕괴의 한가운데에서 팬티를 무릎까지 내린 채, 가만히 두 눈을 감고 운명을 맞이할 준비를 했다.

깨어 있을 때의 자아가 줄곧 '처리하는 사람'으로 회귀하여 일상의 실무를 비교적 효율적으로 처리한 반면, 잠잘 때의 자아는 (잠을 이룰 수 있다면 말이지만) 완전히 다른 형태의 '처리' 과정을 경험했다. 잠자는 동안 나의 무의식은 가장 익숙한 방식인 꿈을 통해 트라우마를 처리하려 했다.

잘 알려져 있듯이 무의식 또한 프로이트가 대중 담론에 도입한 관념 중 하나다. 우리가 의식적으로 지각하는 것들의 표면 아래 감정, 충동, 기억, 욕망 등 우리가 외면하려 하는 것들, 즉 공적 자아가 주도면밀하게 구축한 체계와 모순되는 것들로 이루어진 거대한 빙산이 잠겨 있다는 것이다. 수면 위에 드러난 빙산의 일부만 보고 그 아래의 막대하고 복잡한 덩어리를 가늠해선 안 된다. 보이지 않는 그 부분이 깨어 있을 때의 행동에 엄청난 영향력을 행사하기 때문이다. 우리가 잠든 동안 수면 아래의 빙산은 더욱 유창하게 구사할 수 있는 언어, 즉 꿈의 언어를 통해 마음껏 자신을 드러낸다.

꿈을 해석할 때 가장 먼저 고려할 문제는 그 꿈을 꾸며 어떤 감정을 느꼈는가 하는 점이다. 내 경우 문제의 꿈에서 느낀 것은 안도감이었다. 살짝 두렵기도 했지만 그보다 해방되었다는 감정이 더 컸다. 두 번째 고려 사항은 꿈의 내용이다. 딱히 심오한 해석 없이도 알아차릴 수 있겠지만, 통유리창으로 훤히 내다보이는 아파트에서 팬티를 무릎까지 내린 채 변기에 앉아 있었다는 건 취약한 모습을 남들에게 보이는 일이 내게 얼마나 민망하고 불안하게 느껴지는가를 반영한다. 반면 무력함에 굴복하고 그것을 받아들이는 일은 창피하게 여겨지지 않았다. 내가 심혈을 기울여 쌓아 올린 고층 건물을 무너뜨린 폭발은 명백히 내 삶의 체계가 발아래에서 사라져버렸음을 암시했다. 그것도 작은 소리가 아니라 굉음과 함께.

이처럼 적나라한 꿈에서 깨어난 뒤 나는 폐허가 된 내 인생에 대해 잠시 생각해보았다. 다치지 않고 이 폐허를 빠져나가는 건 불가능하다는 생각이 들었다. 길모퉁이마다 모난 돌멩이와 거대한 구덩이가, 날 넘어뜨리고 내 발목을 접질리게 하고 내 맨

발을 찌르기 위해 기다리고 있었다. 내가 과연 한 걸음이라도 내디딜 수 있을까? 지금 당장 눈앞에 놓인 거대한 폐허는 앞으로 몇 분, 몇 시간, 심지어 크리스마스까지 남은 3주를 어떻게 견딜까 하는 문제였다. 이제는 장례식 계획을 핑계로 눈앞의 문제를 외면할 수도 없었다. 앞으로의 험난한 3주를 어떻게 통과할 수 있을까. 두려움이 나를 덮쳐 왔다. 심지어 크리스마스라는 구렁텅이에 대해서는 생각해볼 엄두조차 나지 않았다.

고민 끝에 나는 결국 예약해둔 세인트루시아 휴가 여행을 혼자서라도 떠나기로 결심했다. 딱히 가고 싶은 마음은 없었지만, 수상스포츠와 피트니스 강습에 매진하는 활동적인 휴가가 적당히 바쁘게 지내며 기분을 전환하기엔 좋을 듯했다. 어차피 비참할 거라면 적어도 햇빛 아래서 비참한 게 낫겠다 싶었다.

그래서 나는 장례식 일주일 뒤 비행기에 올랐다. 두 뺨에 눈물을 철철 흘리면서. 눈물은 비행시간 내내 멈추지 않았고, 마침내 입국신고서를 건네받아 작성하려는 순간 절정에 이르렀다. 내가 답해야 할 질문 중 하나는 (대체 그게 왜 중요한지 모르겠는데) 내가 '기혼인가 비혼인가' 하는 것이었다. 이 두 가지 선택지밖에 없다는 사실이 내 몸을 마비시켰다. 난 둘 중 어느 쪽이지? 도무지 알 수가 없었다. 그 질문은 내가 직면한 실존적 딜레마, 그러니까 '빌리 없는 나는 대체 누구인가'를 함축할 뿐만 아니라 문자 그대로도 내가 도저히 대답할 수 없는 내용이었다. '빌이 죽었으니 난 이제 기혼이 아니겠지. 하지만 여전히 기혼 상태라고 느끼니까 비혼을 선택할 수도 없어. 그렇게 대답한다면 거짓말이자 배신일 거야. 도대체 어떻게 해야 할까?' 금세 눈물 때문에 눈앞이 흐려지더니 숨쉬기가 어려워졌고, 산소 부족으로 기절할 것만 같은 공황 상태가 닥쳐왔다. 뇌가 작동을 멈춰버렸고, 떨리는 손에 쥐여진 펜은 서류 위에서 무의미하게 바들바들 떨리고 있었다. 20여 분이 지난 뒤에야 나는 모든 것을 마무리 지었다. '비혼'에 표시를 하고 그 혐오스러운 서류를 가방 밑바닥에 쑤셔 넣은 것이다.

내 옆자리에 앉은 여자는 이 애처로운 상황이 끝날 때까지 한 번도 날 쳐다보지 않았고 어떤 식으로든 참견하지 않았다. 그야말로 영국인답게, 몸을 떨며 훌쩍이는 만신창이가 옆에 앉아 있다는 사실을 무시하기로 굳게 다짐한 듯했다. 그리고 그야말로 영국인다운 나 역시 그가 그렇게 해준 것이 기뻤다.

비행기가 착륙하자 나는 택시를 잡았고, 여기에 온 것을 후회하면서 축 늘어진 채 리조트로 향했다. 그러고는 곧바로 잠자리에 들었다.

일어나니 아름다운 풍경과 날씨가 나를 기다리고 있었다.

"그래서 뭐?" 난 중얼거렸다. "그게 뭐가 중요한데?"

눈앞에 펼쳐진 해변에는 햇볕이 내리쬐고 반짝이는 파도가 밀려왔다. 내겐 그 아름다움이 감당하기 힘들게 느껴졌다. 뭔가 기분전환이 될 활동에 참여한다는 것 역시 상상하기 어려운 일이었다. 온몸이 납덩이같아서, 조식 뷔페를 향해 느릿느릿 나아가는 일보다 더 과격한 움직임은 불가능할 듯했다.

하지만 입안에 음식을 퍼 넣는 소일거리마저 끝나면 대체 뭘 한다지? 열심히 궁리하다 보니 일기 쓰기가 감정적 스트레스에 유익한 여가 활동이라는 점이 생각났다. 내 괴로움을 이야기할 친구들이 곁에 없으니 대신 글자로라도 적는 게 좋을 듯싶었다. 나는 노트북을 들고 해변으로 나갔다. 자리를 잡고 몇 줄 적다 가, 문득 분노에 찬 내 손가락이 쳐놓은 내용을 읽고 소스라치게 놀라고 말았다.

난 정말 바보 멍청이다. 두 달 전만 해도 내가 실존적 위기에 빠졌다고 생각했단 말이지. 그런데 지금이야말로 나는 실존적 위기에 직면해 있다. 난 마흔아홉 살에 가장 친한 친구이자 내가 진정 사랑하고 사랑받았던 유일한 상대를 잃었다. 날 진심으로 웃게 만들고 지켜주었던 유일한 사람을.

지금 와서 보니 다섯 주 전에 내 인생이 힘들다고 생각했다는 게 믿기지 않는다. 쉰 살 생일이 코앞이고 완경기도 다가온 데다 아이도 목표도 없이 나이만 먹는다는 부담감이 자기 연민과 분노를 느낄 이유로 충분하다고 여겼지. 잠시 후에 무슨 일이 닥쳐올지 전혀 몰랐던 그때의 내가 얼마나 순진하고 무지하고 어리석었는지, 돌이켜 보면 웃어야 할지 울어야 할지 모르겠다.

지금 나는 카리브해의 천국 같은 해변에 앉아 있다. 전망이 '죽여준다'고 쓸 뻔했지만 빌이 실제로 죽었다는 사실을 생각하니 그 표현은 적당하지 않은 것 같다. 그냥 전망이 감동적이라고 써야겠다. 지금 내가 감동받을 수 있는 상태라면 말이지만.

웨이터가 미소 지으며 내게 막대 아이스크림을 권한다. 공짜다. 난 원래 공짜 아이스크림 같은 건 절대 거절하지 않는 사람이다. 사실 공짜라면 뭐든 좋아하고 특히 설탕과 지방이 든 음식이라면 더더욱 환영이다. 하지만 뷔페에서 좀 지나치게 먹었더니 배가 볼록 튀어나와 더는 뭘 쑤셔 넣을 수 없는 상태다. 그 뷔페 역시 공짜였다. 석 달 전 빌과 내가 크리스마스를 맞아 기분전환이나 하려고 예약해 둔 이 고급 호텔에서 제공하는 것이다. 평생 이만큼 비싼 휴가 여행을 떠난 적이 없던 우리에게 이것은 브렉시트와 트럼프와 빌 어머니의 죽음, 우리 둘 다 겪고 있던 실존적 위기와 미쳐가는 세상에서 우리의 자리를 찾을 수 없다는 무력감에 날리는 '엿 먹어'인 셈이었다. 합리성과 절약 따윈 갖다 버려. 인생을 즐겨봐. 돈을 펑펑 써. 비싼 휴가 여행을 예약해. 인생은 짧고 세상의 종말이 다가오고 있어. 조만간 파운드화는 폭락할 테고 미국은 북한과 전쟁을 벌이겠지. 빙산도 다 녹아서 얼마 안 가 카리브해 수면 위에는 우리가 찾아갈 고급 여행지가 남지 않게 될 거야. 그런데 뭘 기다리겠어? 한번 신나게 살아보자고.

하지만 빌은 그러지 못했고, 정확히 그 반대로 행동했다. 살아가기를 멈춘 것이다.

인생을 실컷 누려보자고 결심하여 비싼 휴가 여행을 예약한 시점과 실제로 휴가 여행을 떠난 시점 사이에, 제기랄, 빌이 죽어버린 것이다. 내가 이 말을 몇 번이나 반복하는 건 아직도 그 사실을 이해하려고 애쓰는 중이기 때문이다. 아직도 도무지 이해할 수가 없다. 병원에서 뇌사 상태의 빌 옆에 앉아 며칠을 보내면서도, 장례식장에서 대나무 관에 든 빌의 밀랍 같은 사체를 보면서도, 장례식과 예배를 마치고 혼자 카리브해의 호텔 1인실로 날아오는 동안에도, 그리고 양 볼에 눈물이 쉴 새 없이 떨어지는 지금까지도 그 사실은 여전히 진짜처럼 느껴지지 않는다. 여전히 불가능한 일처럼 여겨진다.

왜 내가 일광욕 의자까지 직접 갖다주는 공짜 아이스크림을 거절할 만큼 배부른 상태냐고? 방금 말한 조식 뷔페에서 내가 좋아하는 음식뿐만 아니라 빌이 골랐을 음식도 잔뜩 퍼다 먹었으니까. 요리사들의 무신경함에 정말 화가 났다. 빌은 여기 올 수도 없는데 이렇게 그가 좋아하는 온갖 음식을 만들어서 진열해놓다니. 저 망할 브레드 버터 푸딩, 저것도 빌이 좋아하는 건데. 대체 카리브해에 왜 저런 메뉴가 있는 거야?

빌이 앞으로 30년은 더 누릴 수 있었을 사랑과 창조력과 기쁨과 경험을 놓쳤다는 사실은 머릿속에서 지워지고, 오직 그가 여기 있었다면 너무나 떠들썩하게 기뻐하며 먹었을 브레드 버터 푸딩을 놓쳤다는 생각만이 견디기 힘들게 느껴졌다. 빌을 위해서라도 내가 대신 그걸 먹지 않으면 안 될 것 같았다. 난 브레드 버터 푸딩을 좋아하지도 않고 비키니 차림인 데다 쉰 살 가까운 중년인데. 결코 바람직한 조합은 아니다. 그래서 뭐? 무슨 상관이야. 내가 상관할 일이 아직 남아 있나? 천만에. 난 강탈당했어. 아, 물론 빌만큼 심하게 강탈당하진 않았지, 빌은 브레드 버터 푸딩을 못 먹지만 난 아직 먹을 수 있잖아. 그래도 강탈당한 건 마찬가지야. 내 평생의 사랑을, 우리 앞에 있던 미래를, 세상에 아직 남아 있었을지 모를 기쁨과 희망을, 나는 이제 누구이며 더 이상 쓸모없게 된 이 삶을 어떻게 해야 할지에 대한 단서를.

나는 홀린 듯이 계속 써 내려갔다. "천국에 와서 지옥을 경험하고 있다. 여기 있는 게 부적절한 것만 같다." 잠시 멈추고 읽어보니 문장마다 엄청난 분노가 들끓는 것이 느껴졌다. 그 순간 머릿속에 번득이는 것이 있었다. 아, 퀴블러 로스가 애도의 단계 중 하나를 분노로 규정한 건 바로 이런 의미에서였구나. 그제야 이해가 되었다. 그건 단지 누군가의 죽음에 분노한다는 것이 아니라 분노 **그 자체**가 된다는 뜻이었다. 온몸에서 분노, 원한, 억울함, 증오가 끓어올라 모공 하나하나에서 흘러나온다는 뜻이었다. 적어도 나는 그렇게 느꼈다. 물론 분노의 일부는 특정한 물건이나 사람들, 그러니까 웨이터나 요리사나 유쾌한 휴가 여행객들이나 아름다운 경치를 향했지만, 나머지는 내 몸 구석구석 스며들어 있었다. 나 자신과 분노를 분리하는 건 불가능한 일이었다. 전신이 분노로 타오르며 떨렸다. 세상과 그 안의 모든 것, 모든 인간이 미웠다. 나 자신도 포함해서.

나는 문득 내가 심리치료사처럼 생각하고 있다는 사실을 깨달았다. 나의 일부가 분노에 휘말려 있는 동안에도 내게 일어나는 일들을 관찰하고 기록하며 흥미로워하고 있었던 것이다. 어쩌면 이건 나에게 유익한 일일지도 몰랐다. '심리치료사로서의 나'와 '유족으로서의 나'의 대화를 기록해본다면 어떤 결과가 나올까? 나의 지금 상태를 분석하여 새로운 관점을 찾아낼 수도 있지 않을까?

그리고 어쩌면 이 과정이 나에게만 쓸모 있는 것은 아닐지도 모른다는 생각이 뒤따라왔다. 애도 이론이 실제 상황에서 어떻게 적용되는지에 관한 당사자로서의 지식은 훗날 나의 내담자들에게도 쓸모 있는 것이 되지 않을까. 이 끔찍한 짓거리에도 일말의 효용이 있을지 모른다고 생각하니 한순간 기분이 나아지는 듯했지만, 마음속에 희미하게 반짝였던 희망은 곧바로 피식 꺼져버리고 말았다. 나에게 훗날의 내담자 같은 게 있을까? 이렇게 슬프고 외롭고 망가진 내가 계속 심리치료사로 일할 수 있을까? 나를 떠받쳐주는 강인하고 애정 넘치는 사람이 없는데 내가 어떻게 다른 이들을 떠받칠 엄두를 내겠는가? 게다가 현실적인 관점에서, 비교적 박봉인 심리치료사 일로 나 혼자 벌어서 먹고살 수 있을까? 항상 그랬듯이, 나는 혼란과 끓어오르는 분노의 소용돌이 속에서 정서적 스트레스와 빌을 잃은 뒤의 현실적 문제에 대한 두려움을 번갈아 느끼고 있었다.

잘됐군, 이제 내가 분노할 일들의 목록에 '아마도 복귀할 직장 없음'을 추가할 수 있겠어.

♦

　내가 '치료사로서의 나'와 '유족으로서의 나'를 구분하는 것은 단순히 '정신/신체'나 '감정/처리'라는 이분법적 대립의 의미가 아니다. 우리가 여러 자아로 이루어졌다는 관점은 이미 '잠재 인격subpersonalities'이나 '구성configurations' 등 다양한 명칭으로 알려져 있는 심리치료 모델의 일부다.

　우리 내면에 존재하면서 외적 성격을 구성하는 '다중 자아', 혹은 '다른 인격'이라는 관념은 도널드 위니콧Donald Winnicott의 '참 자아'와 '거짓 자아' 이론의 보다 섬세한 변용이라 할 수 있다.

　위니콧을 알든 모르든, 많은 사람은 직관적으로 자신에게 오랜 시간 겹겹이 축적된 사회구조와 패턴 아래 숨겨진 '진정한' 자아가 있다고 느낀다. 사람들은 '진정한 나'를 발견하길 원하며, 종종 이러한 갈망 때문에 심리치료사를 찾아오기도 한다.

　이 주제에 관해서는 몇 가지 다른 변형 이론이 있는데, 내 경우엔 위니콧보다는 다른 이론에 끌리는 편이다. 우리는 하나의 거짓 자아 아래 숨겨진 하나의 참 자아가 아니라 다양한 내적 자아로 구성되어 있다는 이론이다. 그 모두가 똑같이 우리의 '진정한' 일면이며 각각 나름의 역할을 수행한다.

　예를 들어 면접을 보고 경력을 쌓고 수입을 계산하는 데 능한 '활동적 자아'가 있다고 해보자. 하지만 이 자아 곁에는 매력적인 상대에게 말을 걸 때면 항상 얼굴을 붉히며 더듬거리는 '불안정한 자아'나 예상되는 거절의 타격을 막기 위해 허세를 부리는 '허풍쟁이 자아'가 나란히 존재할 수 있다. 거기에 혼자 있기를 두려워하거나 엄격한 부모를 실망시키지 않으려 하는 '겁쟁이 자아'까지 병존할 수 있다.

우리는 이 모든 자아를, 나아가 그 이상을 지닐 수도 있다. 선택지는 무한하다. 달갑게 느껴지든 아니든, 편안하든 아니든, 건전하고 유익하든 아니든, 공적으로 허용되든 아니든 상관없이 각각의 자아는 동등한 의미를 지니며 진정한 우리를 구성하는 일부다. 다만 제각기 다양한 상황에서 다양한 이유로 발현될 뿐이다. 그중에는 우리에게 사랑받는 자아도 있고 미움받는 자아도 있다. 우리가 인정하는 자아도 있고 받아들이지 못하는 자아도 있다.

나는 이 이론에 깊이 공감하기 때문에 실제 심리치료에도 다중 자아 관념을 자주 활용한다. 다양한 자아는 연극의 등장인물과 같다고 내담자에게 설명하는 것이다. 한 인물이 무대를 지배하며 주목받을 때면 다른 인물들은 소외감을 느낀다. 그러다 불만이 고조되면 무대 위에서 소리 내어 불평하거나 투덜거리고, 그러면 프리마돈나는 산만하고 초조해져서 대사를 깜박 잊기도 하고 잘 들리지 않을 정도로 목소리가 작아지기도 한다.

연극을 좋아하는 내겐 이 비유가 제격이다. 하지만 만일 내담자가 음악을 더 좋아하는 사람이라면 다른 비유를 사용할 수도 있다. 한 사람의 자아는 관현악단의 다양한 연주자들로, 각각의

악기가 서로를 존중하며 너무 큰 소리를 내거나 자기 리듬에 맞출 것을 강요하지 않아야 조화를 이룰 수 있다고. 시각적인 것에 관심 많은 사람이라면 다양한 자아를 스펙트럼상의 색채로 생각하는 쪽을 선호할지도 모른다. 푸른색과 노란색은 거의 없는 반면 붉은색만 과하게 사용된 그림은 부담스럽거나 지루하게 느껴지기 쉽다. 여러분도 무슨 말인지 이해할 것이다.

서로 주목받으려고 옥신각신 다투는 선수들로 이루어진 팀을 데리고 살다 보면 전반적인 불균형이 발생하기 마련이다. 이 또한 사람들이 심리치료사를 찾아오는 이유 중 하나다. 많은 이가 해로운 하나의 자아(성공한 출세주의자 자아라든지)에 매달리다 보니 다른 자아들은 주목받지 못한 채 방치된다. 연약한, 창의적인, 혹은 반항적인 자아들은 무대 옆에 남겨져 점점 더 억울함과 분노에 빠진다. 그러다 보면 잘 통제되던 지배적 자아도 자신감과 안정감을 잃기 시작한다. 방향감각을 상실하는 것이다. 난 대체 누구지? 왜 예전엔 확실했던 것들이 갑자기 모두 불확실해 보일까? 어째서 내게 그토록 중요했던 성공적 커리어가 문득 명예가 아니라 감옥처럼 느껴지지? 이런 의문 역시 우리의 자아만큼 끝없이 다양하다.

그러고 보면 카리브 해안에서 나의 무수한 자아들도 서로 주목받기 위해 다투고 있었던 모양이다. '불행하고 혼란스러운 자아'가 한참 무대 중심을 독차지하고 있는 동안, '처리하는 자아'는 무대 왼편에서 노래 연습을 하며 자신이 등장해 조언할 차례를 기다렸다. 내 기분이 언제까지나 지금 같지는 않을 거라고, 언젠가는 직장으로 돌아갈 마음이 생길 것이며 주변에서도 나를 응원해줄 거라고, 하지만 내가 복귀하기 싫다면 그래도 상관없다고.

하지만 이처럼 성숙하고 분별 있는 자아의 합리적이고 다정한 조언도 미성숙한(좋게 말하자면 풋풋한) '분노한 자아'가 무대 오른편에서 나타나자 존재감을 잃어버렸다. 마치 '분노한 자아'가 기관총을 쏘아대며 '어른스러운 자아'들을 무대에서 쫓아내고, 다들 도망가 숨는 동안 무대 전체를 발로 차서 부수는 것만 같았다.

"합리적 행동 따윈 집어치워. 정말 좆같네. 내가 뭘 잘못해서 이런 일을 겪어야 해? 세상이 미워, 밉다고!" 적어도 당장은 '분노한 자아'가 승리를 거두어 각본을 좌우하고 있는 게 분명했다.

이런 관점에서 내 슬픔을 본다면 '치료사로서의 자아'는 관찰자에 좀 더 가깝다고 하겠다. 연극의 연출자나 관현악단의 작곡가 같은 입장이랄까. 이런 위치 때문에 '치료사로서의 자아'는 무대 위에서 일어나는 일들을 한결 폭넓고 객관적인 시점으로 살펴볼 수 있다. 단역이지만 다른 자아가 겪는 비탄에서 한 발 물러나 있는 '치료사로서의 자아'는 몇 가지 지시 사항을 내린다. 한 자아가 유독 자주 얼굴을 비추거나 이야기를 독점하지 못하게 하고, 그 누구도 소외감에 무대 뒤에서 소란을 피우는 일이 없도록 조정한다. 그런 소란이 언젠가는 엄청난 폭동이 되

어 무대 위로 번질 수 있기 때문이다. 그러다 보면 무대 위에서
점점 커지며 분위기를 망치고 있는 목소리와 자아들의 불협화
음을 해결하고, 마침내 혼란 속에 경쟁하는 자아들이 아니라 조
화롭게 협업하는 하나의 극단을 이룰 수 있다. 가장 중요한 점
은 '치료사로서의 자아'가 배우들을 설득하여 '유족으로서의 자
아'라는 신참이 들어올 자리를 만들어주어야 한다는 것이다. 고
통과 슬픔과 공포에 빠진 자아, 극장 전체를 태워 흔적까지 없
앰으로써 좌절감을 끝장내고 이 모든 엉망진창을 끝내버리고
싶다고 느끼는 자아를.

∙

심리치료의 주요 목적 중 하나는 (현재 '치료사로서 나'의 목적이
기도 한데) 보다 통합된 지점, 그러니까 무대 위의 자아들이 서로
팔꿈치로 밀쳐대며 다투지 않는 지점에서 새롭게 시작하는 것
이다. 지금의 나로서는 상상하기도 힘든 먼 훗날에는 그들도 다
시 하나의 출연진으로서 협동할 수 있을 것이다. 서로 돕고 격
려하고 관용을 발휘하며 하나하나가 무대에서 빛나는 순간을
누릴 것이다.

이 책은 여러 모로 나의 수많은 자아에 귀 기울여보려는 노력
의 결과물이다. 각각의 자아가 자신의 사연과 비극을 헤쳐나갈
다양하고 때로는 모순적인 방법을 이야기하게 하고, 그들 나름

의 근거를 해석하려고 시도하며, 어떻게 해야 무대 위의 시간이 그들에게 생산적이고 공정하며 보람 있을지 탐구하기 위한 것이다.

지금 당장은 '슬픔에 빠진 자아'가 '분노한 자아'를 조명 아래에서 밀어내며 이제 자기가 주목받을 순간이라고 주장하는 모양이다. 그의 무대가 시작된다.

나는 끔찍하게 아름다운 해변의 끔찍하게 편안한 일광욕 의자에 앉아서 믿을 수 없을 만큼 푸르른 바다를 바라본다. 그리고 선글라스를 낀 채 눈물을 흘린다.

오늘도 조식을 먹고 이 자리로 나왔다. 조식 역시 이 망할 장소의 다른 모든 것처럼 견디기 어렵도록 근사했다. 뷔페에 온갖 맛난 음식이 한가득 차려져 있었지만, 열대 과일과 즉석에서 구워주는 팬케이크로도 채울 수 없을 막대한 공허감이 느껴졌다. 내 인생에 또 하나의 빈 구덩이가 생겼다는 것을, 다시는 내가 선택한 무언가에 관해 사랑하는 사람과 이야기를 나눌 수 없음을 깨달았기 때문이다. 우리는 음식 이야기를 무척 좋아했고 ('좋아했다'니! 맙소사, 언제쯤 빌에 관해 과거형으로 이야기하는 데 익숙해질까? 너무나 부적절하게 들린다), 그래서 몇 시간이나 음식 이야기를 하며 보내곤 했다(또 그놈의 과거형이 내 발목을 잡는다).

이젠 내가 먹고 있는 음식에 아무 관심도 없다. 이곳에 없는 빌과 머릿속으로 상상의 대화를 나누며 기계적으로 음식을 입안에 떠 넣을 뿐이다. 하지만 화제가 바닥나자 지독하게 슬픈

나 자신으로부터 더는 도피하기 어려웠다. 마음속에서 달갑지
않은 속삭임이 들려오기 시작했다. 듣고 싶지 않은 말들, 삭막
하고 잔인하지만 결국엔 부정할 수 없는 말들이 머릿속에 끝없
이 울려 퍼졌다.

"빌은 죽었어."
"빌은 사라졌다고."
"다시는 빌을 만나지 못할 거야."

　그 말들이 돌이킬 수 없는 사실이라는 걸 차마 믿을 수 없었
다. 달갑잖게 불쑥 머릿속에 떠오르는 것은 끔찍하고 믿기 어
려운 이런 말들만이 아니었다. 이런저런 장면들. 빌이 병원에
서 아직 숨을 쉬고 있었을 때(기계에 의존해서긴 했지만) 어떤 모습
이었는지, 그리고 마침내 숨을 거둔 뒤 장례식장에선 어땠는지.
기억 속의 장면과 함께 그 순간의 감각도 떠올랐다. 좁은 병원
침대 위에 몸을 구겨 간신히 빌 곁에 누웠을 때 그의 가슴에 기
댄 내 머리가 규칙적으로 오르락내리락 움직이던 느낌, 최대한
몸무게를 싣지 않으려고 애쓰며 침대 난간에 붙어 누워도 내 살
갗을 파고들던 온갖 생명유지장치의 연결선들, 기계들이 윙윙
대고 삑삑거리던 소리, 버튼을 누르고 디지털정보를 판독하며
오가던 의료진의 발소리. 그럼에도 나는 그곳에서 일말의 평온
을 느꼈다. 내가 마지막으로 빌과 살갗을 맞댈 수 있었던 그 시

간, 빌에게 물리적으로 접근할 수 있었던 최후의 시간에 나는 그의 가슴에 머리를 대고 누워 우리 둘 얘기를 했다. 내가 얼마나 그를 그리워하게 될지, 그리고…….

아니, 불가능하다. 더는 생각할 수가 없다. 너무 고통스럽다. 이러다간 나도 곧 무너져버릴 것이다. 나는 정신을 차리고 기억들과 함께 뱃속 깊은 곳에서 끌려 나온 거대한 슬픔으로부터 뒷걸음친다. '정신을 차린다'고? 아니, 나는 그럴 만큼 자율적인 상태가 아니다. 나 자신을 통제할 수 없다. 내가 떠올리려는 시기의 기억들이 부정 상태와 맞싸우는 중이다. 지금 누가 무대를 차지하고 있는지는 잘 모르겠지만, 내가 엉망진창이라는 것만은 확실하다.

내가 무엇을 하든, 머릿속에서는 이 휴가 여행의 순간순간 빌이 뭘 하고 있었을지에 관한 생각이 끊임없이 이어졌다. 빌은 동이 트자마자 일어나서 조깅하러 갔을 거야. 세 번째 마라톤 대회를 준비하려고 말이지. 그이는 분명 조식을 너무 많이 먹었겠지. 그런 다음 자신의 의지력 부족을 불평하며 휘청휘청 일광욕 의자로 가서 잠들어버렸을 거야. 나는 빌이 오전을 잠으로 '낭비'한다고 화내며 그와 정반대로 행동했겠지. 최대한 많은 활동에 참여하려고 정신없이 돌아다니면서, 한 가지를 끝낼 때마다 빌에게로 달려가서는 방금 내가 뭘 했고 소감이 어떤지 이야기해주며 당신도 해보라고 설득하려 했겠지.

그러다 보면 빌도 잠기운을 떨쳐냈겠지. 자기는 그냥 조용히 앉아 있고 싶었을 뿐이라고 변명하며 날 달래다가, 마침내 내가 지쳐 쓰러져 누울 때쯤 기력을 다 회복하고 본인이 선택한 활동에 참여하러 갔겠지.

하지만 그 모든 일은 일어나지 않았다. 나 혼자 조식을 해치우고 해변에 나가니 모든 일광욕 의자가 둘씩 짝지어 놓여 있었고, 그 사이에 테이블과 파라솔이 하나씩 비치되어 있었다. 친절한 직원이 돌아다니며 일광욕 의자마다 타월을 펼쳐놓았다. 내 머릿속에서 빌 특유의 말투가 들려왔다. "여기 멋진데. 정말 마음에 들어. 지금껏 당신이 한 일 중 최고야. 여기 오기로 정한 거 말이야."

빌의 목소리를 뚜렷하게 들었다고 느낀 순간 얼굴에 미소가 번졌지만, 그 미소는 곧바로 사라졌다. "혹시 일행이 있으신가요?" 직원(더 이상 친절하게 느껴지지 않는)이 내 옆의 일광욕 의자에 타월을 하나 더 펼치면서 물은 것이다. 나는 할 말을 잃었다. 빌리가 내 옆의 일광욕 의자에 (혹은 그 어디에든) 앉을 일은 두 번 다시 없으리라는 생각이 문득 떠올랐다. 이제 나는 책과 헤드폰, 그리고 손수건을 쥔 채 서글픈 얼굴로 외롭게 앉아 있는 중늙은이일 뿐이었다.

물론 빌이 죽은 지 다섯 주가 지나도록 '그'가 '죽었고' 나는 혼자라는 명백한 사실을 받아들이지 못하는 건 터무니없는 일이다. 하지만 쇼크와 부정 상태는 그만큼 효과적이고 오래가는 진정제였으며 적어도 한동안은 현실의 침투를 막아주었다.

나는 물을 한 잔 달라고 했지만, 요청한 물이 도착했을 때는 화장실에 가 있었다. 돌아오니 아까와 다른 웨이터가 물병과 잔 두 개를 얼음 통에 담아 내 옆에 갖다 놓은 터였다. 당연히 곧 합류할 일행이 있으리라고 예상한 것이다. 누가 이런 휴가 여행을 혼자서 떠나오겠는가?

또다시 빌의 목소리가 들려오는 것 같았다. 그가 항상 내게 묻던 익숙한 질문.

"휴가 즐겁게 지내고 있어, 배츠?"

당연하게도 빌은 나를 애칭으로 부르곤 했다. 이젠 그 애칭도 영원히 못 듣겠지. 다른 사람은 아무도 날 그렇게 부르지 않으니까. 뭐 하러 그러겠는가? 애초에 아무 의미도 없는 별명인데. 빌은 그냥 말장난을 좋아하는 사람이었고, 내 성과 어울리는 단어를 찾다가 배츠 베이츠Bats Bates라는 이름이 재미있게 들린다고 생각했던 것이었다.

"이번 휴가에서는 뭐가 제일 마음에 들어, 배츠?"

빌이 기대하는 정답은 물론 "사랑하는 당신이지!"였다.

빌은 늘 그렇게 물었고 나는 항상 정답을 말해주었지만, 먼저 음식과 해와 바다와 마사지 등등을 쭉 열거한 다음에야 그렇게 말하곤 했다. 그러면 빌은 언제나 자기가 그렇게 나중이라는 게 경악스럽다는 표정을 지어 보였다. 모든 부부에게는 이처럼 바보스럽고 별로 웃기지도 않는 둘만의 농담과 꾸준히 반복되는 습관이 있기 마련이다. 그런 농담과 습관은 친밀함의 속기록과 같고, 얼핏 멍청해 보이지만 소리 없는 암묵적 의미를 담고 있다. 당신을 사랑해. 난 당신을 잘 알아. 우린 잘 어울려. 서로의 빈 곳을 채워주지.

알았어요, 그놈의 공짜 아이스크림 하나 주세요. 아뇨, 일행 같은 건 없어요. 날 사랑하는 사람도 없고요. 몸무게가 6킬로그램이나 늘어서 비키니는 터져 나갈 지경이고, 이미 과식한 탓에 속이 울렁거리지만 신경 써줄 사람은 없어요. 병원에 있던 처음 며칠 동안 골칫거리였던 거식증은 순식간에 폭식증으로 바뀌었다. 회피의 또 다른 흔한 형태다. 배는 아직 거북할 정도로 빵빵하지만, 탄수화물 가득한 조식의 마취 효과가 벌써 떨어지고 있으니 뭘 좀 더 집어넣은들 어떻겠는가? 목구멍까지 음식을 채워 넣은 뒤 잠들면 몇 분이나마 행복한 망각을 누릴 수 있겠지. 난 아직도 매일 밤을 잠에게 버림받은 채 뜬눈으로 지새고 있지 않은가.

그날 낮도 나빴지만 저녁은 더욱 끔찍했다. 바 옆을 지나다 보니 사람들이 술잔을 들고 앉아 석양과 음악 연주를 즐기고 있었다. 가능할 수도 있었던 대체 현실이 선명하게 눈앞에 그려졌다. 빌과 나도 이 사람들 사이에 앉아 있었겠지. 그는 맥주를, 나는 그의 성화에 못 이겨 주문한 칵테일을 들고.

나는 바를 지나쳐서 걸어갔다. 촛불이 깜빡이는 저 바닷가 테이블 중 하나에 나 혼자 앉는다는 건 불가능한 일이었다. 빌을 떠올리지 않으려 했지만, 내 생각은 자기만의 의지를 지니고 너무도 자주, 너무도 멀리 헤매어 가곤 했다. 문제는 빌을 떠올리지 않아도 끔찍하긴 마찬가지라는 것이었다. 그 죄책감이란! 내가 어떻게 빌 생각을 안 할 수 있지? 이 무슨 배신인가. 난 얼마나 끔찍한 아내인가. 아니, 아내였는가. 젠장.

나는 술도 잘 마시지 못하면서 그날 저녁 식사 시간 내내 칵테일을 주문했고, 매번 단숨에 비워버렸다. 내가 어쩌다 넋 놓고 술을 퍼마실 때면 빌은 무척 즐거워했는데. 하지만 이제 그런 게 무슨 상관이람? 취해서 정신을 놓든 멀쩡하든, 어차피 지금보다 더 끔찍한 기분일 수는 없잖아. 그러니 알 게 뭐야?

나는 홀로 급하게 저녁 식사를 해치우고 고독한 침실로 향했다. 그리고 침대 옆 조명등을 켜고 혼자서 중얼거렸다. "빌의 조명도 켜줘야지." 기대앉아 책을 읽고 싶어지자 이렇게 중얼거리기도 했다. "빌의 베개를 써야겠네." 빌은 결코 이 방에 올 수 없었지만 그럼에도 이 침대엔 빌의 자리가, 빌의 베개가, 빌의 조명등이 있었다. 그런 것들이 없는 상태를 나는 상상할 수 없었다.

언제나처럼 나의 '슬픈 자아'는 홀로 천장을 바라보며 잠자리에 누웠다. 온갖 잡념을 머릿속에서 쫓아내려 애쓰며 시간 가는 것만 헤아리다 보니 또다시 동이 터왔다.

나는 사별이 어떤 것인지 말로 전달하기란 매우 어렵다는 사실을 깨달았다. 심지어 자기 자신에게 전달하는 일조차도.

그래서 사별이란 남들과 나누기 어려우며, 글로 쓰려고 하면 더더욱 어려워진다. 사별의 슬픔을 규정하거나 묘사한다는 건 거의 불가능하게 느껴진다. 그것은 뱃속 깊은 곳에서 솟구쳐 온몸과 전 생애와 사고방식 전반을 좌우하는, 형언 불가능한 체험이다.

이 낯설고 불가해하고 압도적인 감정을 묘사하기 위한 최선의 수단은 아마도 비유, 상징, 혹은 이미지일 것이다. 왜인지 모르겠지만 이 비현실적 평행우주는 시각화를 거쳐야 더 잘 이해되는 듯하다. 밤새 내 꿈에 등장하던 무너지는 탑은, 낮이 되면 빌과 내가 타고 있던 튼튼한 배가 폭발하는 이미지로 되돌아왔다. 산산이 부서져 무섭도록 뾰족해진 나무와 유리 조각이 사나운 폭풍우 속에 소용돌이치며 비처럼 쏟아져 내렸다. 나 또한 폭풍우 한가운데서 몸부림치며 검고 무시무시한 해수면 아래로 빠져들었다. 어느 방향이 위쪽인지도 모른 채, 하늘에서 떨어지고 물속을 떠다니는 끔찍한 파편들에 찔려 꼼짝없이 희생당할 참이었다. 나는 거대하게 끓어오르는 해일에 휩쓸렸고, 내 목숨은 묵직하고 끈질긴 파도 아래 조각나 삼켜질 터였다.

언젠가 바다에서 헤엄치던 중 타이밍을 제대로 맞추지 못해 거대한 파도에 휩쓸린 적이 있다. 온몸이 세탁기 속에서 돌아가듯 거칠게 뒤집히며 빙글빙글 회전하는 동안 나는 희망을 잃고 의식을 놓아버렸다. 지난 몇 주가 내게는 바로 그런 시간이었다. 해일이 수면 아래 가라앉은 나를 가지고 놀며 이리저리 내던지고, 높이 들어 올렸다가 머리부터 수직으로 내리꽂기를 반

복했다. 나는 아찔하게 두드려 맞고 축 늘어졌다. 눈앞에서 내
인생이 규칙적으로 깜박거리며 스러져갔다. 난 익사할 게 분명
했다. 그저 빨리 죽어서 이 구타가 끝나기를 바랄 뿐이었다. 때
로는 몇 초쯤 수면 위로 올라와 다음 파도가 덮쳐 오기 전까지
헐떡이며 공기를 들이쉬기도 했지만, 대부분은 불가피한 방향
상실과 공포 앞에 무기력하게 굴복한 상태였다.

　그럴 때면 파도가 덜 거칠어지기를, 다음 파도가 솟아오를 때
까지의 시간이 조금 더 길어지기를, 수면을 향해 몸부림쳐 올라
조금 더 많은 산소를 호흡할 수 있기를 바랄 뿐이었다. 하지만
과연 내가 언젠가는 해변을 볼 수 있을지, 발아래 단단한 땅을
밟을 수 있을지 알 길이 없었다. 당장은 그럴 가능성이 전혀 보
이지 않았고, 그래서 '공포'라는 또 다른 감정이 격렬하게 솟구
쳤다. '내가 살아남을 수 있을까?' 그리고 더욱 무시무시한 질문
인 '내가 정말로 살아남고 싶은 걸까?'

　나의 '감정적 자아'가 비유의 세계에서 해일과 파도에 맞서
싸우는 동안 '물리적 자아'는 반대로 현실 세계의 잔잔한 물을
즐겨보려 하고 있었다. 나는 간신히 몸을 일으켜 아름다운 세인
트루시아 해변으로 수영을 하러 나왔다. 물에 뛰어들었고, 단단
히 굳은 몸에 와 닿는 따스한 물을 즐기려 해보았고, 마침내 헤
엄치기 시작했다. 나는 수평선을 향해 헤엄쳐 갔다. 거기서 무
엇이 기다리든, 뭍에서 날 기다리고 있는 것들보다 더 낯설거나
두렵지는 않을 듯싶었다. 문득 궁금해졌다. 이렇게 계속 헤엄쳐

가면 어떻게 될까? 솔깃한 생각이었다. 돌아갈 엄두가 안 날 때
까지, 어떤 결정도 내리지 않아도 될 때까지 멀리멀리 헤엄쳐
나가는 것. 그때쯤이면 계속 나아갈지 말지 선택하는 것은 더
이상 나의 몫이 아닐 테고, 나는 그저 포기할 수밖에 없으리라.
그 순간엔 정말로 그러고 싶었다. 그 감정은 마치 물속에서 느끼
는 현기증과도 같았다. 고층 건물에 올라갔을 때 이유도 없이 아
래로 몸을 내던지고 싶어지는 야릇한 감정처럼 말이다.

　왜 그러지 않았느냐고? 두 가지 이유 때문이었다. 첫째로, 빌
이 그토록 지키고 싶어 했는데 빼앗긴 목숨을 내가 낭비한다면
그는 무척 화를 낼 터였다.

　둘째로, 지난 몇 주 동안 날 도우려고 애쓴 친구들에게 그런
일을 겪게 할 수는 없다는 생각이었다. 친구들은 분명히 나를
더 잘 보살펴야 했는데 그러지 못했다고 슬퍼하겠지. 그건 나로
서는 견딜 수 없는 일이었다. 그들의 배려는 정말 믿기 어려울
정도였기 때문이다. 어느 누구도 내게 더 잘해줄 수는 없었을
것이다. 병원 측에서 모든 희망이 사라졌다고 전했던 한밤중의
끔찍한 통화 이후로 나는 계속 놀라운 여성들에게 의지해왔다.
바로 그다음 날 새벽 줄리아와 마리아나가 내 앞에 나타났다.
나는 그들에게 전화나 문자로 소식을 알린 기억조차 없었지만
아마도 그랬던 모양이고, 두 사람은 동이 트기까지 여덟 시간도
안 되는 사이에 아이들과 거래처, 생활 전반을 어찌어찌 정리해
놓고서 내 곁에 있어주려고 런던 반대편에서 달려왔다. 이어 브

리스틀에 사는 친구 제스가 도착했다. 이 세 사람 외에도 여러 친구들이 날 찾아와 내가 세인트루시아로 떠날 때까지 곁에 있었으며, 여기로 떠나온 뒤에도 매일 돌아가며 영상통화를 걸어 내 안부를 확인하고 사랑과 응원의 말을 들려주었다. 심지어 루이즈는 내가 있는 섬 반대쪽의 다른 해변으로 휴가 여행을 떠나온 당일에 시차 증후군도 개의치 않고 몇 킬로미터를 운전해 나를 만나러 와주었다.

그렇다. 집에 돌아가면 그 놀라운 친구들 모두가 기다리고 있으리라는 것을 나는 잘 알았다. 그들은 날 물에 떠 있게 해주는 공기주머니와도 같았다. 지금 내가 억지로나마 먼바다에서 등을 돌리고 다시 해변으로 헤엄쳐 가 날 기다릴 끔찍한 두려움을 직면하려는 것도 바로 그들 때문이었다.

내 마음속의 해일과 거친 대양이라는 저주에서도 이처럼 쉽게 빠져나올 수만 있다면.

◆

해변에서 내 평생 가장 이상한 일주일을 보낸 뒤 나는 집으로 돌아왔다. 아니, 아직도 그곳을 집이라고 부를 수 있을까?

그 집은 우리의 관계와 거의 같은 시기에 생겨난 곳이었다. 내가 빈을 처음 만나고 집 계약서를 주고받았던 스키로스섬에서의 놀라운 일주일 사이에 말이다. 단 여섯 주 동안 **나만의** 집

이었던 그곳은, 서로에게 운명을 걸기로 한 우리의 무모하고도
옳았던 결정 이후 **우리의** 집이 되었다. 그사이 집과 빌은 내게
거의 동의어가 되어버렸기에, 나로서는 집으로 돌아가는 것이
두려울 수밖에 없었다.

14년 전에 그 집과 땅을 직접 고른 사람은 나였다. 그러니 집
을 어떻게 꾸밀지에 관해서는 빌의 의견을 듣는 것이 마땅하고
도 당연한 일이었다. 우리는 함께 계획을 세웠다. 내벽을 여럿
허물고, 두 층을 증축하고, 다락방도 넓히기로 했다. 집이 완전
히 변신하는 여러 달 동안 우리는 공사장에서 지내다시피 했다.
새로운 다락방이 완성되자마자 거기 텐트를 치고 잤는데, 주위
로는 집의 나머지 부분이 폐허처럼 펼쳐져 있었다. 벽들을 대형
해머로 허물고 바닥은 평평하게 고른 상태였다. 모든 게 잘되어
가고 있었다. 우리는 함께 새로운 것을 창조해낼 터였고, 이는
그 뒤에 이어진 우리의 여러 공동 프로젝트의 시작이었다.

당시 나는 채널4의 건축 다큐멘터리 시리즈 〈그랜드 디자인〉
을 연출하던 중이었다. 그래서 며칠씩 다른 건설 현장을 찍은 다
음 집으로 돌아가 우리 둘의 건설 현장에서 잠들곤 했다. 모공마
다 먼지가 껴 있는 상태가 자연스럽게 느껴질 지경이었다. 하지
만 우리는 정말로 행복했다. 서로를 발견했을 뿐 아니라 둘이 함
께 이런 공동 프로젝트에 착수할 수 있었으니까.

다급히 병원으로 달려갔던 그날까지 우리는 쭉 같은 집에 살
았다. 그 일요일이 빌이 이 집 문간을 밟는 마지막 시간이 될 줄

은, 우리가 두 번 다시 아무것도 함께하지 못하게 될 줄은 그도 나도 까맣게 모르고 있었다.

세인트루시아에서 지내는 것도 힘들었지만 집에서 보내는 시간은 더더욱 힘들었다. 완전히 정상을 벗어난 세계에서 어떻게 정상성을 만들어야 할지 도저히 알 수가 없었다. 어떻게 두 사람을 위해 만든 집을 한 사람의 집으로, 둘에게 맞춰졌던 생활 방식을 혼자만의 것으로 바꿀 수 있단 말인가? 어느 방에 들어가든 빌의 모습이 보이는 것 같았다. 모든 의자에, 샤워 부스에, 욕조에, 세면대에, 침대에 그의 모습이 있었다. 방구석에도, 천한 조각에도, 그림 한 점에도, 이 집과 관련된 그 어떤 결정에도 빌의 추억이 배어 있었다. 식탁에서 했던 식사마다, 우리가 보았던 텔레비전 프로그램마다, 책장의 책 한 권마다 빌의 존재가 있었다.

집 안 어디에 눈길을 주든 갑자기 얼굴이나 배로 주먹이 날아오는 듯했다. 마치 어린 시절 읽었던 《배트맨》 만화책 같았다. 깨끗한 상태로 찬장에 들어 있는, 빌이 좋아했던 머그잔―퍽! 나는 못 마시기 때문에 따지 않은 채 냉장고에 남아 있는 빌의 맥주병―딱! 빌이 읽다가 침대 옆 탁자에 놓아둔, 그가 결코 결말을 확인하지 못할 책―쿵! 절반쯤 함께 봤지만 이젠 (빌의 절묘한 논평뿐 아니라 자꾸 일시정지 버튼을 누르고 과자나 음료를 가지러 가서 날 짜증 나게 하던 버릇까지도 그립다는 사실을 애써 외면하며) 나 혼자 봐야 하는 텔레비전 드라마―철썩! 결국 내가 또다시 바닥에 납작 쓰러질 때까지 주먹은 끝도 없이 날아왔다.

　귓가에 들리는 모든 소리가 빌이 집에 오거나, 식기세척기를 비우거나, 고양이에게 이야기하는 소리 같았다. 그가 남긴 이 적막과 공허에 내가 어떻게 익숙해질 수 있겠는가? 이 모든 게 우리 것이었는데, 이젠 나 혼자만의 것이 되어 있다니. 모든 게 '우리'였는데 이젠 '나'뿐이라니. 밥을 한술 뜰 때마다, 이제는 안전이 아니라 소외를 의미하게 된 현관문을 나서거나 들어올 때마다, 잠자리에 들었다가 일어날 때마다 빌이 그리웠다. 그 중 마지막이 하루 일과 중에서도 최악이었다. 내가 잠들지 못하리라는 걸, 앞으로 수십 년 동안 하루 일고여덟 시간을 이 텅 빈 공간 옆에 누워서 보내야 한다는 걸 알면서 잠자리에 들다니. 차갑고 반듯하고 생기 없이 펼쳐진 시트와 이불, 팽팽한 베개. 하지만 몇 분쯤 잠들기라도 하면 상황은 더 나빠졌는데, 이는 다시 눈을 떠야 한다는 뜻이었기 때문이다. 나의 뇌는 빌 없는 새로운 삶의 현실을 따라잡으려 애쓰다가, 마침내 얼마 전의 경험을 떠올리며 또 한 번 빌을 잃어야 했다. 나는 혼란과 상실감 속에서 어리둥절했고, 납작 짓눌린 기분이었다. 날 비웃듯 볼록하고 탱탱한 상태로 침대 옆자리에 놓인 베개와는 정반대로.

　결국 현실적인 나, '처리하는 자아'는 빌의 베개를 치우고 침대 한가운데 자리를 잡았다. 그러면 날마다 빌의 빈자리 때문에 느끼는 괴로움도 덜해지지 않을까 했다. 하지만 아니었다. 그런 행동은 빌을 지우고 그가 존재했다는 증거를 삭제하며, 그가 돌아오지 않으리라는 사실을 인정하는 셈이었다. 비탄과의 싸움에서 이길 방법은 없었다. 비탄을 피해 숨거나 빠져나갈 지름길을 찾는 건 불가능했다. 내가 무엇을 하건 혹은 하지 않건, 부재의 증거를 직면하든 숨기든 그로부터 달아나든, 비탄은 항상 나를 찾아냈다. 비탄을 견뎌내는 유일한 방법은 정면으로 관통하는 것뿐이었다. 바로 그것이 최악이었다. 말로 못 할 만큼, 이러다 죽어버리는 건 아닐까 싶을 정도로 고통스러웠다. 아니, **정말로** 그냥 죽어버렸으면 싶었다. 나는 헐벗고 나약했으며 나 자신의 정신으로부터 공격받고 있었다.

하지만 미쳐버릴까 봐 두려워하면서도 여전히 현실을 받아들이지 못한 채 고통스러워하는 것 또한 나의 정신이었다. 나는 빌이 어둠 속에서 넘어질까 봐 계단에 놔뒀던 물건을 전부 치웠다. 그가 바닥에 신발이 너무 많이 굴러다닌다며 불평하지 않도록 내 신발도 싹 집어넣었다. 나는 너저분하게 물건을 늘어놓는 반면 빌은 깔끔한 것을 좋아한다. 아니, 좋아했다. 이젠 무엇이든 어디에나 마음대로 늘어놓을 수 있었고 그 누구의 취향도 고려할 필요가 없었지만, 그 자유가 나를 짓눌렀다. 너저분하다고 불평을 늘어놓아 결국엔 내가 투덜대며 청소를 하게 만들었던 빌의 존재가 그리웠다.

이제 빌은 불평할 수도 날 도와줄 수도 없었다. 식기세척기를 비우면서, 문득 앞으로는 항상 내가 이 일을 하겠구나 하는 생각이 들었다. 원래 그건 빌의 역할이었다. 나는 요리를, 그는 청소를 맡았다. 그런데 지금부터는 내가 모든 일을 직접 해야 하는 것이다. 이런 생각을 하다 보니 눈물이 솟구쳤지만 물론 식기세척기를 비우기 싫어서는 아니었다. 이처럼 사소한 일상의 순간이 부재를 더욱 상징적으로 보여준다는 느낌 때문이었다. 나 혼자 처리해야 할 잡다하고 구체적인 일거리들이 나의 실존적 고독을 드러냈다. 어질러진 것을 치우고, 텔레비전을 보고, 고양이들을 병원에 데려가고, 브렉시트에 관해 불평하고, 휴가 여행을 떠나고, 설거지를 하며 눈물을 훔치는 일들. 다시는 나의 가장 친한 친구와 함께 이불 속에 파고들어 그날 있었던 일을 이야기하지 못할 것이다. 나를 세상에서 가장 잘 아는 사람의 믿음직하고 근거 있는 의견을 구하지도 못할 것이다. 나 자신뿐만 아니라 다른 문제들까지 대신 돌봐줄 사람의 존재를 믿고 지친 몸으로 소파에 털썩 쓰러지지도 못할 것이다. 아무도 내게 "당신 지쳤잖아. 내가 처리할게"라거나 "당신은 가만 있어. 내가 차 끓여다 줄게"라고 말해주지 않을 것이다. 앞으로는 차 한 잔을 마시려 해도 항상 내 손으로 끓여야겠지. 괴롭고 비참해서 소리치고 싶은 마음도 내가 알아서 가라앉혀야겠지. 내가 바라는 게 무엇이든 직접 나서서 그것을 실행해줄 사람은 나뿐이겠지. 좋은 일이든 나쁜 일이든, 아무것도 나눌 사람이 없겠지.

우리는 느리게 집을 지었듯이 우리의 관계도 서서히 쌓아나 갔다. 서로에 관해서뿐만 아니라 자기 자신에 관해서도 새롭게 배웠다. 빌의 눈을 통해 보는 나는 내가 생각해왔던 것과 완전히 다른 사람이었다. 우리 집의 벽을 허물고 그 자리에 새로 벽을 쌓는 동안, 우리를 둘러싼 벽이 둘만의 주거지이자 안식처가 되어가는 동안, 우리의 관계도 급속도로 성장하여 맞부딪치며 서로의 영역을 확인하고 있었다. 각자의 경계를 재협상하고 공간을 내주거나 새롭게 창조하면서, 편안하고 근사한 보금자리를 만들었다. 빌은 나의 안전이자 평온이자 안식이었다.

안전과 평온과 안식은 이제 정신건강의 필수 요소로 여겨진다. 하지만 항상 그랬던 것은 아니다. 이런 요소를 심리치료 이론의 중심에 놓은 것은 놀라운 사상가이자 심리치료사인 존 볼비John Bowlby의 업적이다. 그의 이론은 내면세계에 관한 프로이트의 이론만큼 혁신적인 것이었다.

프로이트가 일구어낸 인간 정신에 관한 발견과 이론들, 인간 행동의 원인 규명은 획기적이었다. 그가 주창한 무의식의 존재나 방어기제 같은 관념을 오늘날 우리는 당연한 것으로 받아들인다. 프로이트의 이론은 처음엔 급진적이라 여겨졌지만 얼마 지나지 않아 널리 유포되고 인정받았으며 많은 이의 공감을 얻었다. 그의 제자들은 스승에게 배운 것을 자신의 연구에 활용해, 스승의 이론이 자신의 내담자에게 어떤 영향을 끼치는지 획인하고 직접 자료를 모아 독립적인 연구를 해나갔다. 많은 제자가 프로이트의 초기 이론을 확장하고 발전시켰다.

　문제는 프로이트가 자신의 이론을 새로운 지식의 근거가 될 '초기적인' 기반이라고 생각하지 않았다는 것이다. 그는 자신이 인간 정신의 확고한 청사진을 만들어냈으며 신흥 세력 따위가 그것을 변경시킬 수는 없다고 여겼다. 이는 프로이트와 그를 사사한 가까운 제자들 간의 불화로 이어졌다. 많은 제자가 자기만의 새롭고 복잡한 이론을 주창하고 나섰다. 카를 융Carl Jung은 융 심리학을 탄탄하게 발전시켰고 알프레트 아들러Alfred Adler도 아들러 심리학을 창설했다. 한편 매우 다양한 구성원으로 이루어진 집단이 훗날 대상관계 이론object relations theory으로 알려지게 되는 학설을 수립하기도 했다. 이 집단에는 멜라니 클라인Melanie Klein, 로널드 페어베언Ronald Fairbairn, 도널드 위니콧 등이 포함되어 있었다. 그들이 매사에 동의한 것은 아니고 서로 모순되는 의견을 보이기도 했지만, 적어도 내적 욕망에만 초점을 맞춘 프로이트의 이론이 인간 정신 전체를 설명할 수 없다는 점에서는 모두 의견이 일치했다. 대상관계 이론가들은 프로이트 이론에 새로운 차원을 부여했고 당시에는 그만큼 급진적이었던 관념을 추가했다. 외부 세계의 사람들 사이, 즉 인간관계에서 일어나는 일이 개인의 내면, 즉 내적으로 일어나는 일만큼 중요하다고 주장한 것이다. 그들은 인간관계가 우리 삶의 핵심을 이루며 프로이트가 탐구한 내면세계 못지않게 개인의 발달에 지대한 영향을 미친다는 사실을 깨달았다.

이처럼 변화하던 학계에 또 다른 급진적 사상가 존 볼비가 등장했다. 그는 연구를 통해 아기가 음식과 보금자리만큼이나 인간관계에도 필수적이고 본능적인 욕구를 지닌다는 점을 밝혀냈다. 아기는 태어날 때부터 사랑받고 사랑하길 원하며, 이는 프로이트가 '성적 충동'이라고 불렀던 것의 단순한 부산물이 아니라 그 자체로 1차적 욕구라는 것이다.

1930년대에 볼비는 정신과 의사이자 정신분석학자로 일했지만, 그가 '애착 이론'을 수립하게 된 것은 정서장애 어린이를 연구하는 과정에서였다. 인간 정신과 발전을 다룬 이 이론은 학계에 엄청난 영향을 미쳤다.

애착 이론은 상당히 복잡하지만 볼비가 주장한 핵심만 말하자면, 우리는 태어날 때부터 인간관계를 갈망하며 인생 초기 애착 대상과의 관계가 이후 다른 이들에 대한 애착까지 좌우한다는 것이다. 애착 방식은 다양하게 분류될 수 있는데, 본질적으로는 '안정 애착'과 '불안정 애착'이라는 두 가지로 나뉜다. 그리고 이런 초기의 애착 방식이 미래 관계의 유형과 특성을 결정하게 된다.

우리가 누구에게 어떤 애착을 형성하는지 여부는 유년기에 결정되며, 주로 1차 양육자에게 달려 있다. 하지만 애착 방식이 나중에 바뀌는 것도 충분히 가능하다. 교사, 대모와 대부, 조부모, 심리치료사, 연애 상대 등도 우리가 더욱 강한 애착을 형성하여 정서적으로 안정되도록 도와줄 수 있다. 그런데 애착이 왜 필요하냐고? 여러 이유가 있겠지만, 기본적으로 우리는 볼비가 말하는 '안전 기지', 즉 정신적 지주가 있어야 성장하고 자의식과 자존감을 키우며 상실을 극복할 수 있기 때문이다. 정신적 지주의 존재는 우리가 세상을 탐험하고 경계를 넓히며 가능성을 실현하는 과정에서 안전망이 되어주기도 한다.

여러분도 과거와 현재 자신의 안전 기지가 누구인지, 그들에게 어떤 영향을 받았는지 떠올릴 수 있을 것이다. 나의 안전 기지는 빌이었다. 그가 무조건 내 곁에 있으리라 확신했기에 나는 자신감 있게 날개를 펼치고 나의 내면과 외부 세계를 (물리적으로나 비유적으로나) 탐험할 수 있었다. 빌은 내가 누구이며 무엇을 바라는지 깨닫게 해주었다. 사랑하는 애착 대상 없이는 그 무엇도, 그 누구도 안전하게 느껴지지 않는다. 그리하여 나의 세계와 자신감도 작게 쪼그라들었다.

3

＊

휩쓸리다

- - - - - - - -

＊

비탄은 결코 작아지지 않는다.

그저 우리가 비탄을 감싸 안으며 점점 더 큰 사람이 되어가는 것이다.

안전 기지를 빼앗긴 나는 어떻게 되는 걸까? 나는 여전히 심해를 표류하며 갈 곳 없이 허우적대고 있었다. 어쨌든 내 마음속에 계속 떠오르는 이미지는 그랬다. 아마도 해일 속에서 이리저리 내던져지고 뒤집히던 때보다는 조금이나마 나아진 것이리라. 적어도 이제는 점점 더 오래 수면 위로 머리를 내밀 수 있었다. 여전히 수면 아래로는 열심히 발장구를 쳐야 했고, 아무리 둘러봐도 육지라고는 전혀 보이지 않았지만.

완연한 겨울이었다. 12월부터 하루하루가 점점 더 짧고 춥고 어두워졌다. 마치 내 마음처럼. 집은 난방이 잘되어 있었지만 정서적으로는 그 어떤 온기나 위안도 주지 못했다. 빌이 없는 그곳은 더 이상 집이 아니었다. 안전 기지에서 분리된 나는 불안정하고 외롭고 두려웠다. 겨울에 어울리는 음울한 형용사들을 아무리 늘어놓아도 이 상실감을 제대로 표현할 수는 없을 것이다. 내가 누구이고 어떤 사람인지 도무지 알 수가 없었다. 심리치료는 한동안 중단한 상태였고 방송국 경력은 포기한 지 오래였다. 하지만 나의 정체성 위기는 단순히 커리어나 직무의 분제가 아니었다. 진부한 표현이지만 나의 '반쪽'이었던 빌이 없어진 세상을 어떻게 살아가야 할지 혼란스러울 뿐이었다.

이처럼 새롭게 찾아온 자아의 혼란이 고독을 더욱 증폭시켰다. 외부와 소통해보려는 모든 노력이 무한한 심연에 대고 질러대는 비명처럼 느껴졌다. 지난 14년 동안 무슨 일을 겪든 빌에게 미주알고주알 이야기해온 터였다. 가장 깊고 어두운 마음속 공포와 불안은 물론 지극히 사소하고 시시한 일상까지. 아직도 그러려고 할 때가 있었다. 날마다, 때로는 한 시간마다 빌의 목소리가 듣고 싶어서 휴대전화를 집어 들었다가 괜히 전화기만 쳐다보고서 하릴없이 내려놓곤 했다. 집에 돌아오면 현관문을 열며 "안녕, 나 왔어"라고 인사했지만 텅 빈 복도에 메아리만 울려 퍼졌다. 무심한 허공에 대고 "빌리, 나 발가락 찧었어"라고 외치기도 했다. "빵 사놨어"라고 문자를 보내려다가, 이제 빌이 없다는 걸 떠올리고 입력한 내용을 지워버리기도 했다. 화면에 떠 있던 글자들이 하나하나 사라져갔다.

빌에게 이야기하기에 너무 사소하거나 거창한 내용 같은 건 없었다. "나 늦게 들어갈 거야." "당신이 마음에 들어 할 새로운 식당을 찾았어." "당신이 좋아했던 신문 가게 남자가 그만뒀네. 새로 온 여자는 너무 무뚝뚝하던데." "나 무서워. 너무 힘들어. 당신이 보고 싶어. 내가 누구인지, 뭘 해야 할지 모르겠어." "'론디스'가 신장개업을 했더라." "저 여자 우리가 좋아했던 그 드라마에 나온 배우네. 당신도 알지? 아무개랑 같이 드라마에 출연

했잖아." "난 죽어가고 있어. 마른 나무껍질이 된 것 같아." "고양이 녀석이 카펫에 토해놨네."

나는 인생 최대의 위기를 겪고 있었지만 빌에게 아무런 이야기도 할 수 없었다. 이제 그는 자기 삶의 일부이기도 했던 나의 온갖 사소한 일에 관심을 보여줄 수 없었고, 내가 중요한 일들을 처리하도록 격려해줄 수도 없었다. 나는 지독하게 외로웠다. 주변에 늘 사람들이 있다는 걸 생각하면 희한한 일이었다. 더구나 내가 세상에서 가장 좋아하고, 내 말도 열심히 들어주는 친구들인데. 하지만 그들은 빌이 아니었다. 뭐든 들어주려고 최선을 다할 수는 있을지 몰라도, 요즘 신문 가게를 누가 보는지 따위에 정말로 관심 있는 척해줄 수는 없었다.

날마다 나와 함께 저녁을 보내고 하룻밤 묵어가는 친구가 있었다. 정말 감사한 일이었다. 이 놀라운 친구들의 도움이 아니었다면 과연 내가 지금껏 견딜 수 있었을까? 하지만 그런 고마움도 냉엄한 현실을 지워버리지는 못했다. 내가 친구들에게 얼마나 애정을 느끼든 (그리고 정말로 그렇지만) 그들은 빌이 아니라는 걸, 나는 빌의 '그다움'이 그립다는 걸.

모든 부부에게는 둘만의 독특한 행동 방식이 있다. 두 사람의 생각과 습관이 뒤얽혀 접붙인 식물처럼 하나가 될 때까지 오랫동안 공유한 과정에서 나오는 방식 말이다. 그러니 내가 아무리 친구들을 사랑하고 곁에 두길 원한다 해도 그들과 한집에서 지내는 것은 희비가 엇갈리는 경험이었다. 친구들의 존재는 빌의 부재를 한층 더 강렬히 드러낼 뿐이었다. 그들과 함께 있다 보면 빌과의 생활이 얼마나 편안했는지 뼈저리게 느껴지곤 했다. 우리가 공유한 언어나 세계관은 물론이고 식기세척기에 접시를 쌓는 방식까지도, 다른 사람들은 아무리 노력한다 해도 조금씩 어긋날 수밖에 없었다. 그들은 빌과 같은 자세로 소파에 앉지 않았고, 텔레비전을 보면서 빌만큼 흥미롭고 적당한 길이로 논평을 하지도 않았다. 침묵과 수다, 유머와 진지함의 균형, 체내 시계의 타이밍도 빌과는 달랐다.

나는 곁에 있어주는 다정한 친구들을 지나치게 의식하게 되었다. 친구들이 말을 할 때 텔레비전을 계속 틀어놓아도 되나, 아니면 일시정지 버튼을 눌러야 하나? 텔레비전을 볼 때 불을 끄는 것과 켜놓는 것 중 어느 쪽을 좋아하려나? 밥을 텔레비전 앞에서 먹는 게 나을까, 아니면 다 먹고 텔레비전을 보는 게 나을까?

내 집에 있는 것이 어색하게 느껴지기 시작했다. 이제 그곳은 빌과 사샤라는 환상의 콤비가 아무런 설명도 생각도 필요 없이 휙휙 작동시키는 고성능 기계가 아니니까. 운전을 처음 배울 때는 계속 머릿속으로 기어 변속을 생각해야 하지만 어느새 자신이 뭘 하고 있는지도 모르는 채 무의식적으로 기어를 바꾸게 된다. 그랬던 내가 이제 새삼 일상의 기어를 의식하면서 매번 언제 어떻게 변속할지 생각해야 했다. 내 일거수일투족이 부담스럽게 느껴졌다. 내 습관을 자기 습관만큼 잘 알아서 거의 의식하지도 못하게 된 배우자와 함께 있던 때와 달리, 누군가 나를 지켜보고 있었기 때문이다. 이제는 대화를 나누고, 일일이 설명하고, 정중한 태도를 취해야 했다. 아, 나와 함께 무심히 있어줄 빌리가 있다면! 그러면 나도 매사에 고맙다고 말하며 공손하고 상냥하게 행동하는 대신, 둘이서만 있을 때 그랬듯 뚱한 게으름뱅이로 돌아갈 수 있을 텐데. 스트레스로 가득한 하루 일과가 끝나면 감사한 마음으로 말없이 소파에 드러누워 북유럽 누아르 드라마나 볼 텐데.

　내가 좋아하는 사람들, 오직 날 돌보고 격려해주길 원하는 사람들에게 둘러싸여서도 외롭다고 느낄 때면 이 외로움이 절대로 사라지지 않을 거라는 끔찍한 깨달음이 찾아온다. 이미 다른 사람들이 이런 감정을 나보다 더 잘 표현해놓았다. 줄리언 반스Julian Barnes는 아내의 죽음 직후 외로움이 아니라 아내의 빈자리를 느꼈다고 회고했다. 데카 에이킨헤드Decca Aitkenhead는 남편을 잃고 쓴 탁월하고 감동적인 회고록에서, 배우자가 죽어 괴로운 점은 뭔가를 같이 해줄 사람은 많지만 아무것도 안 하면서 같이 있을 사람이 아무도 없다는 것이라고 했다. 뼈저리게 공감되는 말이다. 나는 다정한 친구들보다도 날 성가시게 하는 빌과 같이 있고 싶었지만, 그것은 배은망덕한 생각이었다. 그 친구들이 없었다면 나는 살아 있지 못했을 테니까. 나는 친구들이 있어주길 바라면서도, 그보다 더욱 빌의 존재를 원했다. 내 인생이 긴장과 눈치와 모순적인 감정들로 가득 차버린 것만 같았다.

누군가 곁에 있어도 이처럼 외롭다니, 힘겹고 끔찍한 일이었다. '다른 사람들'이 나의 안정에 필요한 동시에 나의 안정을 서서히 깎아먹는 존재처럼 느껴졌다. 그들은 빌리를 대신할 수 없었다.

사별 과정에서 '다른 사람들'은 중요한 역할을 한다. 그들은 상황을 아주 좋아지게 만들기도 하고, 지독히 나빠지게 만들기도 한다. 그들이 나의 애도에 관여하는 만큼 나 역시 그들의 애도에 관여한다. 당연한 얘기지만 빌을 잃은 사람은 나 혼자만이 아니었다. 빌을 사랑했던 가족과 친구들도 그를 그리워하며 각자 자기만의 사별 과정을 겪는 중이었다. 그러니 우리 모두는 서로의 바람과 감정의 임의성, 때로는 모순적이기까지 한 특성을 고려하고 수용하며 서로에 대한 반응을 조율해야 했다.

'임의성'은 상실이라는 주제의 상당 부분을 관통하는 단어다. 어떤 사람이나 행동이 유족에게 도움이 되는지는 철저히 임의적일 뿐만 아니라 날마다, 그때그때, 그리고 상대방에 따라 달라질 수 있다.

◆

많은 이가 내게 무엇을 해주어야 할지, 나를 어떻게 대해야 할지 잘 몰랐듯이 나 역시 그들이 내게 무엇을 기대하는지 파악하지 못했다. 즉흥 희극의 세계에는 한 사람이 다른 사람의 질문에 대답해야 하는 일종의 게임이 존재한다. 응답자가 답을 말할 때 질문자가 틀렸다는 표정을 지으면, 응답자는 질문자의 표정과 몸짓을 보면서 찬찬히 정답을 추측해가는 것이다. 즉흥 희극이 종종 그렇듯 이런 연기는 배꼽 빠지게 우스울 수 있지만 보기에 무척 괴롭기도 하다. 응답자가 당혹과 불안에 움찔거리며 몇 번이고 상대방을 만족시킬 답을 떠올리려 애쓰는 모습을 지켜보아야 하니까. 내가 바로 그 응답자가 된 기분이었다. 어색해서 몸을 움찔댈 뿐 우스운 것과는 거리가 멀었지만 말이다. 조문객들에게 그들이 바라는 반응과 행동을 보여주어야 할 것 같은데, 그들이 무엇을 바라는지 전혀 알 수 없었다. 과도한 슬픔이란 어느 정도일까? 이 정도의 슬픔은 부족해 보일까?

사람들은 내가 흐느끼며 무너질 거라 예상했겠지만 부정 상태에 빠진 나는 망가지지 않고 멀쩡한 모습이었으며, 그래서 죄책감을 느꼈다. 모두들 동정을 표시할 만반의 준비를 하고 왔다가 내가 평온한 얼굴로 일상을 영위하며 농담까지 하는 것을 보자 불편하고 혼란스러운 듯했다. 반면 상태가 좋지 않은 날에도 마찬가지로 죄책감을 느껴야 했다. 내가 좀처럼 진정하지 못하고 울어대면 다들 어쩔 줄 몰라 했기 때문이다. 그들은 내가 정말 괜찮아 보인다고 감탄하며 마치 아무 일도 없었던 것처럼 적당히 예의바르게 대화하길 기대했던 것이다.

저 사람들이 나한테 뭘 기대하는지 어떻게 알 수 있을까? 내가 남편을 잃은 아내답게 보일까? 저들에게 나를 위로하고 내게 조언하고 자신의 사려 깊음을 드러내며 만족할 기회를 주어야 할까? 혹시 감정을 숨기지 못하는 내 모습에 끔찍한 충격을 받고 침묵을 지키는 걸까? 그들이 내게 책임감을 느끼는 만큼 나 역시 그들에게 책임감을 느꼈다.

얼마 지나지 않아 나의 '지원팀' 친구들은 유족을 위로하는 일에 쉽거나 일관적인 방식이란 없다는 사실을 알게 되었다. 내가 바라는 것이 그날그날 멋대로 바뀌었기 때문이다. 그리고 나역시 무수한 조문객과 다른 유족들을 대하는 일에 쉽거나 일관적인 방식은 없음을 깨달았다. 그럼에도 한 가지 문제는 계속 남아 있었다. 가장 친한 친구부터 거의 모르는 사람에게까지 하루에도 수백 번씩 들으면서 점점 두려워하게 된 질문이었다.

"내가 뭘 해주면 좋겠니?"

이 질문에는 항상 깊은 애정과 배려가 담겨 있었다. 하지만 대답하기가 너무 어려웠던 나머지 나는 이 질문을 거의 혐오하게 되었고, 나아가 이처럼 배은망덕한 자신마저 혐오스러워졌다. 사실 나도 사람들이 내게 뭘 해줄 수 있는지 전혀 몰랐다. 나자신이 뭘 할 수 있는지조차 몰랐으니까. 아니, 뭔가 한다는 게 가능하기나 할까? 뭔가 할 수 있는 상황이긴 한가?

이 가엾고 선량한 조문객들에게 뭐라고 대답해야 했을까? 뭘 해달라고 말하면 되었을까? 내가 그들의 어떤 행동을 견뎌낼 수 있었을까? 나 자신도 낯설게 느껴지고 음식, 수면, 배변 같은 기본적 활동의 필요조차 거의 인식하지 못했던 당시에는 정말이지 대답하기 어려운 질문이었다.

그래도 한번 생각해보겠다. 사람들이 내게 친절한 질문을 던졌다가 대답 대신 절망감 가득한 비명 소리를 듣게 되는 상황을 막기 위해서라도 말이다.

나의 주관적 목록(당연히 주관적일 수밖에 없다. 다른 사람들의 생각은 완전히 다를지도 모르니까)의 시작은 이러하다. '질문하지 말자. 그냥 행동하자.' 사별 직후의 유족에게는 다음과 같은 행동이 좋을 것이다.

* 쪽지를 쓰자. 이메일은 안 된다. 우편함에 실제로 무언가가 들어오는 것은 이메일과 완전히 다르며, 유족에게는 직접 뜯어보고 보관할 수 있는 물건이 생기는 셈이다. 주소를 모른다면 본인에게 직접 묻는 대신 주변인을 통해 수소문하자. 유족은 이미 충분히 힘든 상태다.

* 쪽지에는 고인에 대한 개인적 추억과 그 추억이 당신에게 얼마나 소중한지를 쓰자. 고인을 어떻게 알게 되었는지, 고인의 인생에서 당신의 위치는 어떤 것이었는지 설명하자. 오래되었거나 사소한 이야기라도 좋다. 유족은 고인에 대한 이야기라면 뭐든 듣고 싶어 할 것이다. 그는 고인이 모든 사람들의 마음 한가운데 생생히 존재하길 바란다. 소중한 이의 죽음이 당신에게도 영향을 끼쳤음을, 고인의 삶이 의미 있는 것이었음을 전하자.

* 장례식이 임박한 시점이라면 당신이 누구에게 연락했고 그중

누가 참석한다고 했는지 알려주자. 미처 연락이 가지 않았거나 참석 여부가 불확실한 사람에게는 당신이 연락해보겠다고 자원하자.

* 답장 같은 것은 필요 없다고 확실히 밝히자. 굳이 유족의 부담을 늘리지 말자.

* 음식을 만들어서 갖다주거나 전해주자. 하지만 같이 먹자고 강요하지는 말자. 그들은 배가 고프지 않을 수도 있고, 혹은 아무도 만나고 싶지 않을 수도 있다.

* 책, 잡지, 음악 등 지나치게 부담스럽지 않되 기분전환이 될 만한 소일거리를 가져다주자.

* 애도에 관한 책을 선물하자. 다양한 관련 도서가 나와 있다. 유족 입장에서는 아직 감정이입이 안 될 수도 있지만, 그런 책들을 통해 차츰 자신의 감정이 정상적이라는 것과 다른 이들은 비슷한 경험을 어떻게 견뎌냈는지를 알 수 있다. 내 경우에는 C. S. 루이스C. S. Lewis의 《헤아려본 슬픔》, 틱낫한Thich Nhat Hanh의 《죽음도 없이 두려움도 없이》, 데카 에이킨헤드의 《모두가 바다에서》가 특히 유익했지만 그 밖에도 많은 책이 있다.

* 집에 찾아간다면 차는 직접 타 마시고 술도 직접 따라 마시자. 유족은 몸도 까딱하기 힘든 상황일 테니 접대를 기대해선 안 된다. 하지만 만약 그들이 접대하겠다고 나선다면 그러도록 내버려두자. 자기통제가 가능한 상태라 믿고 싶거나 사소한 활동을 통해 압박감을 잊으려는 것일 테니까.

* 설거지를 하고 고양이에게 밥을 주자. 개를 산책시키고 아이들과 놀아주자. 눈치껏 집 안을 살펴보고 뭐든 급해 보이는 일을 처리해주자.

* 책 한 권을 펼쳐 들고 곁에 가만히 앉아 있겠다고 말하자. 굳이 이야기를 나눌 필요도 없다. 혼자 있지 않아도 된다는 사실만 알려주면 된다. 자고 가겠다고 제안해보자. 직접 침대 시트를 갈거나 세탁한다면 더욱 좋을 것이다.

* 꽃병을 가져가보면 어떨까. 유족에게는 흔히 많은 꽃이 배달되기 때문에 원래 갖고 있던 꽃병만으로는 모자랄 수도 있다.

* 당신이 다른 지역에 살고 있거나 별장을 갖고 있다면, 혹시 도망치고 싶을 때는 언제든 와서 머물라고 초대하자.

* 절친한 사이라면 위에 언급한 것 이상의 역할을 할 수도 있다. 장례식 계획이나 사망신고를 거들 수도 있고 고인의 은행 계좌, 정기구독, 회원권 등을 해지하는 전화를 대신 걸어줄 수도 있다.

* 가장 중요한 것은 몇 번이고 사랑한다고 말해주는 일이다. 앞으로도 몇 년이든 곁에 있겠다고 얘기해주자. 그들은 자신이 여전히 누군가에게 소중한 존재이며 앞으로도 혼자 남겨지지 않을 거라는 다짐을 들을 필요가 있다.

* 당신이 가진 전문 기술을 제공하자. 개인 요가 강습이나 마사지, 머리 손질을 해주자.

* 집 안에 수리나 개선이 필요한 점이 보인다면 물어볼 것 없이 바로 실행하자. 내 친구 셰리는 밖에 나가서 못과 망치를 사 오너니

오래전부터 망가져 있던 정원 울타리를 뚝딱 고쳐놓았다. 너무나 엉뚱한 셰리의 행동에 나도 그날만큼은 우는 대신 실컷 웃고 기운을 차렸으며, 계속 울고 있다가는 온 집안이 멀쩡해지겠다고 농담까지 하게 되었다. 설사 인생이 무너졌다 해도 챙길 수 있는 이득은 챙겨야 하니까. 유감스럽게도 그 뒤로는 아무도 우리 집을 수리해주겠다고 나서지 않았지만 말이다.

사별의 여파가 몇 주에서 몇 달까지 이어지는 동안 친구의 역할도 변화하며, 보통은 점점 더 중요해진다. 이때야말로 유족에게 당신이 필요한 시기다. 당신을 비롯한 여러 친구들이 일상생활로 복귀하는 반면 배우자를 잃은 사람은 돌아갈 일상이 사라졌음을 깨닫게 되기 때문이다. 이 시기에는 다음과 같이 행동하기를 권한다.

* 꾸준히 전화하고 문자를 보내고 안부를 묻자. 직접 찾아가거나 밖에서 만날 약속을 잡자. 그들이 사랑받는 소중한 존재이며 바깥세상에도 그들의 인생이 남아 있다는 걸 알려주자. 설사 그들이 바랐던 인생은 아니라 해도. 다만 그들이 내키지 않아 한다면 흔쾌히 거절을 받아들이자. 그들에게 가장 좋은 게 무엇인지 당신이 안다고 착각해선 안 된다. 결코 그렇지 않으니까.
* 유족을 불러내 산책을 하거나 영화관에 가자. 당신 집에 와서 텔레비전을 보거나 개와 놀아달라고 해도 좋다. 연극, 축구 경기,

승마 체험. 뭐든 그들이 좋아하는 활동이면 된다. 하지만 성대한 사교 행사처럼 과도하거나 부담스러운 종류는 피하자. 그런 자리에서는 대화를 나누고 자기를 소개하고 재담을 늘어놓고 남들에게 관심이 있는 척해야 하니까.

* 고인이 생전에 맡아 했던 일(자동차 수리나 요리 등)을 안다면 당신이 직접 그 일을 해주겠다고 제안하자. 안 그래도 힘든 상황에 익숙지 않은 일거리가 추가되면 유족에게는 큰 부담으로 작용할 것이다.

* 유족이 고인에 관해 계속 이야기하게 하자. 그들이 이야기를 멈춰야 한다는 부담을 느껴선 안 된다. 계속 고인에 관해 묻고 그와 관련된 당신의 사연과 추억을 들려주자. 유족은 고인이 잊히지 않았고 당신도 그를 그리워한다는 걸, 고인이 중요한 사람이었으며 다른 사람들의 마음속에서도 여전히 살아 있다는 걸 확인하고 싶어 한다.

이것은 내 친구들이 보여준 행동의 일부일 뿐이다. 모두 고마운 행동이었고, 내게 굳이 묻지 않고 그냥 알아서 해준 일들이었기에 더욱 그랬다.

하지만 정말로 솔직하게 말하자면, "내가 뭘 해주면 좋겠니?"라는 무시무시한 질문에 들려주고 싶은 대답은 단 하나다. 아무도 듣고 싶지 않겠지만 내가 가장 말하고 싶었던 대답, 내가 진짜로 들려주고 싶은 대답은 사실 다음과 같다.

네가 할 수 있는 일은 내 모든 까탈과 변덕을 받아주는 거야. 내가 한순간 멀쩡한 얼굴로 웃으며 이성적인 대화를 나눈다고 해서 잘 견뎌내고 있다는 뜻은 아니라는 걸 알아줬으면 해. 그건 단지 그 순간이 견딜 만하다는 뜻일 뿐이거든. 아니면 내가 안 괜찮다는 걸 인정할 만큼 너나 나 자신을 믿지 못한다는 뜻일 수도 있고. 누군가를 섣불리 믿는다는 건 자칫 붕괴와 혼란으로 이어질지 모를 위태로운 도박이니, 지금 이 순간만큼은 멀쩡한 겉모습을 유지해야 하는 거지.

이처럼 '괜찮아 보이는' 순간이 언제든 돌변할 수 있다는 걸 알고 있어야 해. 내가 갑자기 방에서 뛰쳐나가거나 뭐라고 쏘아붙이거나 이유 없이 무뚝뚝해질 수도 있어. 네가 할 수 있는 일은 내 갑작스럽고 즉흥적인 감정 기복을, 터무니없는 이유로 터져 나오는 분노를, 말하다가도 갑자기 그만두려는 충동을 이해해주는 거야. 내 감정 기복을 받아들여줘. 내가 제멋대로 웃었다 울었다 하는 갓난아기라 생각하고 변덕이 죽 끓듯 해도 맞춰달란 말이야.

나한테 말하지 말고 내가 말하게 해줘. 내 생각을 떠보려고 하지 마. 휴가나 크리스마스 얘기도 꺼내지 마. 그런 얘기를 들으면 무서워지거든. 미래에 관해서는 아무 질문도 하지 말아줘. 확실한 건 미래에 관해서는 아무것도 모르겠다는 사실뿐이니까.

이야기할 때면 나를 잘 살펴봐. 내가 갑자기 화제를 바꾸려 해도 당황하지 마. 아마 그 이야기를 해도 괜찮으리라 생각했다가 갑자기 어떤 기억이 떠오르는 바람에 더 이상 말할 수 없게 된 것일 테니까. 내가 종잡을 수 없게 행동해도 이해해줘. '변덕은 숙녀의 특권이다'

라는 끔찍하고 성차별적인 옛말은 오히려 이 경우에 더 적합하다고 봐야 해. 변덕은 유족의 특권이라는 애기지. 그러니 내가 갑자기 수다를 떨어도, 그러다가 다시 갑자기 입을 다물어도 이해해줘. 분주히 움직이다가 눈물을 흘리며 주저앉아도, 곁에 있어달라고 했다가 다음 순간 나가달라고 해도 말이야.

네가 해줄 수 있는 일은 겉으로 보이는 모습에 속아 넘어가지 않는 거야. 내가 1분 전엔 멀쩡했더라도 계속 그 상태를 유지할 수 없다는 걸 이해해줘. 그건 불가능한 일이거든. 아드레날린이 소진되면 난 다시 주저앉고 말아. 정신없이 뛰어다니다가도 문득 발을 내디딘 채 잠들어버리는 강아지처럼 말이야.

"넌 잘하고 있어"라는 말도 하지 마. '잘하고 있다'는 게 무슨 뜻인지 모르겠으니까. 내가 두 살짜리 아이처럼 행동하지 않고 멀쩡한 차림새로 너와 대화를 나눈다는 뜻이니? 네가 '잘하고 있다'고 말한다는 건 사실 괜찮아 '보이는' 걸 정말 괜찮은 것으로 착각하고 내 마음속이 얼마나 끔찍한 상태인지는 전혀 모른다는 뜻이지. 그런 말은 때로는 '잘하지 않을' 수 있는 나의 선택권을 빼앗는 셈이야. 괜찮아 보이는 건 훌륭하고 바람직한 일이지만 내가 가끔 간절히 바라듯이 주저앉아 소리치는 건 용납할 수 없다는 뜻으로 들리거든. 하지만 내게 무슨 대안이 있겠어? 난 그냥 내가 아는 유일한 방식으로 계속 살아가려는 거야. 한 번에 한 걸음씩, 하루하루를 말이야. 아무리 오랜 명상도 비탄만큼 사람을 순간에 충실하게 만들 수는 없을 거야. 나에겐 선택의 여지가 없어. 과거와 미래는 오래 생각하기엔 너무 고통스러우니까. 미래의 계획은 무의미하게 느껴지고 과거의 기억은 괴롭기만 하지.

내 기분을 '달래'주거나 위로하려는 말은 하지 마. 내가 방금 말한 내용과 모순되는 말도 하지 말고. "시간이 치유해줄 거야" 따위의 진부한 말은 정말 듣기 힘들어. 내가 이런 얘기를 하는 건, 나도 비슷한 상황에서 그렇게 말했고 가장 친한 친구들도 나한테 그렇게 말했기 때문이야. 자연스럽게 나오는 말, 누구나 좋은 뜻으로 하는 말이지. 하지만 그런 말을 들으면 내 인생에서 빌이 지녔던 존재감과 중요성이 쪼그라드는 것 같아. 시간이 모든 걸 치유해주진 않아. 그리고 지금 당장은 나도 치유되거나 위로받고 싶지 않아. 내가 바라는 일은 평생 가장 사랑했던 사람을 애도하는 거지, 그가 언젠가는 싹 잊히고 정리될 만큼 사소한 사람이었다고 생각하는 게 아니야. 지금 나로서는 결코 그를 정리하고 싶지 않으니까.

그리고 시간은 치유해주기는커녕 오히려 사태를 악화시킬 수 있더라. 시간이 지날수록 내가 마지막으로 빌을 보았던 날은 멀어지고 그는 점점 더 과거로 사라지는 거야. 내가 멀쩡한 척하며 살아가는 시간도 점점 더 많아지는 거지. 그런 노력이 날 정말로 지치게 만들어. '나아지고 있다'는 말은 지금 내가 겪는 아픔에 치료약이 존재한다는 뜻이겠지만, 나로서는 결코 바라지 않았고 맘에 들지 않는데도 어떻게든 최선을 다해 살아가야 하는 새로운 세상에 들어와 버린 거야. 결코 뻑 소리와 함께 끝나지 않을 새로운 현실 말이야.

빌이 그립다는 내 말에, 원한다면 여전히 그에게 얘기할 수 있다고 대답하지 마. **그건 나도 알아.** 실제로도 늘 그러고 있고. 하지만 말이야, 결코 예전 같을 순 없어. 내가 빌에게 뭐라고 말하든 그는 대답하지 않아. 그래, 빌은 내 안에 있고 나도 그의 존재를 느껴. 하지만 나는 내 외부에도 그가 있기를 원해. 그래야 내게 실제로 도움이 될 테니까! 그리고 말이야, 제발 어떤 식으로든 날 위로하거나 '나아지게' 해주려고 시도하지 마. 내가 빌에게 얘기할 수 있고 그 사람이 들어준다는 건 나도 알아. 굳이 네 생각을 말해주지 않아도 잘 안다고. 시간이 지나면 나아질 거라느니, 빌은 더 좋은 곳에 갔으니까 이젠 괴롭지 않을 거라느니, 다들 그런 얘기로 날 위로하려 드는데 제발 그러지 말아줘. 넌 모르겠지만 그런 얘기는 지금 내가 겪는 혼란 앞에 전혀 도움이 되지 않는 말, 부질없는 소리로 들릴 뿐이야. 네가 그렇게 말하면 나는 억지 미소를 띤 채 용감한 척하며 "그래, 네 말이 맞을 거야"라고 맞장구쳐줄 수밖에 없지. 나에겐 너의 몰이해가 오히려 나를 더 힘들게 한다고, 솔직한 감정을 깊이 숨겨야 해서 더 외로워진다고 말할 용기가 없거든.

바로 이런 게 내가 하고 싶은 대답이지만, 정말로 그렇게 말하진 않아. 나도 이게 다 화풀이라는 걸 아니까. 나 역시 어떤 말이 유족에게 도움이 되는지 몰랐으니까. 그런데 내가 어떻게 널 탓할 수 있겠어. 상황이 바뀌었다면 나 역시 똑같은 말을 하고 있었을 텐데. 네가 날 어려워하거나, 조심조심 대해야 한다고 느끼거나, 뭔가 잘못 말할까 봐 전전긍긍하는 건 나도 바라지 않아. 잘못된 말을 하는 건 어쩔 수 없는 일이야. 나를 포함해 그 누구도 직접 겪기 전까지는 그게 잘

못된 말이라는 걸 모를 테니까. 앞에 쓴 목록을 보면 알겠지만, 내가 바라거나 바라지 않는 것은 그날그날 달라지고 서로 모순될 수도 있어. 그러니 그냥 내 변덕에 맞춰줘. 어제 내가 즐거워했던 얘기에 오늘 내가 눈물을 흘려도 속상해하지 말아줘. 네 잘못이 아니니까.

가장 당혹스러웠던 점은 사람들이 빌 이야기를 꺼내지 않아야 내가 슬퍼하지 않을 거라고 생각한다는 것이었다. 친구 하나는 빌 이야기를 '끄집어내서' 날 울게 만든 것을 사과하기까지 했다. 나는 새삼스럽게 슬퍼진 게 아니라 막혀 있던 감정의 배출구를 찾은 것뿐이었는데. 그저 안에 있던 것을 밖으로 내놓은 것뿐이고, 그런 배출은 내게도 유익한 일이었는데. 사실 '날 슬프게 하지 않으려는' 생각들이 내겐 하나같이 이상하게 느껴졌다. 어차피 내가 계속 슬퍼하고 있다는 걸 정말 모르나? 빌 얘기를 꺼내기 전까진 내가 전부 잊어버리고 있는 줄 아는 걸까? 내가 멀쩡한 듯 행동한다고 진짜로 괜찮은 줄 아는 건가? 그 누구의 어떤 언행도 상황을 더 나쁘게 만들 순 없는데. 최악의 상황은 이미 일어났으니까.

내 얘기가 고약하게 들린다면 실제 현실이 그렇기 때문이다. 유족 곁에 있어주는 것은 세상에서 가장 고약한 일거리다. 뭔가 실수할 수 있다는 것을 잘 알면서도, 그들 나름의 두려움과 고통을 무릅쓰고 내 곁에 있어주려 한 친구들 하나하나에게 나는 경의를 표한다. 유족의 친구는 때때로 실수를 저지를 수밖에 없

다. 그가 대하는 사람은 거대하고 혼미하며 평생 지속될 트라우
마에 짓눌려 매 순간 자기에게 무엇이 필요한지도 모르는 상태
니까. 그러니 실수해도 괜찮다. 실수하지 않는다는 건 불가능하
다. 어쩌면 "내가 뭘 해주면 좋겠니?"라는 질문의 진짜 정답은
이것인지도 모른다. "네가 가끔 실수할 수도 있다는 사실을 인
정하고 받아들여."

　'바람직한 도움'이란 어떤 것인지 여러모로 잘 보여주는 사
례를 적어보겠다. 나에겐 잉게라는 친구가 있다. 빌이 죽었을
당시 무직 상태로 브리스틀에 살던 잉게는 바로 그 주 일요일
에 우리 집으로 와서 하룻밤 묵어가겠다고 했다. 잉게는 빌의
죽음을 슬퍼하고 어떻게 해야 내게 도움이 될지 고민하느라 전
날인 토요일 밤에 술을 너무 많이 마셨던 모양이다. 그런데도
잉게는 브리스틀에서 버스를 탔고, 심지어 아침 7시에 출발했
다. 몇 시간 뒤 잉게가 우리 집에 도착했다. 감정이 격해진 데
다 숙취에 시달리는 와중에 아침부터 오래 버스를 타서 지친
상태였다. 잉게는 와인과 초콜릿과 팝콘을 가져왔다. 우리는
그날 하루 종일 수다를 떨며 울고 웃었다. 사별 직후였던 난 아
직 먹지도 마시지도 못하는 상태였지만 잉게는 가져온 초콜릿
과 팝콘과 와인을 혼자 먹고 마신 끝에 다시 살짝 취해버렸다.
그날 밤이 새어갈 무렵 잉게는 괴로워하며 이렇게 말했다.

　"오기 전에 어떻게 해야 너한테 도움이 될지 친구한테 물어봤
거든. 너한테 음식을 만들어주고 냉장고를 채워주라더라. 욕실

을 청소하고 장례식 준비를 하고 방바닥도 닦아주래. 그런데 난 울기만 했네. 게다가 너한테 가져다준 음식이랑 와인도 혼자 전부 먹어 치웠어. 정말 미안해. 난 형편없는 친구야." 잉게가 흐느꼈다.

"잉게, 난 배 안 고파. 그리고 어차피 사정이 좋았을 때도 욕실이나 바닥 청소는 거의 한 적 없어. 난 집이 좀 지저분해도 잘 살 수 있어. 나한테 중요한 건 네가 만사를 내팽개치고 몇 시간씩 숙취에 시달리면서 일요일 아침 7시부터 버스를 타고 여기 와주었다는 사실이야. 오직 내 곁에 있어주기 위해서 말이야. 내게 가장 절실했던 일은 친구들이 날 사랑하고 나와 함께 시간을 보내며 고통을 나눌 준비가 되어 있음을 실감하는 거였어. 그리고 넌 그렇게 해주었지. 그 사실이 내겐 욕실 청소보다 훨씬 더 소중해."

🜄

팟캐스트를 듣는 건 큰 도움이 되었다. 나는 특히 불교 명상 지도자이자 심리치료사인 타라 브랙Tara Brach의 팟캐스트를 즐겨 듣곤 했다. 브랙이 들려준 이야기 중에 이런 것이 있었다. 어느 편력 기사가 생명체 하나 보이지 않는 황무지를 건너가고 있었다. 그러다 황무지 한가운데에서 성을 발견했는데, 성 안에는 그 땅만큼이나 노쇠한 왕이 비참한 상태로 누워 죽음만 기다리고 있었다. 왕의 수많은 신하들이 열심히 값진 음식과 술과 약을 갖다 바쳤지만 왕을 치료할 방법은 찾아내지 못했다.

기사는 왕의 병상으로 다가가 이렇게 물었다. "어디가 아프십니까?" 이 단순한 염려의 말을 듣고 자신의 고통에 귀 기울이려는 기사의 진심을 느끼자 왕은 건강을 되찾았다. 왕이 건강해지자 성 주변의 황무지에도 다시 알록달록하게 꽃이 피어났다.

이 짧은 이야기에는 내가 잉게에게 전하려 했던 것과 똑같은 메시지가 담겨 있다. 유족이 된 친구를 위해 무엇을 해야 할지 고민하는 이들에게 들려주고 싶은 내용이기도 하다. 그냥 곁에 있어주자. 친구를 염려하고 있다는 걸 보여주자. 비유적으로든 문자 그대로든 (그때그때 상황에 맞게) 어디가 아프냐고 물어보자. 그리고 곁에 가만히 앉아 귀 기울여주자. 친구가 무슨 얘기를 하든, 그 말투가 어떻든 간에. '곁에 있어준다'는 건 우리 심리치료사들의 목표를 잘 설명하는 말이기도 하다. 우리는 고통에 빠진 내담자와 한자리에 앉는다. 그들의 고통을 무시하거나 축소하지 않지만 그 고통에 압도되지도 않는다. 함부로 고통을 해결하거나 주의를 돌리려 들거나 분노하지도 않는다. 그저 고통을 인식하면서 어떤 방식으로든 우리가 그들의 두려움과 고통을 함께한다는 걸 보여주려 한다.

잠시 애착 이론의 관점으로 돌아가서 살펴보자면, 신경학자 루이스 코졸리노Louis Cozolino의 표현이 가장 적절하지 않을까 싶다. "우리가 논해야 할 것은 '적자생존'이 아니라 '보살핌 받는

자가 생존한다'는 점이다." 그러니 사랑하는 이를 잃은 친구를
어린아이 돌보듯 보살펴주자. 이보다 더 복잡한 이야기는 필요
하지 않다.

음울한 12월이 깊어갈수록 나의 슬픔도 안팎으로 변해가는
듯했다. 마치 비닐 에어캡에서 공기가 빠져나가듯 쇼크와 트라
우마의 완충 효과가 서서히 사라졌다. 그 아래로 벗겨져 피를
흘리는 살갗이 드러났고 안쪽에 고여 있던 진물이 바깥세상으
로 줄줄 흘러나왔다. 역겨운 비유라는 건 알지만, 실제로 역겨
운 기분이었다. 나는 더욱 나약해졌다. 계속 회피해왔던 진정한
감정으로부터 더 이상은 달아날 수 없을 것 같았다. 이제는 그
감정들이 요새의 갈라진 틈을 찾아내어 안쪽으로 침투하기 시
작했다. 나는 수많은 감정들 사이로 쉴 새 없이 빠르게 내달리
고 있었다. 한 감정에 익숙해지기도 전에 다른 감정이 날 치받
아 쓰러뜨렸다.

나는 툭하면 울음을 터뜨렸다. 서랍을 열 때마다 빌의 물건들
이 보였다. 그의 작고 깔끔한 손 글씨로 정리된 기나긴 목록, 잘
라낸 신문 기사. 한때는 빌이 애지중지했던 것들이지만 지금은
쓸모없는 쓰레기일 뿐이었다. 그리움의 눈물이 터져 나오면 나
는 억지로 집을 나섰다. 근사한 카페를 지나며 저기서 차 한 잔
과 케이크를 들면 좋겠다고 생각했다가도, 다음 순간 이젠 나와
같이 갈 빌이 없다는 게 떠올랐다. 자기 연민의 흐느낌이 온몸
을 쥐어짰다. 주말 신문을 펼칠 땐 아무도 읽지 않을 스포츠 면

을 곧바로 쓰레기통에 쑤셔 넣고 고통의 비명을 내질렀다. 현관
문의 우편물 투입구에서 빌 앞으로 온 편지가 떨어지면 훌쩍이
며 마룻바닥에 쓰러졌다. 일상이 너무도 슬퍼서 감당하기 어려
울 지경이었다.

나는 부끄러움도 잊고 공공장소에서 울어대는 데 익숙해졌
다. 길을 걸으면서 눈물을 줄줄 흘리고, 전철 좌석에 앉은 채 훌
쩍거리고, 말하던 도중에 힘이 빠져 입을 다물기도 했다. 유족
이 검은 옷을 입는 관습은 대체 왜 없어진 걸까. 하다못해 검은
완장이라도 차서 우리가 얼마나 취약한 상태인지 세상에 경고
해야 하는 게 아닐까. 내가 직접 '애도 중' 배지라도 제작해볼까
생각하기도 했다. 전철에서 임산부가 달고 다니면 승객들이 자
리를 양보해주는 '임신 중' 배지처럼 말이다. 나 역시 그들만큼
연약했고 제대로 움직일 수 없었으니까. 나는 결국 만사를 포기
해버렸다. 다른 방법이 없었다.

그에 이어 더욱 심각한 붕괴가 일어났다. 친구들과 함께 외
출해 보았지만 만사가 제대로 풀리지 않았던 것이다. 내 우울한
기분과 '밤 외출'의 생소함, 모임 장소의 떠들썩함, 친구들의 유
쾌한 분위기, 무탈하게 돌아가는 일상에 관한 신나는 수다. '이
성적인 나'는 친구들이 아무리 빌을 그리워한다 해도 그가 사라
졌다는 이유로 삶에 근본적인 변화를 겪진 않는다는 사실을 잘
알고 있었다. 그들은 항상 그래왔던 것처럼 살아갈 수 있었고,
또한 그래야 마땅했다. 하지만 '유족으로서의 나'는 내 삶이 송

두리째 뒤집혔는데 남들이 계속 평소대로 살아갈 수 있다는 걸 견디지 못했고, 친구라는 사람들이 감히 빌 이외의 화제를 꺼낼 수 있다는 데 격노했다. 나의 세상에 빌 말고 다른 이야깃거리란 존재하지 않았으니까. 그때 과호흡 증상이 닥쳐왔다. 바로 이런 게 공황발작이구나 하는 느낌이었다. 나는 눈물을 쏟으며 사람들에게 미안하다고 중얼거린 다음 허둥지둥 런던의 밤거리로 뛰쳐나왔다.

내가 이 상태를 견뎌낼 수 있을지 확신이 안 섰다. 심장이 어찌나 거세게 뛰는지 심장마비가 아닐까 싶기까지 했다. 문득 다리에 힘이 빠져 인도에 쓰러지고 말았다. 사람들은 날 만취한 술꾼으로 생각했는지 그냥 넘어서 지나갈 뿐이었다. 내가 이렇게 절박한 상황인데 그놈의 '애도 중' 배지는 어디 있는 거야? 나는 지난 30년간 근무하고 거주한 런던 중심부에 있었지만 그 순간엔 전철을 타거나 택시를 잡는 법조차 기억나지 않았다. 너무나 두려웠고, 도로에 뛰어들어 이 모든 고통을 끝내고 싶은 충동만 거세게 솟구쳤다. 하지만 그 순간 세인트루시아에서 먼 바다까지 헤엄쳐 나갔던 일이 떠올랐다. 결국 마음을 가라앉히고 다시 해변으로 돌아왔던 일도. 내 마음 한구석에서 그때와 비슷한 이성의 목소리가 조용히 말을 걸어왔다. 방금 내가 기대어 주저앉은 벽을 붙잡고 일어나라고. 휴대전화를 꺼내 루이즈에게 전화를 걸라고. 나는 제대로 말하기도 어려운 상태였지만, 루이즈는 상황의 심각성을 곧바로 눈치채고 지금 출발할 테니

당장 택시를 잡아 집으로 돌아가 있으라고 일러주었다.

어떻게 집에 도착했는지 기억나지 않지만, 하여튼 돌아오니 루이즈가 벌써 도착해 나를 기다리고 있었다. 외식 중에 자리를 박차고 나와 달려왔다고 했다. 루이즈는 저녁 내내 날 껴안아주었고, 나는 문자 그대로나 비유적으로나 루이즈에게 꼭 매달려 있었다. 친구가 곁에 있어주니 마음이 진정되는 것 같았다.

이처럼 격렬한 감정이 내 일상 전반에 스며 있었다. 뚜렷이 느껴지는 감정이 있는가 하면 비교적 은은한 감정도 있었다. 하지만 이처럼 격렬하고 서로 충돌하는 감정들—슬픔, 공포, 분노, 혼란, 절망—간에는 공통점이 있었다. 혼탁하고 복잡하긴 했지만, 내가 겪는 모든 감정들은 결국 고통이라는 말로 압축될 수 있었다. 끔찍한 일이었다.

하지만 보라, '징징대며 버둥대는 나'에게 윌리엄 워든의 애도 과업을 상기시키기 위해 치료사로서의 내가 돌아왔으니. 워든은 두 번째 과업을 '상실의 고통 처리하기'라고 했다. 아, 그건 말 그대로 **과업**이었다. 나처럼 감정적인 상태에서는 엄청나게 힘겨운 일이었다.

◆

나는 워든의 '과업'이 퀴블러 로스의 '단계'보다 나은 명칭이라고 생각한다. 내가 보기에 '단계'라는 말은 직선적이고 순차적인 느낌을 준다. 마치 순서에 따라 통과하고 줄을 그어 지운 뒤 다음으로 이동하는 것처럼 들린다. 하지만 공정하게 말하자면 퀴블러 로스가 정확히 그런 단어를 쓴 것은 아니다. 소문에 따르면 출판사 탓이라고 한다. 책을 팔려면 딱 떨어지는 범주화와 장 제목, 진전의 뉘앙스가 필요했을 테니까. 하지만 어쨌거나 '단계'라는 단어 자체가 (적어도 내게는) 미심쩍게 느껴지는데, 결국 그 끝에 뭔가 목적지가 존재한다고 암시하기 때문이다. 반면 워든의 '과업'이라는 말은 훨씬 더 진행형의 느낌이다. 빨래, 출퇴근, 쓰레기 버리기 등 날마다 끝없이 반복되며 우리의 삶을 빙글빙글 순환시키는 허드렛일처럼 말이다. 허드렛일이야말로 우리의 인생이다. 이제 애도가 내 인생이 되었듯이.

하지만 반대로 '과업'이라는 말이 온갖 불쾌한 임무를 함축한 것처럼 들린다며 미심쩍어하는 사람들도 있을 것이다. 이론이란 원래 그런 것이다. 모두가 공감할 수 있는 이론이란 없다. 어떤 이는 '단계'에 따라 생각하기를 선호하는 반면 어떤 이는 '과업'을 수행하는 편이 낫다고 여길 것이다. 그런가 하면 이 혼란스러운 과정에 대한 명명과 분류와 정리 자체를 거부하는 사람도 있으리라.

물론 애도에는 일반적이고 보편적인 주제가 존재하지만, 결국 애도란 모두에게 다른 일일 수밖에 없다. 누군가를 감동시키는 것이 다른 누군가에게는 무의미할 수 있다. 각자가 비탄을 견뎌낼 자기만의 방식을 찾아야 한다. 어떤 이는 이론이라는 구조에 기대려는 반면, 어떤 이는 일체의 이론을 부정할 것이다. 뭐든 자신에게 맞는 방식을 택해야 한다. 아니면 날마다 기분에 맞는 방식을 골라잡아도 상관없다. 애도에 정답이란 존재하지 않으니까.

내가 '과업'이라는 단어를 선호하는 또 다른 이유는, 이 단어가 애도라는 끔찍한 과정에 요구되는 고된 일거리들을 잘 드러내기 때문이다. 소파에 누워 흐물흐물 녹아버리지 않으려면 그 일거리들을 정말로 집중해서 해치워야 한다. 물론 내게 소파에서 흘려보낸 시간이 없었던 건 아니다. 그런 시간도 일거리의 일부이며, 누구에게나 좋은 순간만큼 나쁜 순간이 필요하고, 부정과 분노와 눈물만큼 탐닉도 필요하니까. 내가 바쁘다는 핑계로 회피한 감정들은 그처럼 질척거리는 수렁 속에서도 부글부글 끓어오를 공간을 찾아 수면 위로 빠져나오곤 했다.

그러니 이제는 감정에 관해 이야기할 차례다.

저 혼란하고 당혹스러우며 위태로운 감정에서부터 시작하자. 퀴블러 로스의 이론에서 두 번째 단계를 차지할 만큼 중요한 감정, 즉 분노 말이다.

나도 분노를 자주 느꼈지만 주로 모호하고 산만한 분노였다. 어떤 유족들과 달리 내게는 딱히 분노를 집중할 대상이 없었다. 빌의 죽음은 그 누구의 잘못도 아니었으니까. 빌은 평소 건강관리를 잘해왔으니 그의 잘못은 아니었다. 의사들은 최선을 다했으니 그들의 잘못도 아니었다. 사고를 당하거나 싸우다가 맞아 죽은 게 아니니 특정한 가해자가 있는 것도 아니었다. 이 일에 악당은 존재하지 않았다. 그런데 내가 누구에게 화를 내겠는가?

분노의 구체적인 대상과 정당한 이유를 지닌 유족들도 있다. 죽음의 이유를 제공한 사람, 명백한 악한이 존재한다면 말이다. 그 대상은 고인을 살리지 못한 의사, 고인을 위험에 빠뜨린 기업이나 정치나 가족 체제일 수도 있다. 도린 로런스Doreen Lawrence는 아들 스티븐을 위해 정의를 실현하려고 싸웠고, 그 결과 영국 정치 체제에 큰 변화를 가져왔다.* 그 밖에도 많은 사람이 사랑하는 이를 잃은 분노로 놀라운 업적을 이루어냈다.

내게는 딱히 분노를 쏟을 대상이 없었기에 내 감정이 애매하고 혼란스럽고 불합리하게만 느껴졌다. 그러다 보니 밖으로는 전혀 애꿎은 사람이나 물건에, 안으로는 나 자신과 내 약점에 분노를 퍼붓고 있었다. 병원에서 더 나은 결정을 내리지 못했다며, 마지막 순간에 빌에게 더 많은 말을 들려주지 못했다며, 더 다정한 아내가 되어주지 못했다며 나를 꾸짖고 미워했다. 분노를 더 적절하게 배출할 수 없어서 주변 사람을 아무나 붙잡고 화풀이를 하기도 했다.

식품점 점원은 토마토를 플라스틱 상자에 넣어야만 할 이유를 설명하지 못했다는 이유로 당신 때문에 바다 생물이 죽어간

---

* 1993년, 도린 로런스는 아들을 살해한 이들이 인종차별주의자라는 사실을 밝혀내고 영국 경찰의 편파적 수사를 고발했다.

다는 나의 막무가내 비난을 들어주어야 했다. 언제나 내게 상냥했고 날 도와주려 했던 엄마는 미안하게도 가장 만만하고 손쉬운 상대라는 이유로 내 성질을 받아내야 했다. 문제는 이것이었다. 모두가 내게 다정하게 대해주었고, 빌의 죽음은 그 누구의 잘못도 아니라는 것. 그렇다면 내 분노를 생산적으로 풀어낼 길은 어디 있단 말인가? 나는 기회만 있으면 마구잡이로 분노를 터뜨렸고, 이별의 여섯 단계** 따위는 무시하고 이성적인 태도와 히스테릭한 태도를 오가곤 했다.

예를 들어보자. 나는 빌의 죽음을 여러 사람에게 전했는데, 그중 연락처를 알려달라는 이메일에도 감감무소식인 친구가 있었다. 빌과 그 친구의 오랜 인연을 생각하면 빌의 죽음을 이메일로 통보하거나 우연히 전해 듣게 놔둘 것이 아니라 적어도 내가 직접 이야기해주어야 마땅했다. 하지만 그는 계속 답이 없었고 결국 장례식에도 참석하지 않았다. 마침내 회신이 온 건 몇 주가 지나서였다. 연락이 늦어 미안하다고, 내 번호를 알려주면 자기가 전화를 걸겠다는 내용이었다. 빌이나 그의 죽음에 대한 이야기는 없었기 때문에 나로서는 그 친구가 소식을 들은 건지 아닌지 알 수 없었다. 나는 그에게 다시 이메일을 썼다. 그가 어디까지 알고 있으며 내가 어디서부터 이야기해야 하는지 판

** 더 스크립트The Script의 노래 〈이별의 여섯 단계Six Degrees of Seperation〉를 암시한다. 이 노래는 이별의 여섯 단계에 따르는 감정을 묘사한다.

단할 수 있게끔 신중히 말을 골랐다. 하지만 이번에도 그는 애매모호한 답장을 보냈고, 실망한 나는 결국 그에게 직접 전화를 걸었다.

"일부러 조심스럽게 이메일을 썼어. 네가 어디까지 들었을지 몰라서."

"그렇구나." 그가 대답했다. "실은 이미 다 들었어……." 그러고는 자기가 일 때문에 얼마나 바빴는지 장황하게 변명을 늘어놓았다.

나는 곧바로 폭발했다. 처음에는 최대한 좋게 이야기하려던 마음이 (사실 그렇게 할 가치도 없었는데) 무시당해서 살짝 짜증이 난 정도였지만, 변명을 듣고는 정말로 격노해버렸다. 마구 소리를 지르고 싶었다. 어떻게 가장 오랜 친구의 장례식에 올 생각도 안 했니. 얼마나 멍청하면 내가 네 쪽에서도 괴로워하고 있을까 봐 조심스럽게 대한다는 것도 몰랐니. 애초에 내가 왜 너한테 연락하려 했다고 생각한 거니. 설마 너랑 수다 떠는 게 즐거워서라고 생각한 건 아니겠지. 나도 애도의 예의에 관해서는 잘 모르지만, 유족이 아닌 사람 쪽에서 먼저 유족에게 말을 건네야 한다는 것 정도는 알고 있어. 그냥 "그렇게 되었다니 유감이야"라고만 해줬어도 충분했을 텐데. 아니면 "그래, 빌이 죽었다는 거 알아. 나한테 연락해주려고 한 것 정말 고마워"라거나. 오히려 내 쪽에서 너를 염려하게 되었을 정도로 아무 내용도 없이 오갔던 이메일만 아니었다면 뭐든 간에. 지금 나는 빌을 진심으로 애도해주는 친구들과 나 자신에게 신경 쓰기도 버거운 상태라고.

나는 그 친구라는 작자를 증오했다. 진심으로 그의 불운을 빌었다. 그에게 해를 끼치고, 그가 빌에게 용서받지 못할 배신행위를 저질렀음을 알려주고 싶었다. 그 순간만큼은 정말로 그가 빌을 배신한 거라고 확신했다.

너무 극단적인 얘기처럼 들릴지도 모른다. 하지만 사실이 그렇다. 유족의 마음속에 잠재한 분노는 거대하다 못해 살기등등하다. 물론 내가 어설픈 친구들이나 식품점 점원, 그 밖의 애꿎은 화풀이 대상에게 정말로 그토록 분노했던 건 아니다. 내 분노의 대상은 빌이 아무 이유도 없이 사라졌으며 내 인생이 아무 이유도 없이 무너졌다는 사실이었다. 프로이트의 이론에 따르면 이는 '전위displacement'라는 방어기제로 설명할 수 있다. 다시 말해 어떤 충동(내 경우 빌을 빼앗아 간 세상의 불공평함에 대한 격노)을 충족시키기 위해 대체물(내 경우 조금이라도 불공평하거나 방해가 된다고 느껴지는 특정 대상이나 사람)을 활용하는 것이다.

사별에 따르는 눈물과 슬픔은 사회에서 자연스러운 것으로 여겨져 이해와 용서를 받는다. 하지만 분노는 불편하게 취급된다. 분노는 애도에 어울리지 않는 과도한 감정으로 간주되며, 따라서 유족들은 분노를 부끄러워하고 억누르려 한다. 게다가 우리가 어떻게 느껴야 하는지 지시하는 것은 사회만이 아니다. 우리 내면의 사고도 우리를 특정한 방향으로 이끌고 규제한다.

◆

우리가 순수한 감정을 느끼는 순간, 말 그대로 감정에 푹 빠지는 순간 합리성이라는 것은 존재하지 않는다. 자연발생적인 반응이 터져 나올 뿐이다. 내 경우 그런 감정은 흔히 분노의 기미를 띤다. 사실 어릴 때부터 분노는 내게 무서우리만치 익숙한 감정적 반응이었다. 어쩌면 분노에 의존했다고 할 수 있을지도 모른다. 내가 원하는 것보다 더 자주 분노를 느꼈으니까. 거기에는 그 나름의 이유가 있었는데, 이를 설명하려면 또다시 존 볼비가 주창한 획기적인 애착 이론으로 돌아가야 한다. 그중에서도 볼비가 '내적 작동 모델'이라고 부른 측면 말이다.

애착 이론에 따르면 우리는 유아기의 인간관계를 바탕으로 자아상을 구축하고 세상에서 자신의 위치를 이해하며, 양육자를 통해 보고 듣고 접촉한 것들로 세상의 규칙을 파악한다.

일단 우리가 말하는 법을 어떻게 배우는지 알아보자. 이를 통해 내적 작동 모델이 어떻게 형성되는지도 확인할 수 있다. 유아기에 우리는 자연스럽게 말하는 법을 익히며 무의식중에 문법을 내면화한다. 아무도 우리를 붙잡고 앉아 어법을 설명해주지 않는다. 우리는 다른 사람들의 말을 듣고 직접 실험하면서 주어가 동사 앞에 오고 동사는 명사 앞에 온다는 규칙을 터득한다. 아직 그런 문장구조의 명칭도 모르는 상태에서 말이다. 또한 이런 기초적 나무 블록을 쌓아 올려 더욱 복잡한 문장구조를 만드는 법도 무의식중에 서서히 배워나간다. 우리는 '가정법 종속절'이나 '조건법 과거완료' 같은 말을 들어보기도 전에 이미 복잡한 문장으로 말할 수 있다. 물론 처음에는 "장난감 나 할래" 같은 우스꽝스러운 실수를 저지르기도 하지만, 대체로 그럴싸하고 빠르게 문장구조를 익혀서 같은 언어를 쓰는 사람에게 의미를 전달할 수 있게 된다. 그리하여 우리 자신의 생각이나 바람, 욕구 등을 소통하는 법도 익혀나간다.

인간관계 또한 유년기에 미묘한 방식을 통해서 배우게 된다. 사람들이 우리에게 무엇을 기대하는지, 우리가 인정과 사랑과 양분을 공급받으며 생존 자체를 의지하는 양육자가 어떤 일에 가장 기뻐하는지 알게 되는 것이다. 우리는 이처럼 유년기에 배운 것으로부터 인간관계란 무엇인지, 남들이 우리에게 무엇을 원하는지, 세상이 어떻게 돌아가는지 이해했다고 믿는다. 그것에 따라 자신의 행동을 재단하고, 그 규칙에 따름으로써 세상을 이해하고 이해받으며 성공적으로 삶을 꾸려나갈 수 있으리라 확신하는 것이다.

하지만 모든 게 항상 그리 쉬운 것은 아니다. 언어학습은 같은 언어를 쓰는 사람들 사이에서는 크게 다를 것이 없지만, 인간관계의 규칙은 개인이 자란 가정에 따라 다르기 때문에 타인과의 관계에서 많은 오해를 일으킬 수 있다.

무슨 말이냐고? 이번에도 언어의 사례를 통해 살펴보자. 영국인과 미국인은 하나의 공통 언어에 의해 둘로 갈라진다는 오랜 농담이 있다. 하지만 사실 영국 내에서도 지역에 따라 한 단어가 다른 의미를 지니곤 한다. 이 사실을 염두에 두지 않으면 혼란뿐 아니라 때로는 비극까지 일어날 수 있다.

영국 남부 대부분의 지역에서 while이라는 단어는 '~하는 동안'을 뜻하지만, 북부 일부 지역에서는 '~할 때까지'로 통한다. 언젠가 진위가 의심스러운 (거짓이라 믿고 싶은) 이야기를 들었는데, 영국 남부의 어느 철도 건널목에 "신호등 불빛이 깜박이는 동안에는 건너지 마시오Do not cross while lights flashing"라고 적힌 표지판이 걸려 있다는 얘기였다. 그런데 북부에서 온 어느 여행자가 표지판을 보고는 신호등 불빛이 **깜박일 때까지** 건너지 말라는 뜻으로 이해했고, 정말로 그때까지 기다렸다가 걸어가기 시작했다는 것이다. 그리고 다음 순간 기차가 달려와 그를 덮쳤다.

크든 작든 이와 비슷한 오해는 인간관계에서도 일어날 수 있다. 상대가 성장기에 우리와는 다른 감정의 단어장으로 학습했을 수 있다는 점을 고려하지 않는다면 말이다.

우리는 자신이 의미한 바가 상대에게도 똑같이 이해될 거라 상정하지만, 유감스럽게도 위의 언어학적 사례에서 보듯 우리의 말은 정반대로 이해될 수 있으며 인간관계에 비극적인 결과를 가져올 수도 있다.

예를 들어 어떤 가정에는 항상 '무난한 상황을' 유지하고 문제가 생겨도 아무 문제가 없는 듯 굴어야 한다는 암묵적인 '규칙'이 있다. 뭔가 잘못됐다고 인정하는 건 남들에게 부끄러운 일이며 나약해 보일 수 있다. 따라서 분노처럼 다루기 어려운 감정은 '용납'되지 않으며, 그런 감정을 드러내는 일은 금기시 된다.

　이런 규칙을 아이가 어떻게 알게 될까? 세 살쯤 되면 엄마 아빠가 자리에 앉혀놓고 분명히 설명해주기라도 하는 걸까? "우리는 남들과 세상에 관해 좋은 이야기만 믿고 싶어. 설사 반대되는 증거가 있다고 해도 무시하고 거부할 거야. 그러니 우리한테 계속 사랑받고 우리가 주는 밥을 먹으려면 너도 우리의 세계관에 따라야 해, 알겠지?"

　음, 그럴 수도 있고 아닐 수도 있다. 부모가 그런 규칙을 온갖 방식으로 분명하게 드러내는 경우도 있으니 말이다.

　"화내는 건 나쁜 일이야, 그렇지?"

　"분노는 아주 추악한 감정이야. 우리 집에서는 그런 감정을 드러내면 안 돼."

　"자제력이 없는 사람들이나 화를 내는 거야."

　"그렇게 맨날 뚱해 있으면 누가 너랑 친해지고 싶겠니?"

　"네가 화를 내면 동생 지미가 속상해하겠지. 지미가 속상해하는 건 너도 싫잖아, 안 그래?"

　이런 식의 표현은 수없이 많다.

　하지만 규칙이 분명히 드러나지 않는 경우도 흔한데, 그럼에도 우리는 어떻게든 규칙을 익힌다. 언어학습의 경우와 마찬가지로 유아들 대부분은 그런 규칙을 말로 듣거나 '배우기' 훨씬 이전에 무의식적으로 터득한다. 어떻게 그럴까? 규칙은 언어뿐 아니라 얼굴 표정, 손짓과 몸짓, 아주 미미한 감정 변화를 통해서도 은연중에 전달되기 때문이다. 부적절하다고 여겨지는 감정이 살짝 비치기만 해도 다짐하듯 부리나케 따라붙는 말들 또한 암묵적인 규칙을 드러낸다. "아무 문제도 없어. 괜찮아." "별일 아냐. 인생이란 멋진 거야, 그렇지?" "그런 사소한 일로 동생한테 화를 내면 안 되지. 걔는 너보다 훨씬 작잖아. 더 큰 사람답게 굴어야지?"

감정은 대놓고 부정당하기도 한다. "그건 화낼 일이 아니야." "그런 일로 속상해할 사람은 너밖에 없을걸." "마음에 안 든다고? 넌 대체 뭐가 문제니?"

슬프게도 빈정거림이 섞인 반응까지 듣게 될 수 있다. "유난 좀 떨지 마." "별것도 아닌 일로 난리 피우긴."

규칙은 한층 더 내밀한 방식으로 습득되기도 한다. 가족 중 한 사람에게만 분노 표현이 허용되며 나머지는 분노한 사람의 눈치만 살피는 경우도 있다. 그 사람을 닮지 않으려고 안간힘을 쓴 나머지, 분노해야 마땅한 경우에도 그와 비슷한 면모가 드러날까 봐 분노를 거부하기도 한다.

언어학습과 마찬가지로, 우리는 살아가면서 보고 듣고 접촉한 것을 흡수하여 주위 사람들과의 관계 방식을 무언의 규칙처럼 내면에 새기게 된다. 볼비는 이처럼 애착 관계를 통해 터득한 규칙을 '내적 작동 모델'이라고 불렀다. 내적 작동 모델은 의

사소통 방식의 기반이 되는 감정적 '문법'을 형성하며, 우리는 그리 오래 걸리지 않아 이를 내면화한다. 그 내용에 의문을 품기는커녕 자신이 그에 따른다는 사실조차 인식하지 못 할 정도로 말이다. 우리는 세상이 원래 그런 거라고 생각한다. 마치 while의 뜻이 '~하는 동안'인 것처럼 '다들 아는 사실'이다. 하지만 그러다가 다른 '부족' 출신 사람을 만나면 그가 우리의 규칙과는 전혀 다른 자기만의 규칙을 따른다는 걸 알게 된다. 그에게 while은 '~할 때까지'인 것이다.

분노 표출을 권력의 표현이자 슬픔 회피의 수단으로 바람직하게 여기는 가정도 있을 것이다. "우는 건 나약한 놈들이 하는 짓이야." "예민해빠진 멍청이나 그런 일에 속상해하겠지." "삐치지 말고 앙갚음을 해." 이 경우 분노는 원하는 것을 얻어내는 유용한 방식일 수 있다. 이런 가정에서는 '아무 문제도 없다'는 말이 마땅한 체면치레가 아니라 문자 그대로를 의미하며, 남들에게 내 불만을 알리기 위해서는 소리치고 난리를 피우는 게 당연한 일이 된다.

누군가는 격렬한 반항으로 이런 규칙에 대응하기도 한다. 하지만 가정에서 요구되는 방식과 정반대로 행동한다는 건, 역설적으로 규칙을 충분히 인지하고 있다는 뜻이기도 하다. 규칙을 위반하려면 그 내용을 내면화하고 규칙을 어기는 일이 어떤 의미인지 알아야 하니 말이다.

오해의 가능성은 끝이 없다. 고통스러워도 항상 웃어야 하는 가정에서 자란 A가 다들 항상 화를 내는 가정에서 자란 B와 만 난다면 어떻게 될까? A는 B가 분노를 여과 없이 드러낸다는 사 실에 경악하고 충격을 받을 것이다. A가 반항아라면 B의 발칙 함에 호기심과 매력을 느낄지도 모른다. 하지만 분노가 의사를 전달하는 수단일 뿐인 B의 입장에서는 A의 미묘한 속내를 이해 하지 못하고 "난 괜찮아"라는 말을 액면 그대로 받아들일 수 있 다. 그러면 A는 어떻게 자신의 본심을 몰라주느냐며 분개할 테 고, 이런 식으로 악순환이 무한히 이어진다.

내적 작동 모델을 충실하게 따른다는 것은 결과적으로 특정 한 감정이나 대응 방식에 비중을 둔다는 뜻이다. 어떤 감정은 쉽 게 받아들이는 한편 어떤 감정은 피하게 되는 것이다. 그리고 결 국에는 각자의 가정에서 '부적절한 것'이라고 배운 감정을 바람 직하게 여겨지는 감정으로 은폐하기에 이른다. 우리는 성장하 면서 변화하고 적응하지만, 사랑하는 이를 잃으면 내면의 고착 된 반응을 제어하는 능력이 약해진다. 여과 장치가 기능하지 않 으니 예전으로 돌아가 익숙한 방식에서 위안을 찾게 된다. 내가 병원에 있는 동안, 그리고 빌의 죽음 직후 쇼크를 견뎌내기 위해 무의식중에 '처리하는 사람' 상태로 회귀했던 것처럼 말이다.

그러니까 나는 슬픔, 절망, 두려움이 (모두 내가 자란 가정에서는 '용납'되지 않았던 감정이다) 마음속에 스멀스멀 피어오르며 배출구 를 찾으려 하는 걸 느끼자마자 내게 훨씬 만만한 감정인 분노 로 도피한 셈이었다. 이런저런 불공평함에 대한 분노, 빌이 죽지 않았더라면 내 인생이 훨씬 좋았을 거라는 울화, 누구든 탓할 사람을 찾고 싶다는 욕구로.

그렇다면 우리의 내적 작동 모델을 이루지 않는 감정들, 우리에게 덜 익숙한 감정들은 어디로 가는 걸까?

사람들은 성장과정에서 깊은 소외감을 느끼곤 한다. 이런 소외감은 자신의 감정이 가정의 규칙을 이루는 감정과 전혀 다르다는 인식에서 온다. 우리는 A라는 감정을 느끼지만 겉으로는 가정에서 배운 대로 B라는 감정을 드러내며 부조화 상태로 살아가는 데 익숙하다. 따라서 A라는 감정은 아주 오랫동안 마음속 깊이 묻혀 있게 된다.

지금 내가 이토록 강력한 비탄을 느끼는 것은 바로 그 때문이다. 분노라는 보초의 감시를 받으며 오랫동안 납골당에 갇혀 있던 비탄이 이제 날 때려 부수며 탈출구를 찾으려는 것이다. 나는 절대로 화내거나 두려움을 보여선 안 된다는 내적 작동 모델에 따라 오래전에 납골당을 단단히 걸어 잠갔지만, 문 안쪽에서 들려오는 쾅쾅 소리는 점점 커져갔다. 어린 시절 마음 깊이 묻은 감정들은 결코 사라지지 않고, 가만히 기다리다가 언젠가는 빠져나갈 길을 찾아내고 말 것이다. 감정들이 탈출을 꾀하는 계기는 애도 외에도 다양하지만, 애도 기간의 무기력은 특히 강력한 기회가 될 수 있다.

나는 비탄을 안전한 방식으로 온전하게 표출해야 했다. 그러려면 내가 선택한 시간과 장소에서 마음속 납골당을 조심스럽게 열고 그 내용물을 풀어주어야 할 것이다. 그래야만 저 은밀한 탈옥수들이 가장 부적절한 시기에 탈출구로 몰려들어 내 허를 찌르는 사태를 막을 수 있다. 납골당 문을 무사히 열어줄 열쇠는 아마도 내 몸속 어딘가에 있지 않을까?

빌이 쓰러진 순간 내 몸은 트라우마 상태에 빠졌다. 온몸의 근육과 힘줄이 움츠리고 조여들며 고통을 차단했다. 정신이 트라우마에서 풀려나 뇌가 다시 몸과 연결되고 감정들이 아우성치며 표면으로 올라오는 중이었지만, 몸은 여전히 긴장된 채였다. 설사 무의식적인 행위라 해도, 그런 상태를 유지하는 건 기진맥진할 만큼 힘든 일이었다.

아빠가 돌아가셨을 때도 비슷한 경험을 했다. 내 몸에 비탄이 체현된 듯 크나큰 변화가 일어났다. 하지만 이번이 열 배는 더 힘들었다. 평소 건강하고 생기 넘치던 몸이 무겁고 둔하게만 느껴졌다. 납덩어리를 끌고 다니는 기분이었다. 나는 거의 평생 움직임과 운동에서 기쁨을 찾아왔는데, 그런 기쁨도 사라진 지 오래였다. 몸을 꼼짝하기조차 어려웠다. 잠을 이루는 것도 힘들긴 마찬가지였다. 밤마다 적어도 서너 번은 잠에서 깼으며 때로는 몇 시간이나 그대로 누운 채 다시 잠들려고 몸부림쳤다. 불면증 탓에 건강이 심하게 나빠졌다. 결국 나는 혹시나 하는 마음으로 침술사를 찾아가보았다. 침술사는 내 몸에 바늘을 꽂더니 지금 몸이 어떤 상태인지 느껴보라고 말했다. 내가 한동안 완강하게 회피해온 일이었다.

"뭐가 느껴지나요?"

"두려움이요." 나는 흐느꼈다.

"뭐가 두려운데요?" 침술사가 다시 물었다.

내 삶을 즐겁게 해주던 이가 사라진 막막한 미래에 대한 두려움, 빌을 잃는 것이 얼마나 힘겹고 혹독하며 괴로운 일인지 실감하는 두려움. 나는 매일 매 순간 빌이 그리웠다. 잠에서 깰 때, 차를 끓일 때, 두 사람이 아닌 한 사람을 위한 식사를 준비할 때, 혼자서 텔레비전을 볼 때, 홀로 텅 빈 집에 돌아왔을 때도. 일상의 크고 작은 모든 사건이 빌을 잃은 고통을 환기시켰다. 내가 이 고통을 견뎌낼 수 없을까 봐 두려웠고, 내 앞날이 어떻게 될지 몰라서 두려웠다.

그것 말고도 또 다른 두려움이 있었다. 이러다 정신을 놓아버리는 게 아닐까 하는 두려움이었다. 나는 온갖 망상과 환상에 시달리고 있었다. 그중엔 빌이 애초에 존재하지도 않았으며 순전히 내 상상의 산물이었다는 (터무니없지만 매우 생생한) 망상도 있었다. 공황 상태는 점점 더 심해졌다. 내가 미쳐버린 걸까?

이처럼 갑자기 닥쳐오는 생각과 감정과 행동으로부터 나를 보호할 수 없게 되자 광기가 매우 가까이 온 듯 느껴졌다. 어찌나 혼란스러운지 눈에 보이지 않는 사디스트에게 원격조종을 당하는 것만 같았다. 그는 가장 부적절한 순간에 제멋대로 '지금 울어' 버튼을 누르거나 나를 흔들어대며 빛에서 어둠으로, 질서에서 혼돈으로, 부정에서 현실로 이리저리 내던졌다. 나는 모사꾼의 손에 들어간 꼭두각시처럼 살아갔다. 망가지고 축 늘어지고 겁에 질린 채 어둠 속에서 남의 장단에 춤추고 있었다. 마치 IT 기술지원팀이 내 컴퓨터를 원격으로 제어할 때 같았다. 무력하게 앉아 누군가 내 컴퓨터 화면의 커서를 이리저리 움직이는 걸 바라보는 상황. 보이지 않는 미지의 힘이 내 폴더와 작업물, 인생을 마음대로 옮기는 걸 지켜보면서도 뭐가 어떻게 되는 건지 알 수 없었다. 더욱 불안하고 혼란스러운 것은, 이 원격 조종자가 나를 멀쩡한 상태에서 순식간에 끔찍한 상태로 떨어뜨릴 수 있다는 사실이었다.

어떻게든 나의 사고력과 자의식을 되찾아야 했다. 나는 빌리뿐 아니라 나 자신마저 잃어버렸다. 정말로 그랬다. 나의 가장 중요한 부분, 내 미래와 정체성과 사랑받는 기쁨을 잃은 것이다. 게다가 이제는 감정을 통제할 능력마저 잃어버렸다. 뭔가 던지고 부수고 망가뜨리고 싶은 충동을 견디기 어려웠다. 문제의 사디스트가 '지금 울어' 버튼을 누르면 나는 그에 따를 수밖에 없었다. 두려움, 분노, 광기, 슬픔. 이 모든 감정이 한꺼번에 닥쳐왔다.

옛사람들에게 눈雪을 가리키는 말이 스무 가지 넘게 있었듯, 나도 이제 울음을 가리키는 말을 스무 개쯤 알게 되었다. 나 혼자서 눈물의 단어장을 채워나가고 있었다. 끝도 없이 다양한 표현이 떠올랐다. 흐느끼기, 울부짖기, 쉰 목소리로 신음하기, 흑흑거리기, 끅끅거리기, 질질 흘리기, 콸콸 퍼붓기, 통곡하기, 엉엉대기, 절규하기, 괴로움에 조용히 몸부림치기, 몸 비틀기, 훌쩍대기, 글썽거리기, 내 의지를 거스르고 뱃속 깊은 곳에서 끓어오르는 낮은 소리로 외치기. 그에 따르는 다양한 후유증도 있었다. 앤서니 조슈아Anthony Joshua*와 10라운드 경기라도 치른 양 진을 빼놓는 절망과 우울의 눈물. 혹은 한결 마음이 가뿐해지는 해독과 정화의 눈물. 심지어 몸속에 고여 출구를 못 찾고 있을 뿐 틀림없이 존재하는 부식성 눈물도. 그런 눈물이 차올라 마치 새로운 내면의 인격이 된 것처럼 몸을 부풀리는 게 느껴졌다. 눈물은 내 안에 잠복한 채 나를 인질로 잡아두고 있었다.

가끔은 세상의 부당함에 어린애처럼 발을 구르며 눈물을 쏟기도 했다. 내 안의 아이가 "너무 불공평하잖아!"라고 외치는 소리가 들렸다. 사실이었다. 정말로 불공평했다. 하지만 어느 유족에게든 죽음이 공평하게 느껴진 적 있을까. 그 누구도 이런 고통을 느끼지 않는 것이 좋겠지만, 그럼에도 "왜 하필 우리야?" 하는 생각을 멈출 수 없었다. 빌은 선량하고 친절한 사람, 세상에 유용한 사람이었다. 이제 슬슬 긴장을 풀고 고되게 일한 지난날의 보상을 즐겨도 될 나이에 이르려던 참이었다. 왜 그것조차 그에겐 허용되지 않은 걸까? 게다가 나로 말하자면, 이기적인 소리겠지만 내가 뭘 잘못했든 (나는 여전히 날마다 대체 내 잘못이 무엇인지 자문하곤 했다) 이런 공허와 외로움을 감당해야 할 만큼

---

* 영국의 유명 프로 권투 선수.

큰 잘못일 리는 없다고 확신했다. 빌은 말 그대로 내 모든 것이
었다. 나는 왜 남편을 가질 수 없을까? 왜 아이들을 못 가졌지?
어째서 나를 진심으로 좋아하고 나와 함께 있어주려는 가족을
못 가지는 걸까? 어째서 나를 무조건 사랑해주는 나만의 단 한
사람을 가질 수 없는 거야? 내겐 그중 아무것도 주어지지 않았
다. 난 아이를 낳지 못했다. 오랜 갈등 때문에 가족과도 거의 만
나지 않는다. 남편마저 세상을 떠난 지금, 나는 어째서 내가 그
를 빼앗겨야 했는지 알고 싶었다.

   하지만 마찬가지로 타당하고 반박 불가능한 질문도 존재했
다. "왜 우리라고 예외겠어?"

   이미 많은 것을 가진 내가 어째서 더 많은 행복을 가져야 한
단 말인가? 내가 사랑하고 날 사랑하며, 나를 진정 기쁘게 해준
남편을 가졌었는데. 어쩌면 나는 기쁨과 사랑 가득했던 지난
14년의 시간에 그저 감사해야 하는 건지도 몰랐다. 그런 시간
을 전혀 누리지 못하는 사람도 많으니까. 나는 자기 연민에 빠
진 응석받이 망나니일까? 그래서 긍정적인 면에 집중하는 대
신 잃어버린 것만 헤아리는 걸까?

   물론 정답은 이 모두가 옳다는 것이다. 나는 빌과 함께했기에
엄청난 행운아였지만, 그를 잃었기에 지독히 불운했다. 아이를
갖지 못한 건 크나큰 불운이었지만, 내가 만족하고 남들과 깊은
유대를 쌓을 수 있는 멋진 직업을 가진 건 행운이었다. 또한 놀
라운 친구들을 두는 행운을 누리는 한편, 가족과의 관계 개선에

실패하는 불운을 겪기도 했다.

내가 지금 외롭다는 건 불공평한 일이지만, 내가 진정한 사랑을 누리는 동안 그러지 못한 사람들이 있었다는 것도 불공평한 일일 것이다. 우리에게 평생 할당된 사랑의 양은 정해져 있으며 내 경우 그것을 한꺼번에 집중적으로 누린 것일 수도 있다. 어쩌면 더 오랫동안 다소 불만족스럽고 밋밋한 사랑을 나누는 것보다 차라리 이쪽이 나을지도 모른다.

누가 알겠는가? 사실 이 모두가 전혀 의미 없는 이야기다. 그럼에도 나는 여전히 우리에게 이런 일이 생긴 이유를 찾아 헤맨다.

하지만 사실 이유라는 건 존재하지 않는다. 뮤지컬 〈해밀턴〉의 대사 한 구절은 이 사실을 명료하게 보여준다.

"죽음은 죄인과 성자를 구분하지 않아요. 빼앗고 빼앗고 또 빼앗아 갈 뿐이죠."

빌과 나 역시 다른 모든 사람과 마찬가지다. 더 많은 지속성이나 행복이나 처벌이나 정의를 기대할 자격 같은 건 없다. 그뿐이다. 세상에서 가장 받아들이기 어려운 교훈이다.

그리고 나 역시 당장은 이 교훈을 수용할 준비가 되지 않은 상태였다. 나는 슬픔이나 두려움이나 무기력처럼 나로서는 감당하기 어려운 격렬한 감정들의 파도에 두드려 맞고 있었다. 나의 내적 작동 모델에 포함되지 않은, 낯선 만큼 달갑잖은 감정들이었다. 나는 눈물을 흘리면서도 무의식중에 슬픔을 회피하

고 방어기제를 작동시켜 분노, 유머, 분열적 분주함 등 내게 좀
더 편안한 감정 속으로 빠져들었다. 낯선 감정들이 내가 세심하
게 만들어낸 방어기제들과 그것을 지키는 보안 요원들을 제압
하며 파고들 때까지.

◊

이런 상태는 영원히 끝나지 않을 듯 느껴진다. 실제로도 끝이
없다. 다만 그 형태가 바뀔 뿐이다. 애도를 하나의 길로 생각하
는 것은 잘못된 일이다. 길에는 보통 목적지가 있지만 애도에는
목적지가 없기 때문이다. 애도는 결코 유족을 떠나지 않는다.
애도가 끝나지 않듯이 우리도 그로부터 빠져 나올 수 없다. 다
만 이런 상태를 더 잘 처리할 수 있게 되기를, 감정의 침입이 줄
어들기를, 적어도 고통을 토해내는 방식과 그 시점에 대한 통제
력을 다소나마 되찾기를 바랄 뿐이다. 비탄은 결코 작아지지 않
는다. 그저 우리가 비탄을 감싸 안으며 점점 더 큰 사람이 되어
가는 것이다.

이 모든 것이 애도 이론에 얼마나 잘 들어맞는가 하는 문제로
돌아가보자. 지금 나를 괴롭히는 격렬한 감정들은 퀴블러 로스
가 말한 애도 2단계인 '분노'의 연장선상에 있으며, 워든이 말한
애도의 두 번째 과업인 '고통 처리하기'라고도 할 수 있다. 둘
중 어느 쪽이든 연결 가능하지만, 양쪽 모두 거부해도 상관없

다. 다만 감정이, 엄청나게 격렬하고 고통스럽고 절절한 감정이 존재한다는 사실을 인식하면 된다.

만약 내 경험에 입각해 '단계'나 '과업'을 대신할 그 나름의 명칭을 붙여야 한다면, 나는 아마도 이것을 '감정 느끼기'라고 부를 것이다. 그리고 얼마나 낯설고 불편하든 감정과 공존하며 이를 받아들이고 다룰 방법을 연구해야 한다고 인정할 것이다. 그 과정의 어려움을 고려하면 반드시 나 자신에게 관대해져야 한다는 것도. 시간을 암시하는 말은 절대 포함시키지 않을 것이다. 애도의 과정에 정해진 시간이란 없으니까. 나는 애도를 통과해야 할 단계나 완수해야 할 과업으로 여기지 않을 것이다. 비탄이 언젠가 사라지리라는 기대를 버리되, 시간이 흐르면서 한결 뜸하고 약하게 느껴지기를 희망할 수는 있으리라. 또한 그 과정에서 나의 오랜 친구인 부정과 해리 상태가 종종 끼어들 수 있다는 점도 알고 있어야 한다. 내가 견디기 어려워할 때면 그 친구들은 곧바로 눈치채고 하룻밤이나마 고통을 풀어주러 찾아오곤 한다. 무척이나 반가운 휴식의 시간이다.

이 혼란 속에서 식별할 수 있는 또 다른 감정은 익숙한 죄의식과 회한이다. 어쨌든 다 내 잘못이라는 생각을 떨쳐버릴 수가 없다. 더 좋은 아내가 되지 못했다는 죄책감이 날 떠나지 않는다. 쓸데없는 말다툼들, 귀 기울이지 않았던 순간들, 빌에게 짜증 내고 불평했던 시간들을 하나하나 머릿속으로 되짚어본다. 이 모든 걸 되돌려 바꿔놓을 수 있다면. 빌을 되찾을 수 있다면 뭐든 할 텐데. 그를 다시 볼 수 있다면 선하든 악하든 그 어떤 세력과 그 어떤 계약이라도 맺을 텐데. 아주 짧은 시간이라도 좋으니 제대로 작별 인사를 할 수만 있다면 내 인생의 얼마만큼이든 기꺼이 내놓을 텐데. 내가 빌을 사랑하는 수많은 이유를, 그가 내 인생에 얼마나 큰 영향을 끼쳤는지를, 그가 없는 세상이 얼마나 견디기 힘든지를 그에게 말해줄 수만 있다면.

이는 퀴블러 로스의 애도 3단계인 '타협bargaining'에 해당한다. 어떻게 하면 시간을 되돌려 과거를 취소할 수 있을지 골똘히 생각하다가 수렁에 빠지는 것이다. 내 머리는 이 끔찍한 상황을 바꾸는 일이 불가능하다는 사실을 인지하지 못한다. 난 현실을 받아들일 수 없어. 뭐든 내가 할 수 있는 일이 있을 거야. 그게 뭔지 알아내기만 하면 돼. 내게 통제력이 없다는 사실을 인정하는 건 애초부터 선택지에 없다.

내 경우 이 상태는 다른 '단계'와 마찬가지로 처음부터 계속 나타났다. 초기에 훨씬 자주 나타나긴 했지만 시간이 지나도 완전히 사라지진 않았다. 이는 그저 '더 나은 사람이 될게요, 절대로 성질내지 않을게요'라고 말하는 식의 타협이나 협상이 아니다. 이미 일어난 사건들의 재현이며, 시간과 공간의 법칙을 거슬러 여전히 가능할 것만 같은 새로운 결말을 탐색하는 일이다.

'내가 더 빨리 구급차를 불렀더라면, 빌이 그날 아침 식사를 안 했더라면, 내가 요가를 더 자주 시켰더라면, 빌이 좀 더 빨리 은퇴를 했더라면, 그이가 얼마나 심한 스트레스에 시달리는지

내가 알았더라면……'

도무지 그만둘 수가 없었다. 비합리적이고 어처구니없긴 해도, 이런 마법 같은 사고는 희망을 유지해주니까. 나는 빌의 죽음과 그 이후에 일어난 사건들을 머릿속에서뿐만 아니라 입으로도 소리 내어 무수히 되짚어보았고, 그럴 때마다 이번엔 다른 결말이 나타나길 간절히 바랐다. 회상 과정의 어느 시점에서 결말이 바뀔지도 모른다고 덧없이 희망하면서. 혹은 말도 안 되게 비합리적인 시도를 해보기도 했다.

'내가 중간에 한 번도 멈추지 않고 공원까지 달려갔다 돌아온다면 지금 이 상황은 현실이 아닐 거야. 내가 폭식을 중단하고 정상체중을 되찾는다면 빌이 살아날 거야. 내 전 재산을 가난한 사람들에게 주고 착하게 산다면 모든 게 달라질 거야……'

이런 망상은 끝없이 다양했지만 그 저변에 깔린 바람은 항상 똑같았다. '내가 달라진다면 빌이 돌아올 거야. 난 이 상황을 통제할 수 있어.' 내 인생을 이만큼 뒤바꿔놓은 사건에 내가 아무런 통제력도 행사하지 못할 리는 없으니까. 내가 할 수 있는 일이 하나도 없다는 걸 깨닫게 되면 난 마지막 한 가닥의 이성을 놓은 채 이 세상에 짓눌리고 말 테니까.

많은 사람이 그 철저한 무력감을 받아들이지 않으려고 안간힘을 쓴다. 이는 가끔 놀라운 결과로 이어지기도 한다. 법이 바뀌거나 위대한 예술 작품이 탄생하는 것이다. 내 생각엔 짧은 사랑의 놀라운 결과물인 타지마할 또한 그러한 타협의 시도가 아니었나 싶다. '내 사랑의 증거로 이 세상에서 가장 아름다운 건축물을 짓는다면 아내가 돌아오지 않을까?'[*]

내가 저질렀던 나쁜 짓을 모두 되짚어보고 원래대로 돌려놓는다면 빌이 살아 돌아올지도 모른다고 생각했다. 심지어 빌 대신 나를 데려가달라고 기도할 생각도 했다. 어쨌든 잘못한 사람은 내가 분명하니까. 빌은 아무런 잘못도 하지 않았으니까. 그는 언제나 상냥하고 다정했다. 나야말로 끔찍하게 못된 사람이었다. 그런데 왜 내가 아니라 빌을 데려가야 했단 말인가?

초기엔 이런 망상이 어쩌나 심했는지, 나는 정말로 해협을 헤엄쳐 건너거나 전 재산을 기부하거나 먼 나라로 떠나서 수녀가 되었을지도 모른다. 그렇게 해서 빌이 되살아난다는 보장만 있었다면.

하지만 그런 선택지는 주어지지 않았다. '다음번엔 더 잘할게요'라고 약속한다고 가능한 일이 아니었다. 빌은 돌이킬 수 없이 죽어버렸고 내 머리는 그 사실을 받아들일 수 없었을 뿐이다.

우리는 왜 그토록 자주 어쩔 수 없거나 자신의 잘못이 아닌 문제로 자책을 할까? 사실은 그 '어쩔 수 없다'는 점이 문제다. 우리는 무력한 상태를 그 무엇보다도 끔찍하게 여기며, 우주의 예측 불가능성과 혼란을 인정하지 않기 위해서라면 거의 무슨

---

[*] 타지마할은 무굴제국의 황제 샤자한이 서른여섯 살 나이로 세상을 떠난 아내 뭄타즈 마할을 추모하며 지은 영묘다.

일이든 하려고 든다. 우리가 안전하다고 느끼려면 이 세상에 질서가 존재한다고 믿어야 하니까. 그 구조나 논리가 얼마나 복잡하든 간에 혼돈을 받아들이는 것보다는 나으니까.

아이들은 이 사실을 직관적으로 안다. 어른이 되어서도 우리는 세상의 통제 불가능성을 직면하고 두려움을 느낄 때 (그 밖에도 많은 경우에) 유년기의 대응 방식으로 퇴행하는 경향이 있다.

1950년대에 활동한 정신분석가 로널드 페어베언은 가정폭력을 겪은 아이들이 종종 자기가 나쁘다고, 맞을 짓을 했다고 생각한다는 사실을 알게 되었다. 자신이 부당하게 학대당했다고 생각하기보다 부모가 자기를 때린 게 옳았다고 믿는 쪽을 택한 것이다. 페어베언은 이 현상을 '도덕적 방어'라고 불렀다.

부모의 폭력 앞에 놓인 아이에게는 두 가지 (무의식적인) 선택지가 있다. 하나는 자신의 부모가 아이를 키울 자격이 없는 정신적으로 불안정한 사람들이며 자기에겐 이런 폭력을 당할 이유가 없다고 인식하는 것이다. 이는 명백하게 논리적이고 타당한 생각이지만, 아이가 이를 선택할 경우 엄청난 파급효과가 생겨날 수 있다. 부모는 아이의 안전을 보장하고 안식처가 되어주며 영양, 의복, 애정을 공급하여 아이의 생명을 유지해야 하는 사람들이다. 아이를 세상의 혼돈으로부터 지켜주는 유일한 존재인 것이다. 그런데 부모가 그 역할을 저버린다면 세상은 끔찍한 곳이 되고, 아이는 비합리적이고 예측 불가능한 우주의 손아귀에 떨어지게 된다. 그런 깨달음은 광기로 이어질 수밖에 없다.

하지만 자신의 부모가 분별 있고 아이를 잘 돌볼 수 있는 사람들이라고 생각하길 선택한다면 모든 게 달라진다. 부모는 이 세상이 끔찍하고 비합리적이라는 무서운 생각으로부터 아이를 지켜주는 이들이므로, 그들이 아이를 때린다면 그건 그들이 상황을 더 잘 알기 때문이다. 그들은 아이에게 있어서는 안 될 뭔가를 보았으며, 못되고 결함이 있는 아이는 벌을 받아야 마땅한 것이다.

도덕적 방어 관념은 우리가 자신을 '좋은' 세상의 '나쁜' 존재로 여기는 쪽을 선호한다는 사실을 알려준다. '나쁜' 세상의 '좋은' 존재와 달리, 우리가 나아지면 세상이 바뀔 거라는 희망을 가질 수 있기 때문이다.

내가 보기에 애도 단계로서의 '타협'에서는 도덕적 방어의 기미가 뚜렷이 느껴진다. 하지만 애도의 여정을 더 멀리 떠나온 지금은 지난 일들을 내 잘못에 대한 처벌로 여기지 않게 되었다. 또한 초기에 그랬듯이 비현실적인 협상을 시도하지도 않는다. 내가 무슨 일을 하더라도 빌은 다시 돌아오지 않는다는 현실이 마침내 머릿속에 자리를 잡은 것이다.

하지만 타협의 자취는 여전히 남아 있으니, 바로 죄의식과 회한이다. 난 살아 있는데 나보다 더 살아갈 가치가 있었던 빌은 그렇지 못하다는, 혹은 빌에게 더 온화하고 관대할 수 있었는데 사소한 일로 쓸데없이 다투었다는 죄의식. 빌에게 더 많은 선물을 주고 침대로 아침 식사를 가져다주지 못했다는, 그의 농담에 더 크게 웃어주지 못했다는 회한. 나는 역사를 다시 쓰려고 노력했다. 내가 누리는 것들이 얼마나 소중한지 몰랐던 과거의 자만을 반성했다.

이는 또 다른 생각들로 이어졌다. 내가 가진 것들에 더 많이 감사한다면, 더 많은 사람에게 상냥해진다면 무언가를 어떻게든 보상할 수 있지 않을까? 나는 친구들에게 더욱 후하고 관대하며 배려 깊은 사람이 되려고 노력했다(사실 그리 어려운 일은 아니었다. 그들은 지난 몇 주 내내 나한테 놀랍도록 잘해주었으니까). 또한 오랫동안 이기적으로 살았던 것을 속죄하기 위해 지역 난민 센터의 요가 강습 자원봉사자로 나섰다. 귀찮게 구는 사람들에게도 친절하고 배려심 있게 대하려고, 낯선 사람에게 더 많이 웃어주려고, 길에서 마주치는 노숙자와 자선 모금을 요청하는 이메일에 더 많은 돈을 내놓으려고 애썼다. 이 모든 일은 나에게 어느 정도의 기쁨을 가져다주었다. 내가 이런 경험을 통해 성장하고 사람들 안의 선량함을 발견하며 그 일부를 돌려줄 수 있다는 걸, 좀 더 빌을 닮아갈 수 있다는 걸 느꼈기 때문이다. 실제로 이는 빌이 사람들에게 주었던 사랑과 기쁨의 일부를 전달하는 일이기도 했다.

하지만 이런 나도 여전히 나일까? 나는 내가 아닌 정체성들을 시험 삼아 걸쳐보고 있는 기분이었다. 치료사로서의 나는 여전히 존재하는 걸까? 슬슬 확인해봐야 하는 게 아닐까?

내담자들이 내 소식을 기다리고 있으리라는 건 잊지 않았다.

내가 무기한 휴직에 들어갔다고 전하긴 했지만, 그 뒤로도 너무 시간이 오래 지나서 다들 섭섭해할 것 같았다. 나는 상사와 면담 약속을 잡았다. 내가 어떤 상태이며 언제쯤 업무에 복귀하면 좋을지 의논하기 위해서였다.

"당장 복귀하지 않아도 돼." 상사가 말했다. "서두를 거 없잖아? 당신은 엄청난 트라우마를 겪었으니 그걸 처리할 시간이 필요해. 필요한 만큼 충분히 쉬어."

안도의 한숨이 나왔다. 어깨에서 무거운 짐을 내려놓은 듯했다. 그 말을 듣기 전까지는 내가 얼마나 업무 복귀를 두려워하고 있었는지 미처 깨닫지 못했다. 상사의 이야기가 아직 상담을 재개하지 않아도 된다는 허가처럼 들렸다. 나답지 않게 온몸이 벌벌 떨렸다. 내가 이렇게 엉망인데 어떻게 남을 돕겠어? 나 자신에게든 내담자들에게든 말도 안 되는 소리지. 이렇게 연약한 상태에서 그 사람들을 돕겠다고 나서다니. 하지만 내담자들에게 더 이상 날 기다리지 말라고 알리는 일이 남아 있었다. 내가 가까운 시일 내로는 돌아갈 수 없을 거라고 말이다. 게다가 내가 내담자들을 갑자기 저버리는 바람에 결국 그들과의 상담을 제대로 끝내지 못했다는 사실도 무척 불편했다. 전문가 입장에서 끔찍한 짓이었을 뿐 아니라, 사적인 측면에서도 용납할 수 없는 일이었다. 나는 내담자들을 좋아했고 그들의 삶에서 중요한 역할을 하고 있었다. 그중 일부는 나와 아주 오랫동안 만나 왔는데 이렇게 갑자기 인연이 끊기게 된 것이다.

나는 결국 몇 달에 걸쳐 내담자들과 두 번의 마무리 상담을 하기로 마음먹었다. 내가 갑작스럽게 떠났을 때 어떤 기분이 들었는지 이야기하고 그 시점까지의 상담을 되돌아보며 제대로 작별 인사를 나누는 시간이 될 터였다. 이는 그들만큼 내게도 필요한 과정이었고 확실히 옳은 결정이긴 했지만, 이젠 나도 내가 누군지 모른다는 사실을 잔혹할 만큼 분명히 드러내주는 시간이기도 했다. 더구나 이렇게 무너지고 무기력한 상태에서 어떻게 생계를 꾸려야 할지도 알 수 없었다.

빌이 없는 나는 과거에 존재했던 나의 그림자에 불과했다. 빌과 얽히고설켜 하나의 나무둥치가 되어버린 나를 어떻게 풀어낼 수 있을까? 다시 한 번 그놈의 세인트루시아 입국신고서를 작성하게 된 기분이었다. '비혼'과 '기혼' 중에 하나를 고르는 건 절대 불가능한 일이었다. 난 어느 쪽도 아니었다. 아니, 양쪽 모두였다. 난 길을 잃어버렸다.

◆

우리는 이따금씩 인생이 본질적으로 무의미하다는 사실을 깨닫고 나는 누구이며 왜 사는지 질문을 던지게 된다. 이는 매우 무시무시한 경험이다. 흔히 '실존적 불안'이라고 하는 이런 경험은 도전이나 변화의 시기에, 특히 안정감에 큰 타격을 입었을 때 일어나곤 한다. 물론 사랑하는 이의 죽음도 중요한 계기가 된다. 이 세상에서 우리가 얼마나 고독하고 무력한가 하는 인식은 소위 실존주의 철학에서 자주 다루어지는 주제다. 키르케고르, 하이데거, 니체, 사르트르 등의 주요 실존주의 철학자들은 이 세상에 '책임자'란 없고 단 하나 확실한 것은 죽음뿐이라며 인생의 '공허함'을 숙고했다.

이런 실존주의 철학에서 이름을 따온 비슷한 경향의 심리치료 이론이 있으니, 바로 실존주의 심리학이다.

실존주의 철학과 마찬가지로 실존주의 심리치료의 세계도 복잡하고 다면적이며, 때로는 다소 상충되는 여러 신념으로 쪼개져 있다. 실존주의 심리치료의 가장 단순한 형태는 우리의 존재 양식과 실제 인생 경험을 관찰하는 것이다. 이 이론은 니체가 말했듯 "신은 죽었"으며 따라서 우리가 의지하고 따를 초월적 힘은 없다는 전제 아래 우리의 책임감과 목표 의식에 우선순위를 매긴다. 무엇이 개인을 불안하게 하는지 이해하려면 삶의 맥락을 이해하고 불행의 근본적인 원인을 받아들여야 한다. 삶의 목적을 알지 못하고 우리를 이끌어줄 초월적인 힘의 존재를 믿지 못하면 인생은 무의미할 수밖에 없다는 사실 말이다.

내 인생의 기반이 되어준 목표 의식이 무너져버렸다는 건 확실했다. 그리고 내겐 그것을 대체할 만한 존재가 없었다. 미래에 분명히 존재하는 것이라고는 끔찍이도 멀리 있는 탈출구인 죽음뿐이었다. 그 누구도 이 광포한 비탄의 세계를 통제할 수 없을 것 같았다. 이 세계는 너무도 난장판이고 무질서했으며,

앞에서도 여러 번 썼듯이 폭풍우 치는 어두운 대양을 떠도는 것
처럼 막막했다. 지금의 나처럼 위기감을 느끼지만 자신을 지
킬 방법이 없는 아이들이 흔히 도덕적 방어에 의존한다는 (자기
가 잘못해서 폭력을 당하는 거라고 생각해버린다는) 사실은, 인간이 통제
불가능한 혼란 속에서도 어떻게든 의미를 찾으려고 안간힘을
쓴다는 점을 잘 보여준다.

　세인트루시아 해변에 앉아 이 비탄의 세계를 전혀 이해할 수
없다는 사실에 흐느끼며 분노하던 때, 내 안에서 치료사로서의
자아가 일어나는 게 느껴졌다. 어쩌면 내가 그 자아를 나만의
초월적인 힘, 이 혼란을 헤쳐나갈 길을 알려줄 자로서 소환했던
건 아닐까? 치료사로서의 자아가 분석적 사고와 심리치료 이론
의 역사 및 지식을 동원했던 것은 외국어처럼 난해하게 느껴지
는 상실의 언어를 탐색하여 그 구조와 문법을 밝혀내려는 내 나
름의 시도가 아니었을까?

　이제 치료사로서의 자아는 실존주의적 접근방식이 내게 또
다른 길을 뚫어주지 않을까 기대하는 듯했다. 실존주의 심리치
료가 이 횡설수설을 이해할 수 있게 해줄 새로운 방법을 제공
해줄지도 몰라. 내가 잃어버린 삶의 의미와 목적을 다시 찾도록
도와줄 수 있을지도 몰라.

　그것은 지금 나의 표류에도 도움이 될 듯싶었다. 적어도 내가
만들어가는 이 조그만 뗏목에 보탤 작은 판자 조각은 될 터였
다. 하지만 이미 느끼고 있었다시피, 그 의미를 찾기란 너무나

힘들었다! 나는 책으로 돌아가야 했다. 나보다 훨씬 나쁜 상황에 처했던 이들은 어떻게 빠져나온 걸까?

정신분석가 빅터 프랭클Viktor Frankl은 제2차 세계대전 당시 나치의 강제 수용소에서 3년간 끔찍한 시간을 보냈다. 그리고 자신의 체험을 통해 실존주의 심리치료의 한 갈래인 '로고테라피logotherapy'를 수립했다. 로고테라피에 따르면 삶에서 가장 중요한 원동력은 의미를 찾으려는 시도이며, 자신에게 던져야 할 질문은 '삶에서 무엇을 얻을 수 있는가?'가 아니라 '삶이 무엇을 요구하는가?'다. 프랭클은 나아가 내담자 혹은 자기 자신에게 '왜 자살하지 않는가?'라고 물어볼 것을 제안했다. 이 질문을 심사숙고하다 보면 자기 삶의 더욱 깊은 의미가 드러난다는 것이다. 내가 세인트루시아 해변에서 멀리 헤엄쳐 나가며 제기했던 질문도 바로 그것이었다. 그 순간 내가 떠올렸던 대답은 다음과 같다. '빌의 추억을 배신하면 안 되니까. 친구들을 슬프게 만들면 안 되니까.' 그날은 그것만으로도 해변으로 돌아올 충분한 이유가 된다고 생각했지만, 지금 돌아보면 하나같이 긍정적이 아니라 부정적인 이유들이었다. 나는 보다 능동적이고 주도적인 삶의 목적을 찾아야 했다. 실존주의자들이 제안했듯 삶이 내게 무엇을 요구하는가 하는 질문을 더욱 깊이 파고들어야 했다. 내 삶의 목적은 무엇인지, 지금 당장은 무의미한 고통처럼 느껴지는 이 감정을 어떻게 이해해야 하는지.

프랭클은 삶의 의미를 다음 셋 중 하나를 통해 찾을 수 있다고 생각했다. 우리가 무엇을 하는지, 누구를 만나는지, 어떻게 고통을 체험하는지. 또한 그는 삶의 의미란 각자에게 매 순간 달라지는 것이기에 자신의 내면에서 찾을 수 있을 뿐 타인이 부여해줄 수는 없다고 믿었다. 프랭클이 즐겨 인용했던 니체의 말을 빌리자면, "삶의 이유를 아는 사람은 거의 모든 삶의 방식을 견뎌낼 수 있다."

바로 그게 내가 찾아내야 하는 것이었다. 지금 내게 너무나도 힘든 삶의 방식, 즉 빌이 없는 삶을 견뎌내려면 삶의 이유를 찾아야만 했다.

하지만 당장은 내가 '아닌' 것들을 생각해보는 편이 더 쉽게 느껴졌다. 나는 아내도, 어머니도, 심리치료사도 아니었다. 과거의 나와는 완전히 다른 사람이었다. 나는 매일 아침 눈을 뜨는 순간부터 지금의 내가 예전의 나와는 그야말로 어떤 공통점도 없다는 사실을 느꼈다. 나는 천성적으로 아침형 인간이었고 평생 아침 일찍 일어났다. 날마다 오늘은 어떤 일이 일어날까 궁금해하며 하루 일과를 시작하기 위해 기력이 넘치는 상태로 신나게 잠자리에서 뛰쳐나왔고, 그 즉시 운동을 시작하거나 정원에 나가서 분주하게 돌아다니며 뿌듯함을 느끼곤 했다.

이제 나는 〈사랑의 블랙홀Groundhog Day〉*의 주인공 같은 두려움을 느끼며 잠에서 깨어났다. 의식을 되찾는 순간이 두려웠다.

＊　한 남자에게 매일 특정한 하루가 반복된다는 내용의 영화.

그때마다 빌이 떠났다는 걸, 내가 혼자라는 걸, 또다시 하루를 살아나가려 애써야 한다는 걸 되새겨야 하니까. 아무 의미도 없는 하루를 말이다.

내가 빌을 위한 추도사에 썼던 내용, 그와 함께한 사파리 여행과 화산 등반과 세계 일주를 되새겨보면, 그렇게 모험에 덥석 뛰어들곤 했던 사샤가 어쩌다 이렇게 모든 걸 (바깥세상뿐 아니라 자신의 내면까지도) 두려워하는 겁쟁이가 되어버렸는지 놀라울 따름이었다. 지금 여기 있는 나는 식품점에 가거나 이웃과 대화를 나눌 엄두조차 못 내는, 과거의 나와는 전혀 다른 사람이었다.

그중에도 가장 두려운 건 무시무시한 미지의 영역, 즉 나의 미래였다. 나는 겨우 5분 뒤의 일만 생각해도 공황에 빠질 지경이었다.

내가 그러든 말든, 크리스마스가 눈앞에 닥쳐왔다. 뭐든 계획을 세워야 했다. 내게 주어진 선택지를 살펴보았다. 전부 끔찍해 보였다.

아무래도 난 우울증에 걸린 듯했다.

🜄

아, 슬슬 퀴블러 로스의 애도 4단계인 '우울'에 이른 모양이다. 하지만 앞에서도 언급했듯이 사람에 따라 우울은 애도의 과정에 포함되지 않을 수도 있다. 그리고 설사 포함된다 해도 늘

'정해진' 시기에 닥쳐오는 건 아니다. 내 경우 우울은 애도 과정 내내 존재했으며, 앞서 다룬 부정, 고통, 감정, 타협 등의 다른 '단계들'이 그랬듯 거의 처음부터 나를 붙잡았다가 놓아주기를 거듭했다.

하지만 크리스마스와 새해를 어떻게 보낼지 생각하니 그중에서도 우울이 가장 강력하게 엄습해왔다.

유감스럽게도 우울은 내게 낯선 감정이 아니었다. 우울증의 폭주를 겪는 것 또한 처음이 아니다. 사실 나는 평생 동안 잊을 만하면 우울에 빠지곤 했다. 어릴 때 시작된 우울증은 10대와 대학 시절에 유독 잦고 격렬하게 찾아왔지만, 20대와 30대를 거치는 동안에는 한결 뜸하고 견딜 만해졌다. 그리고 30대 중반 이후, 그러니까 빌을 만난 무렵부터는 아예 중단된 듯 보였다(아마도 우연의 일치만은 아닐 것이다). 그러다 아빠가 돌아가셨을 때 우울증이 한층 더 심하게 재발했는데, 이는 내가 아이를 가질 수 없다는 사실을 최종적으로 받아들이고 완경의 기미를 느끼기 시작한 시기와도 일치했다. 우울증을 재발시킨 1차적 변수가 무엇이었는지는 알 수 없다. 물론 이 모든 중대한 사건들이 절묘하게 뒤섞인 결과였는지도 모른다. 원인(들)이 무엇이었든 간에, 나는 또다시 추락하기 시작했다.

우울증을 겪어본 적 없는 사람에게 우울증을 설명하기란 무척 힘든 일이다. 우울이라곤 모르는 사람이었던 빌은 대체 그게 뭐기에 쾌활하던 내게 일시적이나마 그처럼 큰 성격 변화가 일어나는지 항상 궁금해했다. 나는 우리 둘 다 즐기던 취미인 자전거 타기를 예로 들어 우울증을 설명해보려고도 했다. 내게 우울증은 타이어에 바람이 빠진 자전거로 맞바람이 불어오는 오르막길을 달리는 것과 비슷하게 느껴진다고. 평소와 똑같이 힘을 들여도 자전거는 움직이지 않고, 나로서는 계속 아스팔트를 쳐다보며 페달을 밟을 수밖에 없지만 딱히 성과는 없이 고통스러울 뿐이라고. 조금이나마 나아가는 데도, 그저 바퀴를 계속 돌리려고 하는 데도 초인적인 힘이 필요하다고. 그러다 보면 이렇게 힘을 빼봤자 보상도 없는데 어째서 애를 써야 하는지 의문이 든다고.

반면 우울증이 없는 상태는 타이어를 빵빵하게 채운 자전거로 구름 한 점 없는 하늘 아래를 달리는 것과 같다. 물론 그래도 바퀴는 돌려야 하고, 특히 언덕을 올라갈 때면 힘이 든다. 하지만 마침내 정상에 올랐을 때의 기분은 정말 최고다. 빠른 속도로 유유히 인생을 통과해가면서 대체 뭐가 그리 힘들었던 건지 의아해하고, 아름다운 경치를 즐기거나 온몸으로 기쁨과 상쾌함을 느낄 여유도 생긴다.

그럼 이제 빌 없이 크리스마스를 보낼 생각에 깊이 우울해진 나에게로 돌아와보자. 빌과 나는 거의 매년 크리스마스마다 어딘가로 떠나곤 했지만, 이번엔 12월 초 세인트루시아에서 휴가를 보낼 예정이었기 때문에 평소와 달리 집에서 크리스마스를 보내기로 했다. 고양이들 곁에서 초콜릿을 먹으며 넷플릭스나 실컷 볼 생각이었다. 하지만 이 계획의 절반을 구성하는 사람이 참여할 수 없게 된 지금 집에서 크리스마스를 보낸다는 건 너무 처량한 일처럼 느껴졌다. 내가 아무리 고양이들을 아낀다 해도 말이다.

빌의 누나를 비롯해 여러 다정한 친구들이 날 초대해주었지만, 다른 사람들의 즐거운 크리스마스 가족 모임—내 평생 한 번도 누릴 수 없었던 것—에 쳐들어가는 것도 그리 내키지 않았다. 엄마는 항상 언니와 함께 크리스마스를 보내는데 나는 언니와 서먹한 사이라 그 자리에 낄 수도 없었다. 사촌들 집에 초대해달라고 할 수도 있었지만, 그들 역시 내 친구들과 마찬가지로 가족이 있으니 아이들 중심의 전통적인 크리스마스를 즐겨야 마땅했다. 그런 크리스마스에 유족이 끼어들 자리는 없었다.

어떻게 크리스마스 기간을 견뎌낼지 생각하니 막막하고 두려운 마음뿐이었다. 결국 나는 나흘 동안 노숙자를 위한 자선단체 '크라이시스'에서 자원봉사를 하기로 했다. 나보다 더 힘든 사람들을 돕는 일이 내게 도움이 되리라는 생각이었다.

하지만 전혀 그렇지 않았다. 더 슬퍼질 뿐이었다. 나는 눈물을 흘리며 더욱 깊이 움츠러들었다. 다행히 크리스마스 당일에는 자선단체 근처에 사는 친구들의 오찬에 들러서 우울을 달랠 수 있었다. 염려와 달리 잠시나마 비참함을 잊게 해준 매우 즐거운 모임이었다. 친구들과 귀엽고 똑똑하고 사려 깊은 아이들은 새싹 채소 샐러드에 눈물을 떨구는 별나고 음침한 손님을 더

없이 상냥하고 편안하게 대해주었다. 하지만 그 시간을 빼면 무척 암울한 며칠이었다.

어쨌든 그렇게 크리스마스도 지나갔다. 또 한 번의 장애물, 또 하나의 중요한 날짜를 통과한 것이다.

하지만 맙소사, 인생이란 끝이 없다. 이젠 새해 전날 밤을 어떻게 보낼지 고민해야 했다. 이 새로운 난관을 나는 서머싯에서 사흘간 요가 수행을 하며 넘기기로 했다. 세인트루시아에서의 휴가와 마찬가지로 빌과 함께 가려고 몇 달 전 예약해두었던 여행이었다. 이번에도 둘이 가려던 여행을 홀로 떠나야 한다는 생각이 날 두렵게 했지만, 달리 어떤 선택지가 있겠는가? 혼자 집에서 텔레비전이나 보면서 울기? 새해를 기대하며 즐거워하는 친구들 곁에 있기? 양쪽 다 견디기 어려울 것 같았다. 요가 수행이 그나마 최선의 선택지였다. 서머싯으로 차를 몰면서 문득 음주 운전과 마찬가지로 유족 운전도 법으로 금지해야 하는 게 아닌가 하는 생각이 들었다. 술에 취했을 때처럼 몸을 가누기 어려웠고 눈물 때문에 앞이 보이지 않았다. 정말이지 엉망진창이었다. 도저히 사람들을 대할 엄두가 나지 않아, 오후 5시에 목적지에 도착하자마자 저녁도 안 먹고 곧장 침대에 누웠다.

다음 날 아침, 억지로 요가 강습을 받으러 나갔지만 여전히 붕 뜬 기분이었다. 더는 식사를 거르면 안 될 것 같아 조식 테이블에 자리를 잡았다. 하지만 사람들과 이야기를 나눈다는 건 생각할 수도 없었고 더구나 낯선 사람과는 말할 것도 없었다. 지난 몇 주간 아무것도 설명할 필요 없는 믿음직스러운 친구들에게 둘러싸여 있었더니 이젠 대화를 나눈다는 게 너무 어렵게 느껴졌다. 사람들은 내게 크리스마스에 뭘 했는지, 어디 사는지, 무슨 일을 하는지 물어 왔다. 전부 내가 피하고 싶었던 질문들이었다. 대답하려면 눈물이 나오거나 지금 나의 처량한 상황을 설명해야 했으니까.

게다가 사람들의 말을 들어주는 것도 어려웠는데, 종종 아이나 남편이나 휴가 계획 이야기가 튀어나왔기 때문이다. 두 여자가 맨날 이거 해달라 저거 해달라 보채는 아이들에게서 벗어나 여기서 하룻밤을 지내니 너무 좋다는 얘기를 나누고 있었다. 내 문제는 그들과 정반대였다. 나는 혼자서 보내지 않는 밤을, 빌리와 함께 있는 밤을 갈망했다. 나 혼자 끝없이 말을 거는 머릿속의 빌리가 아니라 살아 있는 진짜 빌리 말이다. 관계사 'who' 대신 'whom'을 써야 할 경우와 내가 종종 빼먹곤 하는 'to'를 문장 끝에 붙여야 할 경우도 잊지 않고 염두에 두었다. 문법에 민감한 빌리가 들었다면 한마디 했으리라는 걸 잘 알았으니까. 내 실수를 바로잡아줄 빌이 옆에 없어도 나는 여전히 그가 지켜보는 것처럼 쓰고 말하고 행동했으며, 매사를 그가 기뻐하고 안심할 방식으로 처리하려고 했다. 빌은 아직도 줄곧 내 곁에 있었다.

저녁 수련에는 새해 전야를 맞아 지난해를 떠나보내는 의식이 포함되어 있었다. '떠나보낸다'는 표현 자체가 내게는 끔찍하게 들렸다. 빌이 세상에 존재했던 마지막 해를 어떻게 떠나보내란 말인가? 내 평생 최고의 시간이었다고 느끼는 (앞으로도 항상 그럴) 과거의 마지막을 어떻게 떠나보내겠는가? 아니다, 나는 지난해에 매달려 있고만 싶었다. 빌은 결코 겪지 못할 새로운 해로 나 혼자 어떻게 떠나가라는 거지? 우리가 수십 년 전부터 계획했던 일들은 고사하고 바로 얼마 전에 생각한 일들조차 실행하지 못하게 된 새해로? 나는 빌이 없는 미래를 상상조차 할 수 없는데 남들은 대체 어떻게 희망을 갖고 계획을 하며, 끌리고 흥미롭고 기대되는 일을 찾아내서 계속 살아갈 수 있는지 이해가 되지 않았다.

나는 앞을 내다볼 수 없었다. 그렇다고 뒤돌아볼 수도 없었다. 끔찍하고 고통스러운 현재에, 이번 요가 수련의 목표가 뭐냐는 질문에 대답해야 하는 바로 이 순간에 갇혀버린 것이다. 뭐라고? 대체 그게 무슨 소리지? 이미 다른 요가 수련에서 100번은 대답했던 질문이었다. 내가 이루고 싶은 목표(친절함이든, 관대함이든, 타인에 대한 사랑이든)를 선택해 수련 내내 그 목표에 집중해야 했으니까.

하지만 이제는 '목표'라는 말이 당황스럽고 혼란스럽게 다가왔다. 당장 다음 1분 동안 살아남는 것 외에 무슨 목표가 있을 수 있지? 나아지고 싶다는 말은 할 수 없어, 사실이 아니니까. 대체 '나아진다'는 게 무슨 뜻인데? 지금만큼 고통스럽지 않게 되는 것? 빌을 잊는 것? 빌의 존재가 희미해지는 것? 전부 내가 바라지 않는 일이야. 그렇다면 이 고통 속에 계속 머물고 싶냐고? 아니, 그것도 싫어. 내가 바라는 일은 오직 빌을 되찾는 것뿐이지만, 그건 불가능하지. 그러니 나로서는 '바람'이라는 말 자체가 당혹스럽게 느껴질 수밖에 없는 거야. 난 아무것도 '바라지' 않아. 내겐 아무 '목표'도 없어. 아무것도 놓아버릴 수 없고 새로운 그 무엇도 받아들일 수 없어. 내가 할 수 있는 일이라곤 앞으로의 몇 분, 몇 시간을 견뎌내는 데 집중하는 것뿐이야.

　자정이 다가왔다. 이제는 춤을 추면서 새해를 맞이하라는 지시가 내려왔다. 춤을 추라고? 즐거워해? 기뻐하란 말이야? 아니, 불가능해. 나는 기뻐할 수 없었다. 하지만 계속 슬퍼할 수도 없었다. 난 마비되어 꼼짝달싹 못 하고 있었다. 상황이 나아지는 건 바라지 않았지만 이 자리에 그대로 머무를 수도 없었다. 삶은 견뎌내야 하는 인내력 테스트가 되어버렸다. 즐거워할 일도 중요한 일도 없었다. 브렉시트, 예산 삭감, 이민자. 그 어떤 문제도 날 흥분시킬 수 없었다. 영국이 망해버리든 온난화로 바다가 뜨거워지든 내 알 바 아니었다. 내게 일어날 수 있는 최악의 사건이 이미 일어났는데, 바깥세상의 일이 조금 나아지든 말든 무슨 상관이겠는가? 나로서는 다를 게 없었다. 그러든 말든 나는 고개를 숙인 채 삶을 헤쳐나가야 했다. 날씨가 좋든 궂든 내게는 아무런 차이가 없었다.

◆

　'새해엔 새 사람이 되자' 같은 진부한 문구가 적힌 연하장을 받아 드는 일이 (아무리 친절의 표시라 해도) 너무도 고통스럽게 느껴졌다. 물론 장기적으로 그런 생각이 유익할 수 있다는 건 나도 알고 있었다. 내가 그럴 준비만 되어 있다면 이는 유익할 뿐 아니라 반드시 필요한 메시지일지도 모른다. 하지만 아무도 남에게 특정한 이론이나 신조를 강요할 수는 없다. 그것이 상대에게 아무리 유용할 내용이라도 말이다. 우리는 결코 다른 사람에게 무엇이 필요한지 알 수 없기 때문이다. 반면에 당사자가 스스로 시간을 들여 그런 결론에 이르는 것은 전혀 다른 일이며, 자신에게 다른 선택지와 사고방식도 존재한다는 인식은 도움이 될 것이다.

　이번에는 좀 더 최근에 등장한 또 다른 애도 이론에 대해 이야기하려고 한다. 지금 당장 여러분에게 도움이 될 수도 있고, 나중을 위해 기억해둘 수도 있으며, 사람에 따라서는 전혀 공감되지 않을 수도 있다. 사람에 따라 애도의 방식이 다르다는 말을 내가 하도 되풀이해서 지겹다고 해도 충분히 이해한다. 아니, 그렇다면 오히려 반가운 일이다. 내가 전하려던 메시지, 즉 비탄을 견뎌내는 옳거나 그른 방식은 없으며 누구나 자신에게 맞는 애도의 방식을 찾아 자기 나름대로 실행할 수 있어야 한다는 이야기가 확실히 전달되었다는 뜻일 테니까.

애도의 '이중 과정 이론dual process model'은 마거릿 스트로브 Margaret Strobe와 헹크 슈트Henk Schut라는 두 이론가가 1990년대 말에 쓴 저서에 등장했다. 두 사람은 기존의 애도 이론에 많은 내용이 누락되어 있다고 여겼다. 첫 번째는 비탄에 항상 정면으로 부딪쳐야 한다는 생각은 잘못되었다는 것이다. 프로이트에게서 비롯하여 이후 많은 이가 받아들인 기존의 신조에 따르면, 자신의 공포와 고통을 직면하는 '애도 작업'만이 비탄을 이겨내는 길이며 그러지 못하면 영원히 부정 상태로 살게 되어 심신 건강을 해칠 수밖에 없다.

스트로브와 슈트는 이것이 지나치게 부담스러운 주장이라고 생각했다. 그들은 현실을 직면해야 하는 순간이 있으며, 시간이 흘러 회복력을 충분히 되찾으면 반드시 그리해야 한다고 인정했지만, 한편으로 현실을 외면하고 아무 일도 없었던 척할 수 있는 시간도 필요하다고 여겼다. 잠시 부정 상태를 감사히 받아들이고 밖에 나가 즐겨도 괜찮다고. 그것이 뭔가를 억압하거나 회피하고 있다는 뜻은 아니라고. 그들은 오히려 자신의 감정을 직면하는 데 필수적인 휴식을 취하려면 이런 시간이 꼭 필요하다고 생각했다.

내 경우 너무나 자연스럽게 그러한 반응을 경험했다. 사별 거의 직후부터 내 의사와는 별개로 내가 현실과 환상을 오가며 두 개의 평행 세계에서 살아간다고 느꼈으니까. 언제 어느 쪽 우주에 머물지 의식적으로 선택할 수 있을 때도 있지만 그러지 못할 때도 있었다. 후자의 경우 무의식이 주도권을 잡고 내가 한 번에 감당할 수 있는 만큼의 현실만을 건네주다가, 상황이 너무 심각해지면 나를 망각 혹은 부정 상태라는 고마운 은신처로 피난시킨다. 내게 이런 현상은 억압이라기보다 비탄과 내가 맺은 역동적 관계의 일부로 느껴졌다. 비탄은 나의 새로운 친구였지만, 정면으로 마주하기보다는 조금씩 서서히 알아가야 할 까탈스러운 친구였다.

이중 과정 이론의 두 번째 주요 관점은 유족이 겪는 고통, 두려움, 불안 같은 감정(스트로브와 슈트는 '스트레스 요인'이라는 포괄적 명칭을 사용한다)이 뚜렷이 구분되는 두 가지 형태, 즉 뒤를 돌아보는 행위와 앞을 내다보는 행위로 나타난다는 것이다.

'상실 지향성 스트레스 요인'은 잃어버린 것들과의 관계에서 오는 추억, 고인과의 소통, 그리움 등을 말한다. 내 경우 거의 모든 것이 이런 스트레스 요인이 될 수 있었다. 우리가 즐겨 찾던 카페를 지나치는 일, 빌이 보고 싶어 했던 연극과 영화의 개막이나 개봉을 알리는 이메일, 특정한 음악을 듣거나 식당에서 (빌이 항상 그랬듯) 와인 대신 수제 맥주를 찾는 누군가의 목소리를 듣는 일도. 빌에 대한 그리움과 너무나 달라져버린 내 삶을 상기시키는 고통스러운 추억들이 끝도 없이 밀려왔다. 일상에서 이런 추억들에 부딪치다 보면 마치 수천 번 종이에 베여 죽어가는 것처럼 느껴졌다.

한편 '복구 지향성 스트레스 요인'은 이제 어떤 일이 일어날 것이며 달라진 삶에 어떻게 대응할 것인가 하는 생각들에서 비롯한다. 내가 식기세척기를 비우면서 이제 얼마나 많은 크고 작은 일들을 혼자 해야 할지, 내가 얼마나 고독해질 것인지, 새로운 삶이 얼마나 막막하게 느껴지는지, 난 어떤 일을 하며 살아가야 할지, 커플의 반쪽이 아닌 혼자의 삶을 어떻게 꾸려나갈지, 나의 현실적·경제적·감정적 미래는 어떻게 될 것인지를 생각하며 눈물지었던 것처럼 말이다.

이중 과정 이론은 본질적으로 과거 중심의 고통과 미래 중심의 고통 사이에 존재하는 장력을 인식하고 궁극적으로 그 둘 사이의 동적 작용을 받아들이는 것이다. 이 이론에서는 그러한 작용을 '진동oscillation'이라고 부른다. 중요한 것은 이중 과정 이론이 가끔씩 두 가지 스트레스 요인 사이의 정지점에 머물며 양쪽 모두를 외면하고 자기치유에 집중하도록 '허용'한다는 점이다. 정지점은 여러분이 생각하는 다양한 방식의 자기치유일 수 있다. 소파에서 이불을 뒤집어쓰고 넷플릭스를 보며 초콜릿을 포식해도, 술집에서 친구들과 농담을 하며 웃어도, 러닝머신에서 뛰거나 클럽에서 춤을 춰도 좋다. 무수한 활동(혹은 비활동) 중에서 뭐든 자신에게 편안하게 느껴지는 방식, 부담감을 벗어던지고 잠시나마 원래 내 모습으로 돌아갈 수 있는 방식이면 된다.

하지만 이제 나는 '원래 내 모습으로 돌아간다'는 게 무슨 뜻인지 잘 모르겠다. 새로운 모습의 나를, 눈앞에 닥쳐온 새해에 더욱 과감하게 부딪칠 수 있는 나를 개발할 여유가 내게 있을까? 기존 애도 이론과 심리치료의 논리는 어디로 가버린 걸까? 윌리엄 워든의 이론은 어떻게 된 거지? 워든에 따르면 지금 난 '고인 없는 세상에 적응'하는 세 번째 과업을 수행할 차례다. 대체 어떻게 해야 그 과업을 완수할 수 있단 말인가.

4

＊

떠오르다

이제는 좀 더 현재에 관여하려고 노력할 때가 온 것 같았다.

집안에서 그것은 애프터셰이브 로션 병을 내버리는 정도였지만,

집 밖에서도 나는 한 걸음 앞으로 나아가보려 했다.

나는 1월의 시작과 동시에 워든의 세 번째 과업에 착수할 생각이었다. 내가 이미 여러 중요한 지점을 통과해왔음을 인정해야 했다. 변한 것은 무엇이며 달갑잖은 새해와 함께 변해야할 것은 무엇인지도 직시해야 했다. 워든의 권고를 따라 소울메이트가 없는 삶에 적응할 수 있을까? 내게 다른 선택의 여지가 있나?

작고 구체적인 일들부터 시작해야 했다. 당장 나를 슬프게 하는 것은 빌이 사놓았던 애프터 셰이브 로션을 마지막 한 병까지 다 써버렸다는 사실이었다. 빌을 좀 더 가까이 느끼고 싶은 마음에 내가 직접 그 로션을 써오던 터였다. 마찬가지로 잠잘 때는 빌의 티셔츠와 트렁크를 입었고, 점점 불어가는 내 몸을 그의 스웨터로 감쌌다. 물론 그런 내 모습은 우스꽝스러웠다.

나는 키가 150센티미터에 55사이즈를 입는 여자인 반면, 빌은 키 180센티미터에 엑스라지 사이즈를 입는 남자였으니까. 하지만 나는 빌의 물건들에 그가 누리지 못했던 더 오랜 삶을 주고 싶었다. 언젠가는 빌의 양말까지 신었지만 사이즈가 너무 커서 발에 물집이 잡히고 말았다. 오히려 그런 물리적 고통이 잠시나마 감정적 고통을 잊게 해주었다.

물론 빌의 옷을 입는 건 비합리적인 짓이었다. 바보 같아 보이는 건 둘째치고 최악의 경우에는 몸을 다치기까지 했으니까. 내게 어울리지 않는 향을 풍기는 애프터 셰이브 로션이 다 떨어졌다고 속상해하는 것도 어리석은 짓이긴 마찬가지였다. 물론 더 사 올 수도 있었지만 그런 문제가 아니었다. 그 로션의 매력은 향이 아니라 빌이 직접 사서 손에 쥐었던 물건, 둘 다 앞으로 무슨 일이 일어날지 전혀 몰랐던 시절부터 집에 있던 물건이란 점이었으니까. 빌의 물건들이 부조리하고 마술적이고 끔찍한 의미 없이 당당히 내 물건들 옆에 놓였던 시절에, 그 로션은 빌과 내가 공유하는 보금자리의 일부였던 것이다.

나는 마지못해 텅 빈 로션 병을 내다 버렸다. 빌이 사놓았던 마지막 샴푸, 마지막 콩 통조림, 마지막 병맥주를 버린 것처럼. 이 모든 게 우리가 나누었던 삶의 소소한 유물이었다. 그랬다. 우리는 모든 가구와 벽에 걸린 그림, 심지어 고양이까지 함께 의논해서 들였다. 고양이들은 모두 여전히 건강했고 한때 이 집에 동거인이 있었다는 사실을 끊임없이 상기시켜주었다. 하지만 소소하고 일상적이고 덧없는 물건들, 세면도구 같은 소모품에서는 빌의 존재가 서서히 희미해져갔다. 빌은 사라지고 있었다. 내 머릿속이나 가슴속처럼 중요한 곳에서는 결코 그렇지 않았지만, 물리적 존재는 지워지는 중이었다. 그런 것이 내게 영향을 끼쳐선 안 됐지만 현실은 그렇지 않았다. 수천 번 종이에 베여 죽어가기. 한 방울씩 느리게 떨어져 내리는 작별과 증발.

이중 과정 이론에서 말하는 '진동'은 진 빠지는 과정으로 그리운 것들을 되돌아보는 고통과 두려운 앞날을 내다보는 고통, 이 두 가지 스트레스 요인의 끝없는 상호 전환이다. 이렇게 추가 진동하는 사이의 정지점은 드물고 느리게 찾아온다. 하지만 이제는 좀 더 현재에 관여하려고 노력할 때가 온 것 같았다. 집 안에서 그것은 애프터셰이브 로션 병을 내버리는 정도였지만, 집 밖에서도 나는 한 걸음 앞으로 나아가보려 했다. 좀 더 사교적인 사람이 될 수 있을지 시도해본 것이다. 빌이 죽은 뒤의 첫 휴가와 첫 크리스마스, 첫 새해를 나 혼자 보냈고, 이젠 정원에 흔히 말하듯 '봄의 새싹'이 돋아나는 중이었다.

나에게 '봄의 새싹'은 어떤 것일까? 그토록 사나운 파도가 몰아치던 내 마음속 바다는 지금 어떤 상태일까? 마지막으로 들여다보았을 땐 거세던 해일이 다소 가라앉고, 수면은 가끔씩 떠다닐 수 있을 만큼 잔잔해져 있었다. 나는 머리를 수면 위에 내놓고 공기를 들이쉬며 수평선을 훑어보았다. 아직 육지는 눈에 들어오지 않았지만, 쓸 만한 뱃짐들이 주변에 떠 있는 게 보였다. 지쳐 있긴 했어도 허우적대며 다가가서 뱃짐들을 움켜잡을 힘은 있을 듯싶었다. 그래봤자 들쭉날쭉하고 작은 판자 조각일 뿐이었으나, 잘 모으면 뗏목의 뼈대 정도는 될 터였다. 내가 몇 달 만에 처음으로 붙잡은 견고한 물건이었다.

마음속에 작은 희망의 불빛이 켜졌다. 그 불빛은 정원에서 설선* 위로 올라가려고 애쓰는 수선화의 새순을 닮아 있었다. 나는 잠시나마 지난 몇 달간의 무시무시한 방황에서 벗어났다는 위안을 느꼈다. 이런 비유적 판자 조각들을 붙잡고 있으니 짧은 유예의 순간에 연약하나마 의지할 곳이 생긴 것 같았다.

이 판자 조각들은 현실의 언어로 말하자면 정서적 회복력을 의미한다. 나는 너무 많이 울지 않고 하루를 보낼 수 있게 되었다. 이 같은 회복력 덕분에 보다 현실적으로 생각할 수도 있었다. 세면도구를 내다 버리고 내 집과 새로운 관계를 맺는 (심지어 나만의 보금자리로 만드는) 과정은 상당한 변화로 느껴졌다. 하지만 가장 크고 중요한 뱃심은 바로 내 친구들이었다. 이 충실한 조력자들은 내가 두려워했던 것과 달리 장례식이 끝난 뒤에도 날 버리지 않았고, 여전히 전화를 걸거나 집으로 찾아오며 내 엉망진창인 상태를 그대로 받아들여주었다.

그들의 존재는 진동 사이의 정지점이 때로는 제법 즐거울 수 있음을 의미했다. 우리는 멋진 식당에서 외식을 하고 영화나 연극을 보고 산책을 하러 나갔다. 심지어 크게 웃기도 했다. 마침내 잠시나마 두려움에서 벗어나 즐길 수 있게 된 것이다. 나는 친구들과 함께 있는 게 좋았다. 그럴 때면 다시 활발하고 주도적인 사람이 될 수 있었다. 친구들 곁에 있으면 안심이 되니까. 물론 낯선 사람은 전혀 다른 문제였다. 새로운 사람을 만나는

---

* 만년설의 최저 경계선.

건 생각만 해도 여전히 두렵고 겁이 났다. 하지만 이제는 그런 부담스러운 딜레마에 맞서야 할 때였다. 친구들이 보여준 애정을 조금이나마 되갚아주어야 했기 때문이다.

나는 친구 세라의 쉰 살 생일 파티에 초대받았다. 피크 디스트릭트에서 밤새 스코틀랜드식 춤판을 벌일 거라고 했다. 세라가 파티를 연다니 나도 그 자리에서 함께 축하해주고 싶었지만, 생각만으로도 또다시 보이지 않는 사디스트가 원격조종장치를 움켜잡는 것 같았다. 마음속에 공포가 솟구쳤다. 나는 많은 것에 새롭게 적응했고, 처음부터 쭉 곁을 지켜준 충실한 친구들과 함께라면 안심하고 즐길 수 있었다. 하지만 파티에 가고, 새로운 사람들을 만난다니? 그건 전혀 다른 문제였다. 어린아이가 유치원을 졸업하고 초등학교에 입학하는 것만큼이나 커다란 도전이었다.

나는 북쪽으로 가는 기차에 올랐다. 옆자리에는 화장품과 파티 드레스와 구두가 든 여행 가방이 놓여 있었지만 정작 나는 요가복 차림이었다. 도착하면 옷을 갈아입을 생각으로 요가 강습이 끝나자마자 기차를 탔기 때문이다. 그러다 문득 브라를 깜박했다는 걸 깨달았다. 밤새 춤추러 가는 건데. 이 책을 여기까지 읽은 독자라면 내가 비유를 좋아한다는 사실을 이미 알아차렸겠지만, 이 순간 내 머릿속을 스쳐간 생각들을 전부 늘어놓는 건 자제하겠다. 그러니까, '겉치장'이라는 도구는 갖추었지만 '받침대'가 없는 상태로 '남들과 어울려 춤출' 수밖에 없는 상황에 관해서 말이다. 여러분이 직접 이 상황에 적절한 비유를 떠올려보시길.

브라를 챙기지 않은 것 말고도 내 앞에는 또 다른 위기의 씨앗이 싹트고 있었다. 사람들과 잡담하는 방법을 그사이 완전히 잊어버린 것이다. 무슨 말을 해야 하지? 어쨌든 이런 식으로 대화를 시작하면 안 될 텐데. "아, 저는 남편이 얼마 전에 죽어서 절망에 빠진 상태랍니다. 댁은 어떻게 지내시나요?"

이런 첫마디는 그날 저녁의 분위기를 가라앉힐 테고, 손님들은 내게서 멀리 떨어져 있으려 할 터였다. 하지만 어떻게 그 얘기를 안 꺼낸단 말인가? 아직도 내가 생각하고 이야기하는 건 오직 그 일뿐인데. 그 일을 제외하면 나로서는 전혀 할 얘기가 없을 텐데. 정말이지 아무것도. 이것이 내가 참가해야 했던 첫 번째 사교 행사는 아니었지만 왠지 그중에도 가장 힘들게 느껴졌다. 내게 익숙한 런던을 벗어났기 때문일 수도 있고, 친구가 즐거운 생일을 보내길 간절히 바라는 만큼 친구를 위해 '연기'를 해야 한다는 압박감 때문일 수도 있었다. 아니면 그저 나로서는 통제할 길 없는 예의 주기적인 감정 기복 때문인지도 몰랐다. 나는 어떻게든 대응할 방법, 내 감정을 다스릴 방법을 찾아보려 했다. 일찍 파티 장소에 도착해서 파티 준비를 도우며 내면에서 솟구치는 공포를 잊는 것도 하나의 방법이었다. 나는 분주하게 처리할 일이 있다는 게 기뻤다. 바에 와인과 맥주병을 몇 번씩 다시 늘어놓거나 유리잔을 크기 순서로 배열하며 한참을 즐겁게 보냈다. 질서를 만들어내고 통제력을 되찾는 것. 흠, 또다시 비유가 튀어나왔다. 이젠 굳이 설명할 필요도 없겠지만.

손님들이 도착하기 시작했고, 나는 (T. S. 엘리엇을 살짝 비틀어 인용하자면) 내가 만나야 할 얼굴들을 만날 준비를 갖추었다.* 최근에야 알게 된 우리 집 고양이들의 버릇이 있다. 특정한 자세로 있을 때 등을 쓰다듬어주면 자동으로 몸을 둥글게 구부려 내 손 가까이 갖다 대는 것이다. 고양이들은 심지어 밥을 먹는 중에도 접촉을 향한 반사작용을 거부할 수 없는 모양이었다. 나도 가끔은 그런 느낌이 든다. 남들과의 접촉이 무의식중에 나를 다른 상태로 이끌어가는 것만 같다. 보이지 않는 꼭두각시 조종사에게 놀아나듯이, 나도 모르게 사람들과의 관계에 말려들어 연기하는 상태로 전환되는 느낌이다. 바로 지금의 나처럼 말이다. 나는 사람들에게 다가가 웃고 점잖게 대화를 나누지만, 얼마 지나지 않아 연기가 버거워지면 곧바로 침몰해버린다. 잡담은 시들해지고 마비 상태가 찾아온다. 어느새 눈앞에 있는 상대의 눈빛이 흔들리기 시작한다. 이 의미 없는 대화를 어떻게 이어가야 할지 고민하는 모양이다. 아니면 주변에 날 떠넘길 사람이 있는지 찾느라 눈을 굴리는 것인지도 모른다. 나와 5분쯤 대화한 뒤 갑자기 화장실이 급해지거나 한잔 더 마시고 싶어졌다는 사람이 얼마나 많은지 놀라울 따름이다.

---

* 엘리엇의 시 〈J. 앨프리드 프루프록의 연가The Love Song of J. Alfred Prufrock〉중 한 구절

나는 대화를 포기하고, 움직이는 게 도움이 될 거라 생각하며 춤판에 뛰어든다. 하지만 어쩌다 보니 한 손은 어린아이에게, 다른 손은 지팡이를 내려놓고 왈츠에 동참한 어느 노인장에게 붙잡혀 있다. 양쪽 모두 지휘자가 외치는 스텝을 듣지도 이해하지도 못하는 데다 박자에 맞춰 안정감 있게 발을 움직일 수도 없다. 우리는 스텝을 밟을 때마다 서로 부딪친다. 춤추는 게 아니라 범퍼카를 타는 것 같다. '또 이 모양이군.' 이 말이 얼마나 의미심장하게 느껴지는지. 비단 이 파티만이 아니라 지금 내 삶 전반에 대해서 말이다. 사람들은 어떻게든 제대로 해보려 애쓰지만 결국 내 발을 밟고, 어느새 세상과 나는 완전히 엇박자로 움직이고 있다. 나는 범퍼카, 롤러코스터, 도깨비 열차를 견뎌내야 한다. 브라도 차지 않은 채, 전혀 즐겁지 않은 이 축제의 마당에서.

나는 춤판을 떠나 다시 한 번 대화를 시도해보지만, 어떤 화제가 나오든 함정이 도사리고 있다. 한 여자가 나더러 무슨 일을 하는지 묻는다. 나는 책을 쓰는 중이라고 대답한다. 그녀가 무슨 책이냐고 묻는다. 나는 작년에 남편이 죽었는데 직장에 복귀할 엄두가 나지 않는다고, 그런 내 상태에 관해 쓴 책이라고 대답한다. 거의 항상 그랬듯 이번에도 똑같은 반응이 돌아온다. "세상에. 정말 안됐네요. 맙소사, 물어봐서 미안해요. 얘기하기 싫으면 안 해도 괜찮아요. 정말 미안하게 됐어요."

내가 남들에게 얼마나 큰 두려움과 죄책감과 경악을 일으키는지 차마 짐작도 못 하겠다. 그냥 심리치료사로 잘나가는 사람이라고 말할 수도 있지만, 1)그건 거짓말인 데다, 2)나는 이제 거짓말을 꾸며내고 망상을 지어내서 이야기할 수가 없다. 나에 관해 날조해야 하는 상대와 대화하는 게 무슨 의미가 있겠는가? 다들 언젠가는 사실이 아님을 깨닫고 나더러 이상한 사람이라며 화를 낼 텐데.

사람들의 질문에 대답하는 상황을 피하기 위해 내 쪽에서 질문을 던질 수도 있지만, 그래 봤자 1)그들의 입을 잠시 막을 수 있을 뿐이고, 2)밤새 남들 이야기만 듣는 것도 지루할 터였다. 그것이 내 가슴에 비수를 꽂는 그들의 단란한 가족과 보람찬 인생 이야기라면 더더욱.

물론 솔직하게 말하려고도 해보았다. "얼마 전에 남편이 죽어서, 새로운 인생을 살아갈 방법을 여러 모로 시도해보는 중이에요."

하지만 사람들이 당황하며 "속상하게 해서" 미안하다고 사과하는 걸 보니 내가 그들의 즐거운 저녁을 망쳐놓은 게 분명했다. 다들 할 말을 잃은 기색이었고 나 역시 그들을 어떻게 달래야 할지 알 수 없었다. 양쪽 모두 질 수밖에 없는 게임이었다. 만약 내가 "난 괜찮아요. 걱정하지 마세요"라고 말한다면 오만하게 들릴 것이며 어떤 면에서는 거짓말일 터였다. 심리치료사로 일하는 중이라는 말보다야 덜 거짓이고 실제로 내가 괜찮을 때도 있긴 하지만, 그래도 빌 얘기를 그런 식으로 가볍게 넘기는 건 배신처럼 느껴졌다.

하이힐과 딱 붙는 드레스 차림으로 민속 악단의 쾅쾅대는 연주와 사람들의 웃음소리 한가운데 서 있는 상황에서 진실을 입에 올리는 것은 부적절하게 느껴졌다. 내 인생은 망가졌으며 내가 알았던 모든 것을 새로 배우고 미래 전체를 다시 그려야 한다고는 도저히 말할 수 없었다. 내가 딱히 거짓도 진실도 아닌 말을 찾아내려 애쓰는 동안 나의 대화 상대들은 기다리다 포기하고 자리를 뜨곤 했다. 내가 피하려는 화제를 계속 꺼내려 드는 사람이 있는가 하면 아예 화제를 바꾸는 사람도 있었다. 아마도 그게 최선의 방법이었겠지만 그래도 내 심기를 거스르기는 마찬가지였다. 그들도 나도 어쩔 도리가 없었다. 이날 밤의 경우 앞서 적었던 "맙소사, 미안해요"라는 익숙한 탄식은 대충 이런 대화로 이어졌다.

"하지만 당신은 책을 쓰고 있잖아요. 정말 대단해요. 잘됐어요. 나도 늘 책을 써보고 싶었는데 말이죠. 꽤 흥미로운 인생을 살았거든요. 항상 책을 써야겠다고 생각은 해왔는데……. 혹시 출판 대리인은 어떻게 구하셨나요?"

대화가 여기에 이르면 나는 절망을 느꼈고, 내 쪽에서 자리를 떠나 다른 상대를 찾거나 급기야 뷔페 테이블로 가서 거기 차려진 치즈와 격렬한 대화를 나누곤 했다. 치즈는 아무것도 묻지 않았고 내게 큰 위로가 되었으니까. 적어도 네 시간 뒤, 한밤중에 잠에서 깨어나 베개에 기대앉은 채 소화제를 먹으며 밤을 새우기 전까지는.

◈

　봄이 왔고, 바깥세상도 한층 화사한 색을 되찾았다. 그에 따라 내 마음에도 서서히 얼음이 녹고 색채가 돌아왔다. 아직은 눈앞의 자연보다 조금 단조롭고 흐릿한 파스텔 색조이긴 했지만.

　과거에 처박혀 있지 않으려면 바깥뿐만 아니라 집 안에서도 내 삶을 똑바로 대면해야 했다. 언제까지나 빌을 위한 영묘에서 살아갈 수는 없었다. 가끔 세면도구 몇 가지를 내다 버리는 정도로는 지속적인 효과가 없을 터였기에, 나는 진정한 변화를 일으킬 방법을 고민해보았다. 물건이 가득 들어찬 옷장을 들여다보니 문득 더 많은 공간이 생기면 정말 편하겠다는 생각이 들었다.

　모든 부부가 그러듯 우리도 항상 공간을 놓고 실랑이를 벌였다. 특히 옷장이 문제였다. 내 생각에 나는 신발과 옷 모으기를 좋아하니까 소장품을 제대로 보관할 공간이 있어야 했다. 내가 날마다 스웨터와 청바지만 걸치기보다는 멋지게 차려입고 자기관리를 잘하는 게 빌에게도 좋은 일 아니겠는가? 사실 평상시 나는 거의 스웨터와 청바지 차림이었고, 그건 옷장에 공간이 모자라서가 아니라 순전히 게을러서였다. 하지만 그런 현실도 내가 언젠가는 마법처럼 변신하여 매일 새롭고 멋진 옷을 골라 입을 시간과 에너지를 가진 사람이 될 거라는 희망을 단념시키지는 못했다. 한편 빌은 자기가 몸이 더 크니 더 넓은 공간이 필요하다고 주장했다. 게다가 그나마 사회인답게 보이려면 출근용 정장과 셔츠는 구겨지지 않게 보관해야 한다고 말이다. 결론이 나지 않는 말다툼이었다.

그날 아침에도 평소처럼 꽉 찬 옷장에 어제 신은 신발을 쑤셔 넣고 오늘 신을 부츠를 꺼내느라 쏟아져 나온 물건들을 치우다가, 문득 이제는 빌의 옷을 전부 치우고 공간을 독차지하여 내 물건을 널찍하게 수납할 수 있겠다는 생각이 떠올랐다.

그와 동시에 온갖 감정들이 밀려왔다. 죄책감, 슬픔, 괴로움, 혼란스러움과 스스로에 대한 배신감. 나는 한 걸음 앞으로 내디딜 때마다 두 걸음 뒤로 물러나고 있었다. 한 가지 과업을 완수할 때마다 새로운 과업이 다섯 가지쯤 나타났다. 대체 어떻게 빌의 물건을 치울 생각을 할 수 있지? 내가 어떻게 빌의 옷장을 쓸 수 있겠어? 그러면 '그의' 물건은 더 이상 존재하지 않게 되는 셈인데. 물론 어떤 면에서는 이미 그런 셈이었고, 또 다른 면에서는 결코 그리 되지 않겠지만 말이다. 희한하게도 옷장 자체가 빌이 존재하는 한편 존재하지 않는다는 사실을 보여주고 있었다. 옷장은 예전부터 계속 존재해온 문제를 상기시켰다. 나자신에게 무엇을 어디까지 허용할 수 있을까? 나 혼자서 옷장, 침대, 인생의 모든 공간을 누려도 될까? 빌의 옷장을 쓴다는 건 그가 결코 돌아오지 않으리라고 인정하는 셈일까? 이곳은 이제 나만의 집이며 빌을 위한 공간을 남겨둘 필요가 없다고? 여전히 괴롭게만 느껴지는 이 상황을 내가 서서히 '극복'하고 있는 걸까? 빌의 죽음이 어떤 식으로든 내게 '이득'을 준 걸까?

빌 없는 내 삶이 어떤 식으로든 나아질 수 있다는 건 생각할 수도 없는 일이었다. 비합리적인 생각이지만, 더 넓고 잘 정리된 옷장을 쓴다는 게 여러모로 바람직한 일일지 몰라도 지금 당장은 다른 남자를 사귀는 것만큼 끔찍하게 느껴졌다. 이는 빌을 저버리는 일이자 감정적 배신이었다. 빌 없는 내 삶이 나아진다는 건 불가능했다.

물론 신발을 가지런히 정리할 수 있다는 사소한 위안이 평생의 동반자이자 사랑하는 소울메이트를 잃은 처지에 대한 합당한 보상일 수 없다는 건 누구나 잘 알 터였다. 나도 이성적으로는 그 사실을 알고 있었다. 하지만 유족의 어수선한 마음속에서는 이런 사소한 일도 엄청난 의미를 띠게 된다. 내 신발을 빌의 신발이 있던 자리에 놓기가 이토록 어렵다면, 과연 내 삶에 다른 사람을 받아들이는 게 가능하겠는가? 이처럼 작은 한 걸음이 날 무너뜨리고 뒤로 나동그라지게 했다. 나는 '극복'하고 싶지 않았다. 어떤 식으로든 내 삶이 편해지길 바라지 않았다. 빌은 자기 삶을 잃어버렸는데 내가 어떻게 조금이라도 더 편히 살수 있겠는가?

이런 고민은 또 다른 문제를 끄집어냈다. 그렇다면 빌의 옷을 언제 어떻게 처분해야 하는 걸까? 내가 결정해야 할 온갖 중대한 일 중에서도 이것이 유독 막막하게 느껴졌다. 빌이 죽은 뒤로 그의 옷장을 열어본 것은 단 한 번 그를 관에 넣을 때 입힐 정장을 고르기 위해서였고, 그것만으로도 난 쓰러질 뻔했다. 결국 임무를 포기하고 엄마에게 부탁할 수밖에 없었다. 빌이 영원히 입을 수 없게 된 정장들을 보니 가슴이 미어지는 듯했다. 그중 몇 벌에는 여전히 빌의 존재가 남아 있었다. 그가 다리를 구부리거나 꼬아서 늘어난 바지 무릎, 해진 재킷 팔꿈치에 기워 붙인 천 조각, 음식을 흘린 자국, 희미한 빌의 체취까지.

옷장 문제는 부부 사이에 존재하는 모종의 타협뿐만 아니라 두 사람이 공유하는 삶에 일방적인 결정은 있을 수 없다는 사실을 매우 상징적으로 보여준다. 내가 빌의 공간을 차지해버리면 두 번 다시 그와 삶을 공유할 수 없으리라는 기이한 느낌이 들었다. 마치 그가 언젠가는 돌아오기라도 할 것처럼 말이다. 나는 돌이킬 수 없는 현실을, 빌의 공간을 점유한다는 것의 의미를 도저히 받아들일 수 없었다. 빌이 정말로 죽었고 이 침실에는 나 혼자 남았다는 사실, 앞으로 내가 어느 누구와도 함께 살지 않을 것이라는 실감, 이 집과 내 삶이 나만의 것이며 내 마음대로 할 수 있다는 달갑지 않은 책임감. 이제 난 다른 사람을 고려하지 않고 온전히 이기적일 수 있었다. 하지만 그 사실이 얼마나 부자연스럽고 불건전하게 느껴지는지! 너무 빨리 집에서 독립한 아이가 혼란을 피하고 안전과 소속감을 느끼기 위해 한계와 제한을 갈망하듯이 말이다.

시간이 흘러가는 동안 나는 옷장 문제를 가만히 방치해두었

다. 변화의 조짐이 느껴졌다. '진보'라고 말할까 했지만 그건 부
적절한 표현 같았다. 진보란 더 나아진다는 뜻이니까 긍정적 의
미도 부정적 의미도 없는 '변화'가 적당하다. 처음에 나는 아무
것도 움직일 수가 없어서 모든 세간을 있던 자리에 그대로 두었
다. 굳이 바라보지 않아도 그 물건들이 항상 시야 안에 있었다.
빌의 면도솔, 면도기, 칫솔, 침대 협탁 위의 오래된 쪽지들, 반쯤
읽은 책과 안경, 손목시계도.

   하지만 오늘 아침 나는 면도솔과 비누를 내다 버렸다. 솔이
낡아서 교체해야 하고 비누도 거의 다 닳았다는 구실을 대면서.
정말로 그런지는 중요하지 않았다. 하지만 어차피 머지않아 버
려질 물건들이었다고 생각하니 내 뒤틀리고 비합리적인 머릿속
에서도 합당한 논리로 느껴졌다. 그래서 딱히 의식적인 결심도
없이 솔과 비누를 쓰레기통에 넣은 다음 그 자리를 떠났다. 망
설이지도 울지도 않고, 그냥 세상에서 가장 평범한 일인 것처럼
해치워버렸다. 사용 기한이 다된 물건 몇 가지를 정리한 것뿐이
야. 별일 아니야. 소란 피울 것 없어.

   두 가지 물건이 사라지자 세면대에 약간의 공간이 생겼다. 물
건들을 슬쩍 내다 버리기. 그랬다는 사실조차 깨닫지 못한 척하
기. 공간을 만들어내기. 단어들이 얼마나 많은 것을 드러내는지
생각해보면 희한하다. 문자 그대로의 공간이 생겨나는 건 반갑
기도 했고 그렇지 않기도 했다. 내 삶과 내 마음속의 공간이 아
니라(빌의 존재가 커져가고 굳어지면서 마음속 빈 공간은 오히려 줄어들었

다) 나를 위한 공간(딱히 그런 공간을 원하지는 않았지만), 그리고 좀
더 보란듯이 공공연하게 빌을 애도할 수 있는 공간도. 나는 더
이상 초기의 폐쇄되고 무감각한 쇼크 상태에 머물지 않았다. 내
몸을 되찾아가는 중이었고 이따금 요가 강습도 들었다. 심지어
사진들을 들여다보거나 바로 다음 순간 이후의 미래를 생각해
보려고 애쓰기도 했다. 비통한 눈물을 끝없이 쏟아내는 일도 예
전보다 잦아졌다. 당연한 이야기지만 안에 담아두기보다는 밖
에 내놓는 편이 나은 법이다.

무감각에 균열이 생기면서 슬슬 껍질을 깨고 나갈 때가 되었
다는 게 느껴졌다. 현실이 점점 더 자주 부정 상태의 방어막을
뚫고 들어왔고 나는 그에 대응하려 애썼다. 앞날에 무엇이 닥쳐
오든 나를 지켜내야 했지만, 그러려면 안전하고 편안하며 너무
외롭지 않은 환경이 필요했다.

기이하고도 시의적절한 운명의 장난으로, 서머싯의 외딴 시
골에서 진행될 유족을 위한 정신 수행에 참여하고 후기를 써달
라는 의뢰가 들어왔다. 나는 심리치료사가 되기 전에 텔레비전
방송 작가 겸 연출가로 일하는 한편 이따금 신문과 '퀸 오브 리
트리트'라는 웹사이트에 여행 기사를 쓰곤 했다. 심리치료사로
일하기 시작하며 대부분의 언론 기고를 그만두었지만 1년에 한
두 번 요가나 피트니스, 휴식, 명상, 디톡스 등 새로운 수행 프로
그램에 참여하고 후기를 작성하는 일은 계속해왔다. 작가로서
의 자아를 유지하는 건 즐거운 일이었다.

　내 상황을 잘 알았던 '퀸 오브 리트리트' 운영자는 '더 브리지'라는 유족 수행에 참가해보라고 제안했다. 물론 후기를 작성해야 하겠지만 나 자신의 상실에도 도움이 될 거라면서. 솔직히 나는 회의적이었고 내키지 않았다. 보송보송한 타월과 편안한 마사지, 수월한 다운도그 요가 자세가 있는 휴양지는 아니었으니까. 오히려 스물네 시간 내내 내 안의 유령을 직면해야 하는 엄격하고 집중적인 수행이 될 것이었다. 그런 건 딱 질색이었다. 하지만 나의 일부(아마도 성숙한 심리치료사로서의 자아)는 이처럼 강력한 거부감이야말로 내게 그런 수행이 절실히 필요하다는 신호일 수 있음을 알았다.

　나는 심각한 정신적 붕괴의 순간과 모든 걸 잊으려는 광적인 활동 사이를 오락가락하며 몇 달을 보냈다. 이제 한동안 바깥세상과 차단되어 내 감정과 추억을 제대로 처리하고 자아의 균형을 잡을 필요가 있었다. 하지만 그 과정이 얼마나 고통스러울지도 알고 있었다. 내가 그런 상황을 피하려 했던 이유가 있다. 가장 걱정되는 점 하나는 수행에 참가하려면 휴대전화와 아이패드를 맡겨야 한다는 것이었다. 그동안 견디기 어려운 불면증 속에서도 긴긴 밤을 넘길 수 있었던 건 오로지 독서와 팟캐스트와 문자메시지 덕분이었다. 이제 나는 물리적인 위안거리를 빼앗기고 머리를 식힐 오락이나 친구들과의 연락도 금지당한 채, 동료 수행자들뿐 아니라 나 자신의 고통과 두려움까지 대면할 준비를 해야만 했다.

열 명의 수행자들이 한자리에 모여 차례대로 자신이 상실한 것을 이야기했다. 우리는 각자 잃어버린 것을 상징하는 물건을 보여주며 이야기를 시작해달라고 요청받았다.

내가 가져온 것은 결혼반지 대신 약지에 끼고 다녔지만 빌이 죽기 몇 달 전에 끊어져버린 반지였다. 실제 결혼반지이자 약혼반지는 내가 고집을 부려서 싸고 작은 걸로 샀다. 결혼을 계획했던 당시 나는 화려한 반지를 원하지 않았다. 그런 건 불필요하다고 생각했다. 애초에 액세서리를 좋아하는 사람도 아니었고, 결혼반지가 상징하는 일종의 '낙인'도 내키지 않았다. 하지만 나중에 생각이 변할 수도 있으니 일단 약혼반지를 껴보기로 하고 구할 수 있는 가장 싸고 가느다란 반지를 선택했던 것이다.

하지만 나중에는 관습에 굴복하게 되었다. 사람들이 내게 약혼반지 좀 '자랑'해보라고 했다가 너무나 초라한 반지에 실망스러운 표정을 짓는 걸 몇 번이나 목격했기 때문이다. 빌도 언젠가 더 근사하고 내 마음에 드는 반지를 찾아서 사주고 싶다고 했다. 그런 반지를 우리는 결혼식 몇 달 뒤 사우스월드의 작은 골동품 시장에서 찾아냈다. 나로서는 이 반지를 정확히 뭐라고 불러야 할지 알 수 없었다. 결혼반지처럼 약지에 끼고 다니긴 했지만 어쨌든 결혼식 이후에 받은 반지니까. 1920년대 프랑스에서 만들어졌고 다이아몬드가 꽃잎 모양으로 박혀 있는 백금반지였다. 아름답긴 했지만 사실 나보다 더 젊고 여성스러운 사람에게 어울릴 물건이었고, 골동품이다 보니 정원 일과 요리와 빨래와 대중교통으로 이루어진 내 생활에는 적합하지 않았다. 결국엔 백금이 닳아서 끊어졌는데, 보석 세공사에 따르면 수선도 불가능하다고 했다. 빌은 나중에 형편이 좋을 때 다른 반지를 사주겠다고 약속했지만 이제 그건 불가능한 일이 되었다. 그렇다고 내가 직접 반지를 사는 것도 내키지 않는 일이었다. 그러면 기분이 이상할 것 같았다. 그렇다 보니 내게는 이 끊어진 반지가 현재 내 인생의 또 다른 비유처럼 느껴졌다. 원래 끼던 반지가 끊어졌지만 새 반지를 구하는 건 뭔가 잘못되고 상상할 수 없는 일처럼 여겨진다는 점에서 말이다.

나는 동료 수행자들에게 끊어진 반지로 나를 소개했다. 수행이 그토록 쉽게 반지 수선을 포기했던 보석 세공사보다 더 효과적으로 날 고쳐줄 수 있을까?

지금 와서 돌아보면 정말로 그랬다.

내면의 유령을 대면하는 건 무시무시하고 끔찍한 일이었지만 내게 도움이 되었다. 엿새간의 수행 과정에서 나는 똑같이 겁에 질린 동료들과 함께 흐느끼고 외치고 비명을 지르면서 지난 몇 달 동안 내 안에서, 때로는 밖에서 소용돌이쳤던 감정의 구렁텅이를 헤쳐나갔다. 그러면서도 위기감을 느끼지 않았던 건 믿음직하게 우리를 이끌고 떠받쳐준 두 명의 탁월한 심리치료사 덕분이었다.

나 자신도 심리치료사이기에 완전히 중립적인 입장이라고 할 수는 없다. 게다가 심리치료의 수칙 제1번, 즉 함부로 조언을 해선 안 된다는 서약도 했다. 하지만 내가 독자 여러분과 엄밀히 심리치료사로서 관계 맺고 있는 건 아니기에, 이번만은 수칙을 어기는 위험을 감수하며 이렇게 조언하고 싶다. 유족에게 심리치료 상담은 정말로 유익하다. 특히 고인과 아주 가까운 관계였거나 죽음이 큰 트라우마를 남긴 경우라면 심리치료사는 더욱 유익한 존재가 된다.

나는 살아오면서 여러 차례 심리치료를 받았다. 종종 불행하다고 느꼈지만 그 이유를 몰라서 혼란스러웠던 20대와 30대 시절, 또 필수적으로 직접 심리치료를 받아야 했던 6년간의 심리치료사 수련 과정에서였다.

그런 내가 분명히 말할 수 있는 사실은, 심리치료가 내 인생을 말로 표현할 수 없을 만큼 변화시켰다는 것이다.

심리치료사를 만나는 것은 대화가 잘 통하는 친한 친구나 가족과의 만남과는 다르다. 훌륭한 자기 계발서나 심리치료의 역사를 다룬 책, 심리치료에 관한 학술서를 읽는 것과도 다르며, 항우울제 복용과도 다른 일이다. 심지어 음악이나 미술, 자연 속에서의 산책, 종교나 명상, 요가나 운동에서 위안을 찾는 것과도 다르다. 이 모두가 멋지고 유익한 일이지만, 심리치료 상담은 그 무엇과도 다른 일이다. 그럼에도 아주 많은 사람이 자기는 위의 활동 중 한 가지 이상을 하고 있으니, 혹은 심리치료가 필요하다고 느낀 적이 없으니 그런 건 안 해도 된다고 내게 말한다.

하지만 나는 이제 누구나 삶의 어느 시점에서는 심리치료가 필요하다고 믿는다. 단지 유족에게만 해당하는 얘기는 아니지만, 그 누구보다도 유족에게는 심리치료가 필요하다.

무척 오랫동안 심리치료를 받았고 열심히 실무적·학문적 지식과 수련을 쌓았으며 수많은 심리치료사 동료와 친구들을 가진 나도 빌이 죽은 뒤에는 별도로 유족 상담을 받으러 다녔다. 10주 동안의 짧은 일정이었지만, 일주일에 한 번씩 두 달 반에 걸쳐 진행된 상담은 빌의 죽음과 무관하며 노련한 전문가와 함께 내 감정을 풀어낼 시간과 공간을 선사해주었다. 이 세상 그 어떤 친구나 책이나 음악도 줄 수 없었던 지극히 유익하고 요긴한 도움이었다.

소중한 사람을 잃는 일은 고통스러울 뿐만 아니라 정신적 외상을 남기며, 이는 절대 한순간에 끝나는 문제가 아니다. 잠시 울고 약을 한두 알 삼킨 다음 툭툭 털어내고 원래 자리로 돌아갈 수는 없다는 얘기다. 유족이 되는 것은 몸과 마음과 정신과 감정의 대폭발이자 세계와 신념을 뒤흔들어 우리를 완전히 다른 사람으로 만드는 경험이다. 물론 새로운 우리도 멋지게 살아가며 기쁨과 행복을 찾아낼 수 있겠지만, 어쨌든 예전의 우리는 아니다. 나는 우리 모두가 변화를 겪고 새로운 자신을 알아가는 여정에서 전문가의 동행이라는 도움을 받을 수 있다고 생각한다. 아니, '자신들'이라고 말하는 게 정확하겠다. 여러분도 나처럼 우리 몸속에 여러 자아가 존재한다는 이론에 동의한다면 말이다.

실제로 나는 심리치료사들과 함께한 유족 수행을 통해 혼자서는 접근할 엄두도 내지 못했던 깊고 어두운 감정들에 다가갈수 있었다. 그들은 내게 빌을 잃은 것이 얼마나 치명적인 영향을 끼쳤는지, 그로 인해 필연적으로 얼마나 많은 것을 잃어버렸는지 실감할 수 있는 안전한 공간을 열어주었다. 내가 잃은 것들을 두서없이 열거해보자면 다음과 같다.

나는 사랑하는 이를 잃었다. 가장 친한 친구이자 동반자를, 살아갈 이유를, 나의 미래를, 자아의식과 정체성을, 목표를, 낙관주의를, 안정감을, 그리고 내 몸매를. 마지막 항목 때문에 이 목록 전체가 하찮아 보일 수 있다는 건 안다. 하지만 단언하건대 그것 역시 중요한 문제다. 물론 살이 찐 것 정도야 내가 겪어야 했던 상실에 비하면 아무것도 아니고, 고통을 잊으려고 폭식을 한 것도 충분히 이해할 만한 행동이었다. 그렇다 해도 몸매가 변한 것은 솔직히 가슴 아픈 일이다! 나의 정체성 중 하나였던 체형의 변화는 또 다른 형태의 죽음처럼 느껴졌다. 거울 속의 나를 알아볼 수 없었고, 눈앞에 보이는 모습이 전혀 마음에 들지 않았다. 게다가 내게 확고한 자아의식을 주던 다른 많은 것을 한꺼번에 잃다 보니 살이 찐 것도 사소하게 치부할 수 없는 일처럼 느껴졌다. 물론 빌은 내가 얼마나 살이 찌든 결코 신경 쓰지 않았을 것이다. 하지만 바로 그렇기 때문에 쉰 살이 다 되어 완경을 맞고 몸매와 외모가 망가진 바로 그 시점에 내가 얼마나 못났든 항상 아름답게 여겨주었을 사람을 잃었다는 사실이 더욱 아이러니하게 느껴졌다.

나는 무조건적인 사랑을 잃는다는 게 얼마나 큰 상실인지 뼈저리게 실감했다. 빌은 내가 늙어간다는 걸 거의 알아차리지도 못했다. 내 시큰둥한 성격과 우울증, 똑같은 말을 몇 번씩 반복하는 습관도 항상 참아주었다. 나 역시 그의 결점을 참고 넘겼다. 사이좋은 부부라면 서로의 단점도 장점만큼 사랑하기 마련이니까. 빌이 아니면 어느 누가 나를 최고의 순간만큼 최악의 순간에도, 상황이 좋든 나쁘든 끔찍하든 있는 그대로 받아들이고 항상 사랑하겠다는 서약을 하겠는가. 물론 내가 말하는 것은 결혼이라는 법적 서약이 아니라 감정적 서약이다.

나는 언제나 나를 최우선으로 여겨주던 사람을 잃어버렸다. 빌이 나의 세상이었듯 나 역시 그의 세상이었다. 그러니 나는 누군가의 삶에서 가장 특별하고 중요한 존재가 된다는 감각 또한 잃은 셈이다. 앞으로는 그 누구도 빌만큼 나와 가깝게 지내거나 내게 신경 써주지 않을 것이다. 내가 죽더라도 누군가의 삶이 이처럼 돌이킬 수 없이 변하는 일은 없을 것이다. 이제 나는 덜 중요한 존재가 되었다. 지금까지 이렇게 외롭다고 느낀 적이 없었다. 온갖 질문들이 머릿속에 떠올랐다. 여권의 비상 연락처 칸에는 누구의 이름을 적어야 하지? 심장마비라도 일으키면 누구한테 전화해야 할까? 누가 내 장례식을 준비해줄까? 내 유언장을 집행하고 유산을 정리해줄 사람은? 내가 알츠하이머라도 앓게 되면 누가 보호자가 되어주지?

나는 내 몸과의 연결감마저 잃어버렸다. 빌이 자기 가슴을 움켜쥐던 그 순간 내 몸은 고통을 견뎌내기 위해 단단히 굳어버렸다. 심리치료사로서의 나는 이 문제를 해결해야 한다는 걸 쭉 인지하고 있었지만, 유족으로서의 나는 수면에 떠서 버티는 것만으로도 힘겨워했다. 뱃짐들을 움켜잡은 채 신체적 과업까지 감당하기엔 역부족이라고 느꼈다. 기운이 나면 억지로라도 요가 강습에 참가했고 조금씩 산책을 하거나 자전거도 탔지만, 지난 몇 달간 내가 가장 많이 한 운동은 손을 들어 더 많은 음식을 입에 떠 넣는 일이었다.

하지만 '더 브리지'에 온 뒤로 굳었던 몸이 서서히 풀어지면서 보다 깊고 다양한 감정들도 풀려나왔다. 몸과 마음은 깊이 연결되어 있다. 나는 수십 년간 요가를 해오며 비슷한 경우를 많이 보았다. 몸이 풀리기 시작하면서 그 안에 갇혀 있던 감정도 해방되는 것이다. 나를 비롯해 많은 사람이 요가 강습을 들으며 즐겁게 이런저런 동작을 하다가 특정한 자세에서 자기도 모르게 눈물을 줄줄 쏟아내곤 했다. 심신의 깊은 연관성은 또 하나의 심리치료 이론, 즉 '신체 심리치료'의 중심이 되는 관념이다.

신체 심리치료의 기본 개념은 몸과 마음이 구분될 수 없으며 서로 영향을 주고받는다는 점이다. 자신의 몸을 읽고 몸과 협동하며 몸속을 들여다보는 일 또한 중요하게 여겨진다.

감정이 신체를 통해 드러난다는 사실은 많은 이에게 당연하게 받아들여진다. 우리는 당황하면 볼이 빨개지고, 긴장하면 가슴이 울렁거리며, 겁이 나면 손이나 무릎을 덜덜 떤다. 기쁠 때면 소위 웃음이라는 큰 소리가 배 속에서부터 성대를 통해 터져 나온다.

그럼에도 이런 명확한 신체적 징후를 넘어 모든 경험, 존재, 관계의 방식과 성격이 몸에 새겨지며, 거꾸로 몸 또한 우리가 살아가는 방식에 영향을 끼친다는 점은 널리 받아들여지지 못하는 듯하다. 사실 다들 은연중에 이 사실을 어느 정도는 알고 있다. 우리가 사용하는 여러 언어 표현은 우리가 얼마나 신체적인 존재인지를 명확히 보여준다. 우리는 '자신의 두 발로 일어서야' 한다거나 '뱃심이 좋다'거나 '불만을 꿀꺽 삼켜버렸다'고, 누군가에게 '신물이 난다'거나 '일어나 맞서야' 한다고 말한다. 우리 몸이 얼마나 상징적으로 우리가 바라거나 바라지 않는 특성들을 반영하는지, 이 밖에도 무수한 사례를 들 수 있다.

몸은 마음처럼 거짓말을 하지 못한다. 신체 언어는 사람의 본심을 상당 부분 드러낸다. 무의식적인 발 떨림은 차분하게 말하고 있다 해도 마음속으로는 화를 꾹 참는 중이라는 뜻일 수 있다. 가슴 위로 낀 팔짱은 사적인 질문을 듣고 경계심을 느낀다는 것을, 손가락으로 뭔가를 탁탁 두드리는 행동은 얼른 화제를 바꾸고 싶어 안달이 났다는 것을 뜻할 수 있다. 심리치료사들은 이런 무언의 메시지를 해석하는 방법을 잘 안다.

볼비의 내적 작동 모델을 떠올려보자. 우리의 신념 체계와 습관에 새겨져 마침내 우리의 정체성을 이루는 규칙 말이다. 신체 심리치료사들은 이런 규칙이 정신과 습관과 감정뿐 아니라 신체에도 각인된다고 생각한다. 다시 말해 우리의 신체가 내적 작동 모델을 명백하게 드러낸다는 것이다. 그중 일부는 (어쩌면 대부분은) 감지하기 어렵겠지만, 매우 뚜렷이 드러나는 것도 있다.

예를 들어 자신은 남이 귀 기울일 가치가 없는 존재라고 평생토록 생각해온 사람이 있다고 해보자. 그 사람은 세상에서 자신이 차지하는 공간을 최대한 줄여 남들의 눈에 띄지 않으려는 것처럼 구부정한 자세일 확률이 높다. 항상 두려움을 느끼지만 그 사실을 숨기려 애쓰는 사람이라면 방어적으로 가슴을 내밀고 실제보다 커 보이려는 듯 턱을 앞으로 치켜든 자세일 것이다. 이는 사람들이 신체를 통해 드러내는 방어 자세의 전형이다. '아무도 나를 해칠 만큼 가까이 다가오진 못할걸, 그랬다간 나한테 먼저 당할 테니까'라는 의미다. 우울증 환자의 자세도 좋은 사례가 된다. 그는 절망감의 무게로 축 늘어지고 온 세상을 제 어깨에 짊어진 양 구부정하며 차마 앞을 똑바로 볼 수 없다는 듯 고개를 푹 숙이고 있기 일쑤다.

많은 심리치료 이론이 그렇듯 신체 심리치료 또한 프로이트에 기원을 둔다. 프로이트의 초기 이론에서는 신체가 무척 큰 비중을 차지했지만, 이후 그는 정신의 우월성에 기울어 신체를 다룬 이론의 대부분을 폐기했다. 하지만 나중에 다른 학자들이 프로이트의 초기 이론을 받아들여 더욱 발전시켰다. 빌헬름 라이히Wilhelm Reich와 그 이후 알렉산더 로언Alexander Lowen은 '신체 갑옷'이라는 관념을 제시했다. 그들은 프로이트가 발견했던 방어기제가 신체 움직임으로 옮겨져 근육 속에 뿌리박힌다고 굳게 믿었다. 그들에 따르면 심리치료의 목적은 다양한 운동으로 이런 근육을 풀어줌으로써 오랫동안 갇혀 있던 감정들을 해방하는 것이었다. 내가 요가 강습 중에 여러 차례 목격했거나 춤판에서 경험했던 것처럼 말이다.

이 같은 물리적 긴장 해소는 오늘날 심리치료소에서 거의 활용되지 않으며 신체 심리치료에서도 한 단면에 불과하다. 신체 심리치료사에게는 그 외에도 더욱 다양하고 보편적인 수단들이 있는데, 상당수는 '자기 성찰'과 '대인관계'라는 두 가지 소통 방식과 연관된다. 자기 성찰의 경우, 우리가 자신에게 공감하는 법을 잊거나 애초에 깨닫지 못하면 타인에게 공감하기가 더욱 어려울 수 있다는 점에 중점을 둔다. 신체 심리치료사들은 우리가 몸을 인식하고 몸에 연결되도록, 몸이 보낸 메시지를 유념하여 심신을 더욱 깊이 이해하고 소통하도록 돕는다.

하지만 이런 식으로 몸과 연결되려는 노력은 깊은 트라우마에 시달리는 사람에겐 매우 고통스러울 수 있다. 때로는 슬픔도 (특히 갑작스럽게 닥쳐온 경우에) 트라우마가 될 수 있는데, 지난 수십 년 동안의 연구에 따르면 트라우마는 신체에 매우 장기적인 영향을 끼친다. 선구적 심리치료사인 베셀 반 데어 콜크Bessel Van der Kolk의《몸은 기억한다》나 배빗 로트실트Babette Rothschild의《내 인생을 힘들게 하는 트라우마》같은 책은 신체가 드러내는 트라우마의 구체적 특성들을 증언하며, 저자의 연구와 임상을 통해 트라우마가 얼마나 유해한지 분명히 보여준다.

트라우마는 면역계, 근육과 골격, 내분비계와 순환계, 관계 수용 능력을 손상할 뿐 아니라 해리 성향까지 유발하는데, 이 모두가 과잉 각성 혹은 저각성 상태를 초래할 수 있다. 이처럼 트라우마가 끼치는 심각한 영향을 고려하면 사람들이 자신의 몸과 연결되길 원하지 않는 것도 이해할 만한 일이다. 왜 굳이 명상을 통한 연결로 판도라의 상자를 열겠는가? 신체감각으로부터 차단되려는 욕구는 부정 상태의 다른 양상들과 마찬가지로 정상적인 것이며, 단시간 동안 압도적인 감정에 휩쓸리는 것을 막아줌으로써 생명을 구할 수도 있다. 하지만 그런 욕구에 너무 익숙해지면 감각을 되찾는 법을 잊고 다시 숨 쉬는 법까지도 잊어버릴지 모른다.

아빠가 돌아가셨을 때 나는 많은 감정이 밖으로 표출되지 못한 채 내 몸에 맺혀 있음을 인식했고, 빌이 죽은 뒤에는 이를 더욱 강력하게 느꼈다. 한없이 무겁게 느껴지는 몸을 억지로 질질 끌고 다니긴 했지만 힘이나 생명력은 전혀 느낄 수 없었다. 나는 다시금 단어가 지닌 문자 그대로의 의미에 깜짝 놀랐다. '생명력vitality'의 'vita'는 '삶'을 의미하니까. 생명력을 잃은 내 몸은 내가 삶을 원하지 않게 되었다는 사실을, 나의 아주 큰 부분이 빌과 함께 죽었으며 나머지도 빌 없이는 계속 살길 바라지 않는다는 사실을 명백히 드러내고 있었다.

나는 살아남을 힘을 끌어모으기도 벅찬 상태였다. 감정적으로, 현실적으로, 특히 물리적으로 나 자신을 지탱하기 위해 근육을 단단히 조이고 내가 지닌 모든 것을 붙들어야 했다. 내가 그러고 있다는 걸 깨닫진 못했지만 언제나 지친 상태라는 건 알고 있었다. 아니, 지친 정도가 아니라 뼛속까지 탈진한 상태였다. 평생의 불청객인 불면증도 한몫했으나 나를 괴롭히는 완전한 무력감은 좀 더 비유적인 것, 그야말로 인생 자체에 대한 권태였다. 평소 내 삶에 그토록 중요했던 운동이 전혀 즐겁지 않았을 뿐 아니라 불가능한 과업처럼 느껴졌다. 이 또한 나 자신이 과거와 너무나 다르고 낯설게 느껴지는 이유였다. 조깅을 하고 요가를 하고 자전거를 타는 시간만 기다리던 내가 지금은 완전히 이방인 같았다. 모든 활동이 지극히 귀찮게만 느껴졌다. 운동을 덜 할수록 운동하고 싶은 욕구는 사라졌고, 내 몸과의 괴리감은 더욱 커져갔다. 내 몸인 척 가장하고 있는 이 낯선 형상을 상대로 명상이든 뭐든 연결을 시도한다는 건 순전히 불가능한 일 같았다. 내가 왜 그러고 싶겠는가?

하지만 수행 과정에서의 움직임이 그런 느낌을 다소 덜어주었고, 실감이 나지는 않을지언정 내게 여전히 몸이 있다는 점을 인식하게 해주었다. 가만히 앉아 몸이 말하려는 것에 귀 기울이

는 명상 수련 또한 내 심신이 얼마나 괴리된 상태인지 이해하고
새로이 연결을 시도하는 데 도움이 되었다.

몸은 우리의 경험을 드러내는 한편 새로운 변화의 원천이 되
기도 한다. 심리치료사들의 지시에 따라 정신과 영혼을 고통에
열어젖힐수록 내 몸도 누그러지고 풀어졌다. 그리고 몸이 열릴
수록 정신과 감정도 점점 해방되었다. 기분 좋은 피드백 회로였
다. 그렇다. 유쾌한 감정이 이 작용을 이끌어가고 있었지만, 어
쨌든 이 역시 피드백 회로였다.

실존주의 심리치료가 의미를 찾도록 길을 열어주었다면, 신
체 심리치료는 새로운 연결통로를 뚫어주었다. 신체 심리치료
가 내게 매력적이었던 이유 중 하나는 그것이 내가 25년간 요가
수행을 하며 깨달은 것들과 여러 면에서 공명한다는 점이었다.
요가와 신체 심리치료는 비슷한 점이 많다. 심신이 서로 연결되
어 있으며 동등한 관심을 필요로 하는 통합체라는 관념, 명상과
내적 감각에의 집중, 제대로 된 지반이 필요하다는 인식. 애착
이론에 따르면 우리에게는 탐험의 출발점인 '안전 기지'에 대한
심리적 욕구가 존재한다. 신체 심리치료와 요가 모두 이 이론을
문자 그대로 해석하여 지반에 단단히 뿌리내리는 과정을 강조
한다. 모든 생명의 안전 기지인 지구에, 우리의 두 발과 내적 감
각으로 말이다.

지구에 건강하게 뿌리내리지 않으면 우리는 성장할 수 없다.
뿌리를 깊이 내린 나무가 가지를 높이 뻗듯이, 단단히 뿌리내린

사람이 더 잘 성장할 수 있다. 요가는 항상 바닥과의 연결에서 출발한다. 바닥에 몸을 대고 단단히 뿌리를 내릴수록 더 높은 후굴 자세를, 물구나무서기를, 균형 잡기를 할 수 있다. 요가에서 몸을 높이 뻗고 싶으면 일단 바닥에 뿌리를 내려야 한다. 지반의 존재가 우리를 성장시킨다. 이는 심리치료에서도 마찬가지다. 우리의 안전 기지가 될 심리치료사와의 굳건한 관계에 안착하면 탐험은 자연스럽게 따라온다.

'더 브리지'에 있는 나 또한 그랬다. 나는 신체와 감정의 안정을 되찾아가고 있었다. 그에 따라 대양을 표류하는 마음속의 이미지도 바뀌어갔다. 여전히 육지는 멀리 떨어져 있었지만 폭풍은 가라앉았고, 한결 차분하고 잔잔해진 바다 위로는 구름을 뚫고 햇빛이 비쳤다. 판자 조각에 매달린 채 떠돌던 나는 마침내 배를 발견했다. 고작 카누 정도 크기였지만 그래도 배는 배였다. 유족 수행은 내게 배에 기어오를 힘을 주었다. 이제는 온몸을 긴장시킬 필요가 없었고, 정말 오랜만에 발아래 탄탄한 바닥의 존재를 느낄 수 있었다. 배 밑은 아직 땅이 아니라 막막한 바다라 해도 말이다.

길고 끔찍한 애도의 여정에서는 아무리 사소한 발전이라도 반갑게 받아들여야 한다. 끊임없이 움직이는 물 위의 배는 그리 견고한 지반이 못 되었고 난 여전히 물결치는 대로 떠돌고 있었지만, 그래도 이전에 비하면 훨씬 안정된 상태였다. 나를 떠받치는 이 지반을 받아들이고 신체감각에 더욱 깊이 뿌리를 내린다면, 그 안정감이 요가에서처럼 나를 실제로나 비유적으로나 더 멀리 뻗어나가게 할 것이었다. 깊이 뿌리를 내릴수록 나의 가지는 높이 뻗어나갔다. 하늘을 향해, 우주를 향해. 몸과의 연결은 몸을 벗어난 더욱 크고 영적인 존재와의 연결을 인식하게 해주었다.

◆

빌과 내가 처음 만난 스키로스섬 홀리스틱 투어의 첫날 프로그램은 동네 구경이었다. 어쩌다 보니 우리는 (그리스 시골에서는 그리 드문 일이 아닐 수도 있겠지만) 햇볕을 쬐고 있던 돼지와 마주쳤다. 빌과 나는 발길을 멈추어 그 온순하고 느긋한 동물을 쓰다듬어주었다. 돼지는 우리의 관심이 무척 기쁜 듯했다.

2년 뒤 우리의 결혼식 날, 빌은 그답게 유머러스한 축사를 통해 우리가 처음 만난 날 함께 돼지를 쓰다듬었다는 농담을 늘어놓았다.

그럼 다시 '더 브리지'에서 홀로 빌의 죽음을 '처리'하고 있는 내게 돌아가보자. 내가 묵던 농가 맞은편 방목지에는 돼지 두 마리가 있었다. 암수 한 쌍이었는데 듣기로는 부부라고 했다. 난 그 돼지들이 무척 좋았다. 내가 우리의 첫 만남과 결혼 축사를 떠올리며 웃을 수 있도록 빌리가 남겨둔 메시지처럼 느껴졌다. 나는 날마다 밖에 나가 돼지들에게 말을 걸었다. 수컷은 내가 쓰다듬어도 가만히 있었지만 암컷은 다소 낯을 가렸다.

빌의 장례식 전후에 일어났던 온갖 기묘한 사건들에 관해서는 이미 언급했다. 사람들이 믿든 안 믿든 내게는 그 사건들이 빌이 보낸 메시지로 느껴졌다는 것도.

그런 사건은 이후에도 몇 번 더 일어났다.

빌은 열여덟 살 무렵 슈롭셔 지역의 작은 마을 킨렛의 사립학교에서 몇 학기 동안 지리 교사로 일했고, 이후에도 그 학교를 설립하고 운영하는 가족과 줄곧 연락을 해왔다. 심지어 그 마을에서 매달 발행되는 소식지의 평생 구독 회원이기도 했다. 어느 날 나는 한동안 빌에게서 '메시지'가 없었다는 걸 깨닫고 슬퍼져서, 평소처럼 빌에게 얘기하다가 한 번 더 메시지를 보내달라고 부탁했다. 이틀 뒤에 우편함을 열어보니 20파운드짜리 수표가 들어 있었다. 알고 보니 빌은 킨렛 마을 소식지를 구독할 뿐만 아니라 그곳의 추첨 복권도 구입하고 있었고, 바로 그달에 그가 당첨된 것이다.

다른 일도 있었다. 빌의 어머니가 돌아가신 후 모든 자식들이 그분의 집을 정리하는 일에 착수했는데, 이는 빌이 죽을 때까지도 완료되지 않은 어마어마한 작업이었다. 나도 몇 번씩 그 집을 찾아가 시누이들의 끝도 없는 세간 정리를 거들었다. 그러던 어느 날 작은 금속 깡통이 눈에 띄었다. 1950년대 물건으로 원래는 '슈어 실드 요오드 목캔디'가 들어 있었던 모양이었다. 시누이에게 이걸 가져도 되겠냐고 묻자 시누이는 물론이라면서 자기도 방금 '기^{Gee}의 기침 알약'이라고 적힌 비슷한 깡통을 발견했다고 말했다. 나는 두 개의 깡통을 집으로 가져와 벽난로 선반에 올려놓았다. 그러고서 몇 주 뒤 빌 휴대전화 속 사진들을 넘겨보는데, 바로 그 기침 알약 깡통을 찍은 사진이 눈에 들어왔다. 아마도 빌이 그걸 나중에 우리 집으로 가져오려고 했거나 내 마음에 드는지 물어보려고 한 모양이었다(빌은 내 취향을 잘 알았다). 그는 깡통을 가져오지 못했지만, 결국 그 물건은 지금 우리 집 벽난로 선반에 놓여 있다.

'진짜'든 아니든 간에, 이런 메시지들은 내게 엄청난 위로가 되었다. 빌이 무사히 잘 있다고 믿으려면, 여전히 내 곁에서 웃고 농담하며 지켜봐주고 있다는 걸 믿으려면 그런 메시지들이 절실히 필요했다.

돼지 이야기로 돌아가서, 수행 나흘째 날 나는 창밖을 내다보다가 돼지들이 트레일러에 실리는 걸 목격했다. 내가 얼마나 경악했을지 상상해보라. 엄청난 절망감이 밀려왔다. 빌이 내게 웃음을 주려고 보낸 돼지들, 나를 그토록 기쁘게 해준 돼지들이 도살장에 실려 간다니 차마 생각할 수도 없는 일이었다. 세상은 어쩌면 이렇게 잔인할까? 나는 완전히 무너져서 흐느끼고 또 흐느꼈다.

하지만 나중에 직원이 알려준 바에 따르면 돼지 부부는 인근 들판으로 옮겨진 것뿐이었다. 여기저기 옮겨 다니며 땅을 파헤치는 것이 돼지들의 역할이고, 그렇게 굳어진 진흙탕을 발로 휘

저으면 토양이 다시 비옥해져 농작물이 잘 자랄 수 있다는 얘기였다. 게다가 내가 지금까지 돼지들을 지켜보았던 들판에는 야생화 초원이 조성될 예정이라고 했다. 내가 세상에서 가장 좋아하는 풍경 말이다. 이제 돼지들 덕택에 한층 비옥해진 땅에 씨앗이 뿌려질 예정이었다.

아, 이 같은 의미심장함이 나를 얼마나 기쁘게 했는지! 돼지들이 죽었다는 공포 대신 그들이 잘 살아 있으며 새로운 들판으로 떠난 것뿐이라는 다행스러운 소식이 찾아온 것이다.

물론 '새로운 들판으로 떠났다'는 말이 다소 의심스럽게 들리는 것은 사실이다. 차마 아이에게 아끼던 동물이 죽었다고 얘기할 수 없어서 '농장에 보냈다'고 이야기하는 어른들이 연상되지 않는가. 유족이 상실을 직면하도록 도와주는 수행 장소에서 그런 거짓말을 하고도 신용을 유지할 수 있을지는 의문이지만.

바로 그 점이 중요하다. 그 돼지들이 정말로 훗날 야생화 초원이 될 또 다른 들판을 파헤치며 행복하게 돌아다니고 있을지, 아니면 도살장 갈고리에 거꾸로 매달려 있을지 나는 결코 알 수 없으리라. 하지만 어느 쪽이 진실인지가 정말 그리 중요할까? 나는 대부분의 돼지들이 겪게 되는 잔혹한 결말을 생각하며 고통스럽게 흐느낄 수도 있고, 새로운 들판에서 함께 쿵쿵대는 돼지 부부 뒤로 피어날 야생화를 상상하며 희망과 행복에 젖을 수도 있다. 그들이 빌과 나의 상징이자 빛이 내게 보낸 메시지라고 생각한다면, 후자의 선택지를 받아들인들 무슨 문제가 있겠는가?

나는 빌이 죽은 뒤 일어난 가장 놀라운 변화에 집중하기로 했다. 바로 내가 이승 너머 또 다른 차원이 존재한다는 관념뿐 아니라 더욱 영적인 인생관을 받아들이게 되었다는 사실이다.

죽음 뒤에는 종종 그런 일이 일어난다. 많은 유족들이 상실의 의미를 찾고 고인과 무관한 새로운 정체성을 발견하려 몸부림친 끝에 영성과 내세에 관한 생각을 바꾼다. 매우 종교적이던 사람이 사랑하는 이를 부당하게 잃었다는 배신감에 신앙을 버리기도 하고, 반대로 종교가 없던 사람이 신앙을 발견하기도 한다. 독실한 기독교 신자였던 C. S. 루이스 C. S. Lewis는 아내의 죽음을 회고한 책 《헤아려본 슬픔》에서 자신이 슬픔뿐 아니라 신앙과도 맞서 싸웠다고 적었다. 이 두 가지는 그에게 분리될 수 없는 것이었다.

나로 말하자면 전에는 비교적 어수선하고 불확실했던 내세관이 뚜렷해지기 시작했고, 이 세상 바깥에 더 많은 것들이 존재한다는 주장 또한 점점 설득력 있게 느껴졌다. 흥미로운 것은 심리치료에도 바로 이 문제를 다루는 유파가 존재한다는 사실이다.

🌢

이 책에서 언급한 다른 여러 심리치료들과 마찬가지로 '초개인 심리치료' 또한 비탄을 숙고하고 그것과 공존할 방법을, 나아가 상실을 해석할 또 다른 언어를 제시한다.

영성은 많은 사람에게 매우 중요한 문제다. 영성이라는 관념을 수용하는 사람은 물론 영성을 경원시하는 사람이나 영성에 무관심한 사람에게도 마찬가지다. 세 가지 모두 충분히 유효하며 납득 가능한 선택지다. 인생 전반에 있어서도 그렇지만 애도에 있어서는 더욱 그렇다. 어느 쪽이든 수긍할 수 있는 쪽을 마음 편히 받아들이자. 죽음이란 차가운 종말이며 그 이후엔 천국도 지옥도 초월자도 없다고 믿든, 반대로 흰옷을 입은 전지전능한 신이 존재한다고 믿든 상관없다. 혹은 둘의 절충안이나 불가지론도 괜찮은 선택이다. 셰익스피어의 희곡에서 햄릿은 이렇게 말한다. "호레이쇼, 하늘과 땅 사이에는 자네의 철학으로 꿈꿀 수 있는 것보다 더 많은 존재들이 있다네."

초개인 심리치료는 햄릿과 마찬가지로 우리가 꿈꿀 수 없는, 상상하거나 합리적으로 설명할 수 없는 무언가가 저 너머에 존재할지도 모른다는 관념을 받아들인다. 이는 우리 모두가 더욱 큰 총체의 일부분이며 서로 연결되어 있다는 생각으로 이어진다. 이 맥락에서 접두사 '초trans'는 '너머beyond'를 의미한다. 개인 너머, 현실 세계 너머, 개별 자아 너머, 시공간 너머를 뜻하는 것이다.

카를 융, 스타니슬라프 그로프Stanislav Grof, 켄 윌버Ken Wilber, 로베르토 아사졸리Roberto Assagioli, 에이브러햄 매슬로Abraham Maslow, 존 로언John Rowan 등 여러 유명 학자들도 이 이론을 수용한 바 있다.

초개인 심리치료가 반드시 종교적이거나 철학적인 것은 아니다. 내담자가 자신의 신앙을 접목시키길 원하는 경우도 있지만, 초개인 심리학의 가장 중요한 특성은 무엇보다 '초월적 존재'를 인정한다는 것이다. 이 초월적 존재는 영혼, 정신, 우주, 진실, 빛, 성스러움, 신령, 신비 등 다양한 말로 일컬어질 수 있다.

지극히 모호한 존재, 생각하기보다 느껴야 하는 존재를 말로 표현하거나 분류하거나 정의하기가 얼마나 어려운지는 이처럼 다양한 명칭만 보아도 짐작할 수 있다. 어찌 보면 초월적 존재란 비탄 그 자체와도 비슷한 듯싶다. 비탄 역시 우리 내면에 머물고 세포와 호르몬 속에 스며들며 말로 표현하기는커녕 머리로 이해하기조차 어려운 존재니까.

현세 너머의 존재(무엇이든 간에 자신에게 의미 있는)를 믿음으로써 유족은 자신이 내던져진 혼란에서 벗어날 새로운 길을 찾아낼 수 있다. 고통 너머에 자리한 더 높은 목적을 찾아내고, 당장은 상황을 이해할 수 없을지라도 어떤 초월자가 지금 일어나고 있거나 앞으로 일어날 일들을 파악하게 해줄 설계도를 갖고 있다고 생각함으로써 위로받는 것이다. 어떤 사람들에게는 종교나 더 넓은 의미에서의 신앙이 같은 역할을 한다. 무엇이든 간에 저 '너머'의 존재에 대한 믿음이 다소 불명료하게 느껴진다면, 초개인 심리치료가 명료함을 찾아내도록 도와줄 수 있을 것이다.

초개인 심리치료는 우리가 고통과 함께해야 할 필요성을 받아들이도록 한다. 마음속 가장 깊은 곳에 숨은 공포를 마주 보고 그것과 공존하는 법을 배우라고, 우리가 어쩔 수 없는 일도 있다는 사실을 받아들이라고 가르친다. 이 모두가 사랑하는 이를 잃었을 때 필연적으로 깨닫게 되는 것들이며, 따라서 초개인 심리치료는 유족에게 무척 유의미할 수 있다.

자신의 고통을 직면하는 일은 대부분의 심리치료에 필수적이지만, 그 방식은 심리치료 유파에 따라 다르며 강조점도 제각각이다. 광범위한 초개인적 렌즈로 자신을 들여다보기보다 일상 경험이나 대인관계, 내면세계에 집중하도록 이끄는 심리치료도 있다.

초개인 심리치료의 여러 철학적 요소가 다른 심리치료와 겹쳐지듯이, 치료 과정에서 접하게 되는 수행 방식도 마찬가지다. 예를 들어 명상이나 꿈 해석, 시각화, 신화, 스토리텔링 등은 여러 심리치료 유파에서 널리 쓰이지만 초개인 심리치료에서 유독 큰 비중을 차지한다. 내가 보기에는 이런 방식들 또한 유족에게 (적어도 그중 일부에게) 자연스럽게 중요해지는 것 같다. 기존의 언어만으로는 이처럼 복잡한 반응을 전달할 수 없기 때문이리라. 때로는 신화와 비유의 언어가 더욱 유창할 수 있다. 내 경우에도 대양을 표류하는 감각을 생생하게 느끼면서 내면에 소용돌이치던 감정의 비유를 찾아낼 수 있었다. 이런 경험이 시각화와 이미지의 중요성을 증명한다.

빌이 죽은 이후로 아주 많은 것이 변했다. 나의 내면과 외부 세계뿐 아니라 '초월적' 영역과의 관계도 변화하고 재편성되었다. 언젠가 심리치료사 일을 재개한다면 아마 초개인 심리치료가 한층 큰 비중을 차지하게 될 것이다. 나 자신의 삶도 이미 초개인 심리치료를 통해 크게 변화했으니까.

빌이 죽은 뒤에도 그의 존재감이 어찌나 강렬히 느껴졌던지, 내가 예전보다 훨씬 더 초월적 영역의 존재를 믿게 되었음을 인정하지 않을 수 없었다. 아마도 마음 깊은 곳에서는 늘 그래왔던 듯하지만, 사실 빌이 죽기 전까지 나의 영적 여정은 겉핥기에 가까운 파편적이며 두서없는 것이었다. 엄마는 신앙 없는 장로교도였고 아빠는 가톨릭 냉담자였으며, 나 역시 대체로 세속적인 공립학교에서 교육받았다. 성장과정에서 종교에 관해서는 거의 배우지 못했고 교회는 크리스마스와 부활절에나 가는 정도였다. 불만은 없었다. 나는 권위, 관습, 의식 따위를 못 견뎠고 일체의 교조주의를 싫어했으니까. 내게 종교란 이 모든 것과 연결된 주제였기에 내 세계와는 거리가 멀 수밖에 없었다. 하지만 그러면서도 나는 항상 현세 너머에 또 다른 무언가가 있을 거라고 희미하게 느꼈는데, 그런 감각을 정확히 말로 표현할 수는 없었다.

빌과 나는 불교에 잠시 발을 들이기도 했다. 우리가 믿는다고 여기면서도 결코 온전히 받아들이진 못했던 어떤 사상과 가장 가깝다고 느꼈기 때문이다. 우리는 불교 철학과 교조주의의 부재, 인간에 대한 연민과 개인적 책임감의 공존을 좋아했다. 불교는 확실히 우리에게 유익했지만 한편으로 뭐라 설명할 수 없는 지점에서 아쉬움을 남겼다.

나는 더욱 깊은 소속감을 원했다. 단순히 영적인 가르침이나 체계가 아닌, 어딘가 속해 있다는 느낌이 필요했다. 방송업계를 떠나면서 나는 대학 졸업 이후로 늘 몸담아온 '집단', 이전에 학교가 그랬던 것처럼 하나의 장소이면서 동시에 공동체이기도 한 공간에서 떠나야 했다. 그때까지는 항상 내가 어딘가에 속해 있다고, 팀의 일원이라고, 날 떠받쳐주는 기반이 있다고 느껴왔는데 말이다. 심리치료사 수련 과정에서는 다행히 동료 학생들 사이에서 비슷한 공동체 의식과 소속감을 찾을 수 있었지만, 수련을 마치고 사설 심리치료소를 열어 혼자 일하기 시작하자 혼란스럽고 외로워졌다. 때마침 아빠의 병이 위중해진 데다 엄마나 언니와는 원래 서먹한 관계였기에 더욱 외롭게 느껴졌다. 내겐 동업자도 없었고, 아빠도 곧 돌아가실 게 분명했으니 소중한 가족도 잃게 될 터였다. 그러다 보니 빌한테 무슨 일이 생기면 어쩌나(맙소사, 나중에 일어날 일을 내가 알았더라면!) 걱정이 되었다. 그랬다가는 나 역시 뉴스에 보도되는 사람들처럼 아무도 사라진 줄 모르다가 2년 뒤에야 자기 고양이들에게 반쯤 파먹힌 시체로 발견될지 몰랐다.

그렇게 마음이 싱숭생숭하던 차에 빌과 함께 방문하게 된 곳이 우리 동네 퀘이커 신도 집회소였다.

오래전부터 우리가 1년 중 가장 좋아하는 주말은 바로 런던

오픈 하우스 행사 기간이었다. 전 도시가 건축에 흥미를 가진 사람들에게 문을 활짝 열고 런던에서 가장 매혹적인 건물들을 들여다볼 수 있게 해주는 시기 말이다. 내 경력 중에서 가장 고립감이 심했으며 불교에 점점 더 환멸을 느꼈고, 동시에 다가오는 아빠의 죽음을 두려워하던 바로 그해의 오픈 하우스 기간에 우리는 해머스미스의 퀘이커 신도 집회소를 방문했다. 건물을 둘러보고 어느 장로와 잡담도 나누었다. 그분은 건물 이야기와 함께 퀘이커교에 관해서도 들려주었는데, 딱 우리 취향 같았다. 듣자 하니 퀘이커 신도들은 기본적으로 반골이라고 했다. 물론 이런 해석을 얼마나 많은 신도들이 반길지는 모르겠지만, 적어도 일부는 동의할 것이다. 무엇보다 퀘이커교는 이의와 토론을 수용할 뿐 아니라 바로 그런 것들을 바탕으로 세워졌으니까. 우리에게 가장 중요한 것은 이 종교가 교조주의와 거리가 멀다는 점이었다. 신도들은 신이나 성서를 믿지 않아도 되었고, 권위와 독단적 판단을 지양했으며, 진보적이고도 환경 친화적인 활동가였다. 이 모두가 우리의 정체성에 들어맞는 듯했다. 그들은 일요일마다 모여 한 시간 동안 묵언 예배를 드린다고 했다. 하지만 그렇게 내적 신앙을 다지는 침묵의 모임 중에 무언가를 깨닫게 된다면 누구든 마음대로 '성직자' 역할을 할 수 있으며, 자신의 깨달음을 다른 사람들과 공유해도 상관없다고 했다.

또한 퀘이커 신도들은 공동체 의식이 매우 강하며 서로를 잘 보살핀다고 했다. 내가 간절히 원했지만 당시 참가하던 불교 모임에서는 찾지 못한 바로 그 지점이었다. 모임의 명칭만 봐도 느낌이 왔다. 공식 명칭이 '경건한 벗들의 모임'이라니!

"우리도 저 모임에 나가자." 그곳을 떠나며 빌이 말했다.

나도 동의했다. "좋아." 우리는 정말로 그렇게 했다.

몇 주 뒤 우리 집에 카드 하나가 도착했다. 처음에는 어찌 된 영문인지 알 수 없었다. 내가 모르는 여러 사람들의 서명 아래 "걱정 마세요, 당신은 혼자가 아닙니다. 이제 퀘이커 신도 모임의 일원이니까요"라고 적혀 있었다. 곧 알게 되었지만 그것은 날 격려해주려고 빌이 생각해낸 또 다른 장난이었다. 빌은 신도들의 이름을 가짜로 지어내 카드에 적은 다음 내 앞으로 보냈다 (그때만 해도 우리는 실제 신도들과 아는 사이가 아니었다). 훗날 언젠가 내가 받게 될 카드를 그가 미리 썼던 것이다. 나중에 내가 홀로 남는다 해도, 지금 당장은 잘 모르는 이 새로운 사람들이 곁에 있을 거라고 말해주기 위해서.

"설사 당신이 나 없이 혼자 죽더라도 고양이한테 먹히진 않을 거야. 그 사람들이 당신을 보살펴줄 테니까." 대체 무슨 생각으로 이런 카드를 보낸 거냐는 내 말에 빌은 이렇게 대답했다.

빌이 내게 그토록 특별했던 것은 이렇게 내 마음을 이해하고 공감해주었기 때문이다. 그는 기발하고도 특별한 방식으로 날 위로할 수 있었고 연민과 기이한 유머 감각을 지닌 사람이었다. 돌이켜보면 그 카드야말로 훗날 우리가 겪을 일에 대한 최초의 전조였던 것 같다. 당연한 얘기지만, 빌이 죽은 뒤 나는 정말로 그런 카드를 받았다. 이젠 내가 잘 알고 사랑하게 된, 그리고 정말로 내 곁에 있어준 실제 사람들의 이름이 가득 적힌 카드였다.

내가 점점 더 내세를 믿게 된 데는 또 다른 이유도 있다. 나는 빌이 아무 자취도 남기지 않은 채 그냥 사라졌다는 생각을 도저히 받아들일 수 없었다. 빌은 정말로 훌륭하고 독특하며 놀라운 사람이었는데, 그 모든 게 허공으로 증발해버렸다니. 평생 그토록 열심히 일하고 좋은 일을 많이 한 사람이 지상에서 아무 보상도 받지 못했다면, 적어도 또 다른 형태의 (바라건대 더 멋진) 보상이 준비되어 있어야 마땅했다. 나는 빌이 행복하고 평온하게 지낸다고 믿어야만 했다. 아니, 평온 정도가 아니라 지복, 즉 '더 없는 행복'이어야 했다. 지복이란 게 무엇인지 나로서는 잘 몰랐지만 적어도 빌에게는 그것이 주어지길 바랐다.

빌은 반드시 지복을 누려야 했다. 빌의 새로운 '삶'은 고통도 걱정도 없으며 맥주와 과자와 크리켓과 축구, 그의 농담에 웃어줄 사람들로 가득하다고 믿고 싶었다. 그런 믿음이라도 없으면 정말로 더는 살아갈 수 없을 것 같았다. 빌의 삶이 헛된 것일 수는 없었다. 그래서는 안 되었다. 그것은 용납 불가능한 일이었다. 게다가 빌 역시 내가 그런 부정적인 생각에 빠져드는 걸 용납하지 않을 터였다. 빌이 계속 나에게 보내온 유머러스하고 장난스러운 메시지들도 바로 그런 의미였을 것이다. 얼마 전 퀘이커 신도 집회에서 내가 받은 메시지처럼 말이다.

해머스미스 집회소를 처음 방문한 지 5년이 지났고, 이제 일요 예배 모임은 내 삶의 중요한 부분이 되어 있었다. 어느 날 아침 집회에 참석해 명상을 하던 나는 문득 격렬한 슬픔이 솟구쳐서 빌리에게 행복하게 잘 지내고 있는지 신호를 보내달라고 부탁했다. 그런 뒤 감았던 눈을 떴을 때 맞은편 신도가 읽고 있는 책 표지가 시야에 들어왔다. 숲 그림 위에 'FOREST'라는 단어가 대문자로 적혀 있었다. 빌은 평생 노팅엄 포리스트 축구팀을 응원했기 때문에 우리 집에도 그 단어가 적힌 물품이 (포리스트 머그잔, 목도리, 퍼즐, 메모장 등) 넘쳐났다. "포리스트가 이겼어. 포리스트가 졌네. 다음 주에 포리스트 경기가 있어. 텔레비전에 포리스트가 나오네. 오늘은 안 나오는군……." 게다가 빌은 실제 숲도 좋아해서 우드랜드 트러스트The Woodland Trust*에 많은 돈을 기부하기도 했다.

이 모두가 나의 부탁에 대한 대답처럼 느껴졌다. 정말로 희한한 점은, 원래 집회에서 신도들이 책을 읽는 경우가 거의 없다는 것이었다. 우리의 영적 교재인 《퀘이커 신앙과 실천Quaker Faith and Practice》이나 성서 등 여타 종교 경전이라면 몰라도, 집회에서 일반 단행본을 읽는 사람은 그 전에도 이후에도 전혀 보지 못했다.

이런 일들 때문에, 나는 현세를 초월한 존재가 있다고 그 어

---

* 영국의 삼림 보호 단체.

느 때보다 굳게 믿을 수밖에 없었다. 물론 그저 내게 너무나 특별하고 중요했던 사람이 사라져버렸다는 생각을 견딜 수 없었기 때문인지도 모른다. 빌이 여전히 어딘가에 존재한다는 달콤한 거짓말로 자신을 속이며 그런 생각에 부합하는 사건만을 찾아다니는 건지도 모른다. 하지만 나는 그렇게 생각하지 않는다. 단지 그런 것만은 아니라고 믿고 싶다. 게다가 내가 우울할 때 나를 위로해주고 나를 빌리와 계속 연결해주는 한, 그것은 광기라 해도 내가 미치지 않도록 지켜주는 광기일 것이다.

5

＊

숨 고르다

＊

내 삶이라는 돌무더기를 찬찬히 뒤지며 그 안에 숨은 보석을

찾아보고 싶었다. 나의 상실을 귀중한 부가가치이자 폐허를

재건할 수단으로 재구성하고 싶었다.

영적 세계와의 연결감이 강해지자 그 반작용도 나타났다. 나는 세속적 기쁨, 심지어 쾌락주의라 할 만큼 물질적인 세계에 새삼스럽게 빠져들었다. 어쩌면 내 마음 한구석에 좀 더 대범하게 살고 싶다는 생각이 있었는지도 모른다. 그때껏 내가 휩쓸려 있던 반쪽짜리 삶과 정반대로 말이다.

몸과 마음이 서서히 풀어지고 유족 수행을 통해 무거운 감정들을 한 짐 내려놓으니 한층 자유로워진 기분이었다. 나의 원격 조종자도 이제 손아귀에 힘을 빼고 사디스트 노릇을 그만둔 것 같았다. 나는 서서히 자제력을 되찾아갔다. 적어도 감정은 통제할 수 있었다. 그렇지만 행동에 있어서는 전혀 낯선 모습의 내가 나타나기 시작했다. 지금까지 전혀 몰랐던 나, 꽤나 변덕스럽고 가끔은 걱정스러우리만치 제멋대로인 나였다. 점점 자주 무대의 중심을 차지하는 이 자아를 제대로 파악해야 했다. 조만간 더 이성적인 자아를 개입시켜야 하는 게 아닐지 염려스럽기도 했지만, 당장은 기존의 자아들도 별나고 무책임하며 때로는 무모하기까지 한 신인의 등장을 즐기는 듯했다. 적어도 이 새로

운 자아를 자유롭게 방치하며 "어디 하고 싶은 대로 해봐"라고
격려하는 것처럼 보였다.

새로운 자아는 다음과 같은 신조를 가진 모양이었다. '인생은
내게 정말 치사하게 굴었어. 하지만 나는 그런 대접을 용납하
지 않을 거야. 난 치사한 대우를 받았으니 이제 무엇이든 원하
는 대로 해도 돼. 초콜릿과 칵테일을 실컷 먹고 휴가 여행도 자
주 가야지. 뭐든 내게 즐거운 일이라면 마음대로 할 거야. 어떻
게든 내 불운을 보상받아야 하니까. 아이도, 남편도, 가족도 가
질 수 없는 처지라면 뭐라도 내게 가능한 것을 즐기고 누려야
지. 지금 당장 내가 원하는 무엇이든 말이야. 제한 따위는 없어.
누구도 날 막지 못해. 특히 스코틀랜드 장로교 혈통의 은행원
자아는.'

사실 나는 한참 동안 새로운 자아를 무대 뒤 대기실에 가둬놓
고 있었다. 그 자아가 등장하면서 나에게 생소한 두 가지 행동
방식이 나타났기 때문이다.

첫 번째는 물건을 지나치게 정리 정돈 하고 이리저리 옮겨놓
는 행동이었다. 무모함과는 별로 상관없는 행동이지만 (무절제하
게 살더라도 집안일은 해야 하니까) 어쨌든 평소의 나와는 다른 모습
이니 일단 경계할 필요가 있었다.

이런 새로운 행동 방식에도 요긴하고 실용적인 면이 있긴 했
다. 빌이 죽은 뒤로 생활환경이 점점 엉망이 되어 간단한 청소
조차 할 엄두가 나지 않던 터였다. 더구나 빌의 물건 일부를 정

리하고 그 자리에 내 물건을 옮겨놓기 시작한 참이었기 때문에 집 안은 한층 더 난장판이었다. 마치 뒤죽박죽이 된 내 마음의 시각적 반영 같았다. 그러니 정리 정돈이 필요한 건 사실이었다. 하지만 난 귀신이라도 들린 양 '정리'를 한답시고 끝없이 이 방에서 저 방으로 물건을 옮기고 짐 가방과 상자를 꾸렸다 풀기를 반복했다. 정체성의 새로운 수립이라는 충족되지 못한 욕구를 집 정리로 승화(이 역시 프로이트의 방어기제다)하려는 것처럼.

사실 이는 혼란해진 우주에 질서와 통제력을 부여하고자 하는 시도의 또 다른 형태였다. 물론 누구나, 특히 마감 날짜가 임박할 때면 갑자기 속옷 서랍을 정리하거나 수저통을 씻고 싶다는 충동을 느끼기 마련이다. 하지만 어느 날 홍차 티백을 정리하다가 내 행동이 슬슬 병적인 지경에 이른 것 같다는 느낌이 들었다. 뒤섞여 있던 티백들을 브랜드별로 마치 군인들의 대열처럼 줄 지어 세워놓고 있었던 것이다. 어차피 전부 흔해빠진 싸구려 티백인데도, 왠지 그것들을 분류하고 똑바로 각을 잡아 세우는 게 더없이 중요한 일처럼 여겨졌다. 나는 티백들로 울타리를 둘러치고 있었다. 정상적인 행동이라고 할 수는 없었다.

아마도 첫 번째와 연관되어 있을 두 번째 행동은 무절제한 소비 습관이었다. 나는 평생 쇼핑을 즐긴 적이 없었다. 오히려 쇼핑이라면 질색이었다. 쇼핑 자체뿐 아니라 물질주의, 돌아다니며 시간을 낭비하는 것, 무거운 쇼핑백, 결정을 내리는 것, 특히 쓸데없이 돈을 낭비하는 것을 싫어했다. 아마도 장로교 은행원의 유전자 때문이겠지만, 나는 상당히 금욕적인 가치관을 지녔으며 물건이 망가지기 전에는 새것을 사면 안 된다는 생각을 고수해왔다. 액세서리, 화장품, 보석 등 실생활에 도움이 되지 않는 겉치장에도 관심이 없었다.

그런데 얼마 전부터는 돈을 물처럼 쓰고, 필요하지 않은 물건이나 명백한 사치품에까지 손을 뻗기 시작한 것이다. 나는 평소 쇼핑에 돈을 아끼는 편이었지만 유독 음식에만은 탐닉하는 성향이 있었다. 먹는 데 돈을 낭비하는 것은 내게 항상 손쉬운 위로의 수단이자 욕구를 달래주는 진정제였다. 하지만 근래에 느낀 공허감이 너무 커서인지 음식만으로는 도저히 그 자리를 메울 수 없게 되었다. 게다가 아무리 나라고 해도 한 번에 쑤셔 넣을 수 있는 음식의 양에는 한계가 있었다. 따라서 나는 더욱 물질적인 종류의 소비에 치중했고, 예전에 위장을 채웠듯 장바구니를 채우기 시작했다. 무절제하게, 탐욕스럽게, 앞일 따위는 생각지 않고서.

정리와 낭비라는 두 가지 새로운 행동 방식은 모두 '둥지 틀기' 성향과 맞닿아 있다. 둥지를 틀려는 본능은 흔히 태어날 아기를 위해 편안하고 안락한 집을 꾸미려는 임산부에게 나타나지만, 내 경우엔 나만을 위해 안전한 피난처를 만들려는 욕구에서 나온 것 같았다. 아름답고 위로를 주는 물건들로 가득한 보금자리에서 편안히 숨 쉬며 지내고, 바깥세상이 너무 혼란하고 버거워질 때면 해치를 닫아버리자. 나는 빌이 주었던 안정감과

위안, 그가 세상에 존재한다는 사실만으로도 행복했던 기분을
물질을 통해 재현하려 하고 있었다. 화려하고 안락하게 꾸민 집
이 빌의 역할을 대신할 수 있을까? 천만에. 이 세상의 모든 음식
을 삼킨대도 빌의 죽음이 내게 남긴 공허를 채울 수 없는 것과
마찬가지였다. 하지만 그런 사실도 지금 나의 몸부림을 막을 순
없는 듯했다.

심리치료 과정은 종종 유년기의 발달 과정을 반영한다. 사람
들은 흔히 어린아이처럼 무력한 상태로, 어떻게 살아가야 할지
모르겠다고 말하며 심리치료를 받으러 온다. 그렇게 심리치료
사와의 관계가 깊어지고 감정적 성숙이 진행되는 동안 유년기
의 다른 발달단계들이 나타난다. 심리치료사 혹은 모성적 존재
로부터 서서히 독립하여 마침내 어른이 되는 것이다. 나도 비슷
한 궤도를 밟아가는 거라면, 이 새로운 행동 방식들은 나의 애
도가 무력한 유년기로부터 반항적인 '청소년기'로 옮겨 갔음을
암시하는 듯했다. 무절제하게 행동하고, 무엇보다도 온갖 새로
운 정체성을 시도해보는 단계 말이다. 내가 원하는 정체성인 빌
의 아내로서 사는 것은 불가능했으니, 새로운 자아를 이것저것
걸쳐보며 그중 무엇으로 기존의 자아를 대체할 수 있을지 살펴
봐야 했다.

◆

4월은 정말로 잔인한 달이었다. 원래대로라면 빌의 쉰일곱 살 생일이 되었을 날이 다가오고 있었던 것이다. 나는 그날 저녁을 빌의 절친한 친구들과 함께 보냈다. 빌을 추모하고 기쁨과 고통의 눈물을 서로서로 닦아주면서.

사실 이번 해에는 희한하게도 빌 쪽에서 내게 생일 선물을 보내주었다. 빌의 유작이 된 희곡 〈제럴드Gerald〉가 매년 서픽에서 열리는 INK 연극제의 개막작으로 선정된 것이다. 나는 희곡의 내용은 알았지만 아직 읽어보지는 않았기 때문에, 이번 공연이 '빌의 목소리'로 그 내용을 처음 듣는 자리가 될 터였다. 기차가 서픽을 향해 덜컹덜컹 달려가는 동안 내 마음도 빌의 희곡이 공연되는 것을 듣고 볼 생각에 덜컹거리며 떨렸다. 사실 나로서는 희곡을 직접 읽지 못한 이유가 있었다. 이번에도 운명이 기이한 장난을 친 것인지, 〈제럴드〉는 남편의 갑작스러운 죽음을 맞은 여자에 관한 이야기였다.

앞에서도 같은 푸념을 늘어놓긴 했지만, 애도 과정에서 무엇보다 힘든 점은 평생 가장 끔찍하고 강렬하며 낯선 일을 겪으면서도 그 경험을 가장 친한 친구와 나눌 수 없다는 점이다. 지난 14년 동안 일상의 모든 순간을 공유했던 사람과 말이다. 빌이 죽고 나서 내가 얼마나 슬픈지, 그런 내 모습에 사람들이 얼마나 친절한 혹은 바보스러운 반응을 보였는지 그에게 들려주고 싶다는 생각을 하지 않은 순간이 없었다. 하지만 그럴 수가 없었다. 아니, 들려줄 수는 있었지만 빌은 대답하지 않았다.

지금까지는 말이다.

〈제럴드〉를 보고 있자니 마치 빌이 내가 겪을 일을 미리 알았던 것 같다는 느낌이 들었다. 그 연극은 나의 최근 경험을 빌 특유의 유머와 세밀한 관찰력으로 다시 보여주는 듯했다.

빌은 나를 향해 이렇게 말하고 있었다. "당신이 어떤 상황인지 잘 알아. 난 당신 곁에 있어. 당신이 그토록 그리워하는 우스꽝스러운 추임새를 던지면서, 사람들의 뻔하고 어이없고 무신경한 언행과 그럼에도 느껴지는 선의 때문에 당신과 함께 웃으면서 말이야."

그리고 또 하나의 명백한 메시지가 있었다. "내가 원하는 건 당신이 친구들과 웃으면서 즐거운 시간을 보내는 거야. 난 당신이 계속 살아갔으면 좋겠어."

기쁨과 고통의 눈물이 언제나처럼 하나로 뒤섞여 흘러내렸다. 내 주변 관객들만이 아니라 배우들에게도 미안할 정도였다. 그들은 분명 내 흐느낌을 들었을 테고 고인의 아내가 보고 있다는 생각에 더욱 부담감을 느꼈으리라. 대체 어떻게 그러는지 모르겠지만, 빌은 항상 내게 놀라움을 안겨준다. 심지어 무덤 속에서도.

연극제 책임자인 줄리아 소어버츠Julia Sowerbutts는 빌의 이름을 딴 상을 만들어도 되겠냐고 물었다. 나는 당연히 동의했고,

그리하여 '빌 캐시모어 신인상'이 탄생했다. 이번 해의 수상작은 〈제럴드〉였다. 이 두 가지 사건은 내게 빌을 더욱 장기적으로 추모할 방법을 알려주는 이정표처럼 느껴졌다. 장례식 이후로 계속 생각해왔던 사안을 실행에 옮길 때가 된 것이다.

지난 10월 빌은 이쿼티^{Equity}*에서 주최하는 일일 연기 강습에 등록했다가 강습이 참가 불가능한 날짜로 연기되는 바람에 환불 제의를 받았다. 그러자 빌은 환불 대신 강습비를 낼 여유가 없는 다른 학생이 참가하게 해달라고 요청했다.

나는 그 일을 종종 돌이켜보았고, 그럴 때마다 이런저런 생각을 떠올렸다. 빌은 정말로 관대한 사람이었다. 항상 다른 사람을, 특히 자기보다 여건이 좋지 않은 이를 돕고 격려하려 했다. 그런 생각을 하면 기쁘면서도 동시에 슬펐고, 분노도 솟구쳤다. 그렇게 훌륭한 사람이 항상 꿈꾸어온 삶을 시도해보지도 못하고 스러지다니, 말도 안 되는 낭비 아닌가.

하지만 그 일은 내게 빌을 추모하는 한편 다른 사람에게도 희망과 격려를 불어넣을 아이디어를 주었다. 나는 빌의 이름으로 장학금을 만들어 연극계 입문을 원하는 저소득층 청소년에게 기회를 주기로 했다. 심리치료사로 복귀할 준비가 될 때까지 분주하게 지낼 만한 프로젝트이니 내게도 유익한 일이었다. 게다가 목표 의식이 생기면 지금껏 나를 괴롭혀온 실존적 불안에서

---

* 　영국의 창작자 노동조합.

도 벗어날 수 있을 터였다.

　나는 연극 관련 자선단체들과 동네 극장 두 곳을 찾아갔다. 빌과 함께 종종 다녔던 곳으로, 재능 있는 지역 청소년을 충실하게 지원하고 육성해온 곳들이었다.

　그중 하나가 바로 '리릭 시어터 해머스미스Luric Theater Hammer Smith'였다. 그곳 직원들을 만나자마자 더 찾아볼 필요가 없겠다는 확신이 들었다. 함께 일하고 싶었던 이들을 만난 것이다. 윤리 강령, 사람들, 위치 등 뭐 하나 부족한 게 없었다. 모든 게 빌이 원했을 그대로였고, 이들과 함께라면 뭔가 멋진 일을 해낼 수 있겠다는 확신이 들었다. 나는 이 새로운 동료들과 함께 재능은 있지만 기술과 아이디어를 실현할 여건이 안 되는 청소년들을 위한 연간 연수 프로그램을 짜기 시작했다. 연수를 마치면 리릭 시어터 무대에 장편 연극이나 뮤지컬을 올릴 기회가 주어졌다. 청소년들에게는 자신의 작품을 실제로 상연함으로써 연극계 경력에 첫발을 내딛는 독보적인 경험이 될 것이었다.

　빌도 내 계획에 찬성할 거라는 확신이 들었고, 그런 확신 때문인지 기분이 한층 나아졌다. 또다시 이렇게 말하는 빌의 목소리가 들려오는 듯했다. "지금껏 당신이 한 일 중 최고야." 빌이 살아 있었더라면 분명 언젠가는 직접 비슷한 계획에 착수했을 터였다. 유감스럽게도 장학금 수여자가 누릴 수 없게 된 특혜가 한 가지 있었으니, 빌의 놀라운 연기 지도와 멘토링이었다. 하지만 빌의 친구들이 그를 기리는 의미에서 기꺼이 자신들의 시간과 기술을 제공해줄 것이었다.

이것이야말로 '파급'의 좋은 사례가 아닐까.

◆

어빙 얄롬Irvin Yalom은 실존주의 심리치료사로, 그의 책《나는 사랑의 처형자가 되기 싫다》는 내가 심리치료사의 길을 택한 이유 중 하나였다. 얄롬이 유려한 문장으로 써 내려간 상담 사례들은 놀라울 뿐만 아니라 치료사와 내담자의 상호 관계가 얼마나 미묘하고도 내밀하며 강력할 수 있는지를 잘 보여준다.

《태양을 바라보며Staring at the sun》는 그보다 나중에 나온 책이다. 80대가 된 얄롬은 자신의 죽음에 관해 숙고하고, 죽음을 두려워하는 내담자들을 자신의 경험으로 도와주면서 흥미로운 이론들을 제기한다.

이 책에서 얄롬이 길게 서술한 주제 중 하나가 바로 '파급'이다. 우리가 어떤 사람이었고 사는 동안 무엇을 했으며 누구를 만났는지가 죽음 뒤의 세상에까지 영향을 끼친다는 관념이다. 우리의 삶은 연못에 던져진 돌멩이처럼 물보라를 일으키고, 그로 인한 잔물결은 우리가 살아 있는 동안만이 아니라 죽은 뒤에도 멀리멀리 퍼져나간다. 게다가 잔물결이 수면에서 사라지고 나서도 나노 차원에서는 여전히 존재한다는 것이 얄롬의 주장이다. 우리가 무의식중에 일으킨 잔물결이 몇 세대에 걸쳐 지속될 수도 있다는 것이다.

내 생각에 '파급'의 의의는 누구나 살아 있는 동안 영향력을 행사함으로써 존재의 영원성을 시도한다는 것이 아닌가 싶다. 물론 빌의 존재는 나와 가족 및 친구들에게 오랫동안 큰 영향을 끼쳤지만, 나아가 그가 가르친 사람들이나 그의 희곡을 연기한 배우와 관객, 그가 쓴 기사를 읽은 독자, 심지어 빌과 잠시 알고 지냈을 뿐이지만 여전히 그의 친절과 유머를 생생히 기억하는 사람들에게도 영향을 줄 터였다. 이처럼 우리 모두에게는 인간 관계와 삶의 방식을 통해 세상에 영원히 존재할 수 있는 가능성이 있다.

빌은 아이를 갖지는 못했지만 그 대신 아주 많은 것을 남겼다. 그가 연극계에 남긴 두 가지 유산, 즉 INK 연극제의 빌 캐시모어 신인상과 리릭 시어터의 빌 캐시모어 장학금은 '파급'의 구체적이고도 훌륭한 사례다. 빌을 실제로 만나보지 못한 청년 극작가와 배우와 연출가 들이 몇 세대에 걸쳐 그가 없었다면 불가능했을 경력과 작업과 영예, 그리고 새로운 창작의 기회를 누릴 테니까.

내게 있어 '파급'은 얄롬이 언급한 나노 차원이나 미묘함과는 거리가 멀었다. 아니, 그 정반대였다. 빌의 삶이라는 묵직한 바위에서 번져 나온 잔물결, 그의 존재가 내 삶에 던진 끝없는 반향은 여전히 파도처럼 서내했다. 가끔은 그 파도가 나를 다시 거친 바다로 휩쓸어 가지만, 얼마 전부터는 비교적 나의 작은 카누로 허우적대며 돌아오는 것이 한층 쉬워진 듯했다. 카누에 올라 제대로 파도를 타고 넘는 데 성공할 때도 있었고, 심지어 그런 파도타기를 즐기기도 했다. 빌의 이름을 딴 상과 장학금 덕분에 활기를 얻고 빌을 제대로 추모할 수 있다는 기쁨과 희망도 생긴 것이다. 더욱 중요한 것은 그런 업적을 통해 내 삶의 목적을 되찾았다는 사실이었다. 새로운 세대에 유익한 기회, 인생의 전환이 될 계기를 제공함으로써 빌의 죽음에서 의미 있는 결과를 이끌어낸 것이다.

아직 심리치료사로 복귀할 준비는 되지 않았지만 그래도 멘토이자 스폰서, 자선가가 될 만큼의 힘은 돌아온 듯했다. "삶의 이유를 아는 사람은 거의 모든 삶의 방식을 견뎌낼 수 있다"라고 했던 니체의 말을 생각해보면, 이제는 나의 '이유'를 찾은 셈이다.

이 상태가 결말은 아닐 것이다. 나는 그렇게 믿을 만큼 단순한 사람이 아니다. 좋은 의미로든 나쁜 의미로든 파도는 계속 내게로 몰아쳐 오고 있으며, 앞으로도 괴로움을 못 이겨 술잔에 빠져드는 날들이 무수히 찾아올 터였다. 하지만 무언가 바뀌고 있었다. 그전까지는 찾아볼 수 없었던 미묘한 희망과 열정과 목표 의식이 번득였다. 끊임없이 변화하는 비탄의 영역을 끝까지 탐색해보고 싶다는 욕구가 새삼 꿈틀거렸다. 비탄을 직접 느끼며 그 다양한 형태를 시험해보고, 그에 따라 나를 새롭게 적응시키고 싶다는 욕구가.

예전에 읽은 이야기 하나가 문득 떠오른다. 삶의 목적을 찾고 싶다며 얄롬을 찾아왔던 어느 내담자의 이야기였다. 80대 남성인 그는 사랑하는 아내의 죽음을 도저히 극복할 수 없었고 더 이상 살아갈 이유를 찾지 못해 심리치료를 받기 시작했다. 얄롬은 고통과 슬픔에 빠진 내담자에게 삶의 목적을 찾아주려고 몇 달이나 애를 썼으며, 결국 두 사람의 노력은 결실을 맺었다. 얄롬이 내담자에게 그가 아내보다 먼저 죽었다면 아내는 어떻게 반응했을 것인지 묻자, 내담자는 아주 끔찍했을 거라고, 많이 괴로워했을거라고 대답했다. 자신이 아내보다 오래 산 덕에 아내가 이처럼 깊은 비탄을 겪지 않았다는 사실을 깨닫자, 그는 마침내 자신의 고통에서 의미를 찾을 수 있었다. 아내를 사별의 고통에서 구했다는 사실이 그의 삶에 의미를 준 것이다.

나는 그러한 사고방식이 마음에 들었고, 나 역시 빌에 대해 비슷한 감정을 느낀다는 사실을 깨달았다. 내가 먼저 죽었다면 빌은 완전히 절망에 빠졌을 것이며, 나와 달리 심리치료 전문가 친구들에게 도움을 받지도 못했을 것이다. 내가 심리치료사 수련에서 배운 가장 중요한 점은 도움의 손길이 나타났을 때 기꺼이 "네, 도와주세요"라고 말하라는 것이었다. 그걸 배우지 않았더라면 나는 "아뇨, 괜찮아요"라고 말하도록 종용하는 내적 작동 모델로 회귀했을 터였다. 빌이 내가 겪었던 일들을 겪을 수도 있었다고, 더구나 늘 그랬듯 그 모든 일을 씩씩한 얼굴로 헤쳐나가려 애썼을 거라고 생각하니 너무 끔찍했다. 나도 모르는 사이 빌을 그런 끔찍한 상황에서 구했다는 생각은 정말로 큰 위로가 되었다.

실존주의는 매우 허무하게 보일 수도 있다. (아주 거칠고 단순하게 정리하자면) 신은 죽었고, 삶은 고통이며, 우리 모두 결국 죽으리라는 얘기니까. 그럼에도 나는 실존주의에 공감할 만한 진실이 있음을 느꼈고, 목표 의식을 찾는 데 있어서는 실제로 그랬다. 나는 지난 몇 달에 비해 훨씬 긍정적인 기분을 느꼈다. 내 슬픔이 의미 있고 유익한 것이며 나의 선택을 통해 이 혼란한 세상에 나름의 영향을 미칠 수 있음을 깨달았으니 말이다.

그리고 나의 선택은 빌이 남겨준 유산에 집중하는 것이다.

'더 브리지'에서 수행하는 동안 나는 줄곧 내가 잃어버린 것들을 생각하고 있었다. 이 역시 중요한 일인데, 우리가 상실한 것을 명확히 직면하지 않으면 상실을 받아들이고 타협에 이르는 일도 불가능하기 때문이다. 그리고 이제 나는 내가 얻은 것들을 인식할 수 있는 상태에 이르렀다. 당연한 (그럼에도 반드시 해두어야 할) 얘기지만, 빌을 되찾을 수만 있다면 이 모든 유산을 바로 포기할 수도 있으리라. 하지만 나는 마침내 빌이 돌아올 수 없다는 사실을 받아들였다. 내가 아무리 많은 것을 내놓고 악마와 긴 시간을 협상할 준비가 되어 있다 해도 그건 불가능한 일이었다. 이제는 내가 잃은 것보다도 가진 것, 지금까지 얻은 것에 집중할 수 있을 듯했다. 내 삶이라는 돌무더기를 찬찬히 뒤지며 그 안에 숨은 보석을 찾아보고 싶었다. 나의 상실을 귀중한 부가가치이자 폐허를 재건할 수단으로 재구성하고 싶었다. 내 친구 비키는 앞으로 긍정적인 면에 집중하겠다는 내 얘기를 듣고 이런 관점에 '2차적 아름다움'이라는 명칭을 붙였다. 그렇다. 빌이 내게 남겨준 2차적 아름다움은 수많은 것들로 이루어져 있다.

빌은 나에게 빌 캐시모어 신인상이라는 아이디어를 주었다. 그 덕에 내겐 집중할 수 있는 일거리와 목표 의식과 희망이 생겼다. 이 상은 나를 더 젊고 창의적인 세대와 새로운 세계에 연결시켜주었으며, 앞으로도 내 삶에 매우 강력하고 긍정적인 동력이 될 터였다.

빌이 남겨준 돈 덕분에 나는 한동안 심리치료사 일을 쉴 수 있었다. 혼란스럽고 내키지 않는 상태로 급히 직장에 복귀하는 대신 경제적 의무에서 자유로운 시간을 누리게 된 것이다. 빌은 내게 숨 돌릴 여유와 더불어 제대로 글을 쓸 기회도 주었다. 항상 즐겨왔지만 지금까지는 가끔 손대는 정도에 그쳤던 일이다. 그뿐 아니라 (비극적인 일이지만) 빌은 내게 글의 주제가 될 비탄도 안겨주었다. 어쩌면 이렇게 쓴 글을 통해 회복할 시간을 더 벌 수 있을지도 몰랐다. 출판사를 찾아주겠다는 에이전트가 생겼으니 말이다. 처음에는 정신을 놓지 않고 살아남으려고, 뒤죽박죽이 된 생각과 감정을 종이 위에 정리하고 유족으로서의 자아가 이 모든 걸 견뎌나가는 과정을 심리치료사로서의 자아가 도울 수 있게 하려고 쓰기 시작한 글이었다. 그런데 이것이 독자들에게도 도움을 줄 수 있다는 말을 듣자 더욱 큰 의미가 생겨났다. 또 다른 목표 의식이 탄생한 것이다.

솔직히 말하면 이 모든 게 빌의 죽음을 견뎌낼 수 있게 하려는 그의 계획이 아니었나 싶은 생각마저 든다.

빌을 통해 나는 조건 없는 사랑을 경험할 수 있었다. 무조건적인 사랑을 받은 경험과 그런 사랑을 받았다는 고마움 덕분에 한층 강인하고 유연하며 자부심 있는 사람이 되었다. 그리고 이모든 자질은 빌의 죽음과 함께 닥쳐온 트라우마를 견디는 데 큰 도움이 되었다. 내가 퀘이커 신도가 된 것도 빌 덕분이다. 그리하여 나는 더욱 깊고 구체적인 영성에 입문하였으며 지금까지 많은 지원과 위로를 얻고 있다.

나는 빌 덕분에 심리치료사가 되겠다는 생각을 할 수 있었고, 힘든 수련 과정 내내 그에게 격려와 도움을 받았다. 수련 과정에서 얻은 이론과 실제 지식을 통해 나의 경험을 인지적 차원에서 이해할 수 있었으며, 오랜 상담 경험을 통해 나 자신을 더욱 잘 파악하고 해로운 반응 습관을 인식하여 바꿔나갈 수 있었다. 가장 중요한 것은 수련 과정에서 노련한 심리치료사 친구들이라는 요긴한 뗏목을 얻을 수 있었다는 점이다. 갑자기 유족이 된 상황에서 이보다 더 좋은 친구들도 없으리라. 내가 이 모든 상황을 헤쳐나갈 수 있도록 모든 것이 얼마나 완벽하게 준비되어 있었는지 생각하면 살짝 으스스할 지경이다. 하지만 이걸로 끝이 아니다.

빌은 내게 자신의 가족도 남겨주었다. 내 친가족은 포기한 지 오래였기에, 빌이 죽었을 무렵 내가 가족이라고 느끼는 사람은 정말로 그 하나뿐이었다. 하지만 이제 나에겐 빌의 가족이 있다. 나는 빌의 동생과 누나와 조카, 그리고 그들의 아이들과 다정하고 유익하며 장기적인 관계를 새롭게 형성했다. 빌이 죽은 직후 그들은 내가 여전히 한 가족이라고 말하며 진심으로 나를 포용해주었고, 따라서 나 역시 그들을 사랑할 수밖에 없었다. 빌의 가족은 나를 어느 누구보다도 생생하게 빌과 연결해준다. 그들 역시 나만큼 빌을 그리워하기 때문이다. 희한하게도 빌의 죽음은 내 친가족과의 관계까지 개선시켜주었다. 나는 예전보다 엄마와 가까워졌고, 몇몇 사촌들과도 살가운 사이로 돌아갈 수 있었다.

게다가 빌은 내게 자신의 친구들도 남겨주었다. 결혼한 뒤로 나도 그들 대부분과 친해졌지만, 그럼에도 어쨌든 그들은 빌의 친구라고 생각해왔다. 그러나 빌의 가족이 그랬듯 친구들 또한 빌이 죽어도 내가 여전히 자기네 '일원'이라고, 앞으로도 쭉 내 곁에 있겠다고 다짐했다. 그들은 내 곁을 지켜주고 내게 전화하고 나를 친구로 받아들임으로써 빌을 추모했다. 빌이 죽기 전에는 나와 잘 모르는 사이였던 친구들조차도 말이다. 빌의 친구들은 나에게 꾸준히 염려와 사랑을 전했고, 나는 그들 속에서 새로운 가족과 놀랍도록 유익한 인간관계를 발견할 수 있었다.

사실 빌의 죽음을 통해 나는 가족이라는 관념을 완전히 새로

정의하게 되었다. 혈연은 결코 가족의 본질이 아니라는 것을 깨달았고, 내가 얼마나 놀라운 친구들을 두었는지 새삼 실감하기도 했다. 상상하기도 어려운 위기를 겪고 나니 이제는 그들과 그야말로 전우 같은 사이가 되었다. 나와 친구들의 우정은 더욱 깊고 탄탄해졌다. 우리는 함께 참호 속에서 버텨 살아남은 것이다.

나의 오래되고 든든한 벗들, 심리치료사 수련 과정에서 사귄 동료들, 빌의 가족과 친구들, 몇몇 친가족들과 친척들……. 이 모든 사람들이 내게 견고한 안전망이자 구명대가 되어주었다.

앞으로도 항상 지금처럼 느낄 수는 없으리라. 하지만 당장은 사람들에게서 발견한 놀라운 선의에, 폐허에서 솟아난 예기치 못한 기쁨의 새싹에 주목하고 싶다. 내 삶의 돌무더기에서 이런 보석을, 내 카누를 받쳐줄 튼튼한 목재를 찾아냈다는 사실이 기쁘고 감사할 따름이다. 이렇게 보면 나의 허술하고 불안정한 카누가 훨씬 더 견고하게 느껴지는 것 같기도 하다. 어쩌면 이 배는 카누가 아니라 대서양을 횡단할 수 있는 범선이며, 내 가족과 친구들의 모습을 한 노련한 승무원들을 태운 채 삶의 목표 의식이라는 더욱 구체적인 목적지를 향해 가고 있는지도 모른다.

두려움에 직면했을 때 감사하는 마음을 갖기는 쉽지 않다. 하지만 잠시라도 고마운 일들에 집중하는 시간을 가지면 한층 시야가 넓어져 비탄을 헤쳐나가는 데 도움이 된다는 사실이 이미 많은 연구 결과를 통해 증명되었다.

하지만 이 책을 읽고 있는 독자라면 '감사'라는 말만으로도

벽에 뭔가를 내던지고 책은 쓰레기통에 버리고 싶어지는 상태
일지도 모른다. 충분히 이해한다. 그래도 가능하면 좀 더 읽어
주시길. 모두가 **반드시** 돌무더기에서 보석을 찾아내거나 고마
워해야 한다는 것은 아니다. 더구나 지금 당장 그리해야 할 필
요도 없다.

　서로 모순되는 듯 보이는 두 가지 관념을 동시에 의식하기란
무척 어려운 일이다. 어떻게 해야 죽음에 분노하고 슬퍼하는 한
편 앞으로의 인생을 긍정하고 감사히 여길 수 있을까? 기존의
애도 이론들에 따르면 앞으로 '나아가기' 위해서는 사랑하는 이
를 가슴에 '묻을' 수 있어야 한다. 그러지 않으면 고인의 죽음을
'극복'(난 이 말이 정말 싫다)하지 못해 거기에 '고착'되어버린다는
것이다. 나는 직관적으로 이런 말들이 완전히 틀렸다고 느낀다.
솔직히 그런 게 가능한지도 잘 모르겠다. 나도 즐겁게 살고 싶
지만, 그렇다고 빌을 가슴에 묻기는 싫다. 그건 불가능한 일이다.
빌은 내가 극복해야 하는 질병 같은 것이 아니라 내 인생 최고의
선물이었다. 비탄은 고쳐서 없애야 할 것이 아니라 내가 보살피
며 함께 살아가야 하는 존재다. 내가 찾으려는 것은 치료약이 아
니라 빌 없는 새로운 삶에 적응할 방법이다.

　비탄을 통해 우리는 상반되는 두 가지 진실과 공존할 필요성
을 인식하게 된다. 이 모순은 우리를 미치게 할 수도 있고 자유
롭게 풀어줄 수도 있다. 우리가 미치거나 고착되지 않고 두 가
지 진실을 모두 누릴 수 있다면 어떨까? 사실은 두 진실이 모순

되는 게 아니라 오히려 상호 보완적이라면? 이중 과정 이론에 따르면 우리는 앞뒤를 모두 바라보아야 하며, 과거와 미래에 내재한 스트레스 요인을 인식하고 그 사이를 진동할 수 있어야 한다. 어쩌면 과거와 미래의 고통을 모두 인식하듯이 양쪽에 존재하는 즐거움도 인식할 수 있을지 모른다. 과거를 돌아보면 나는 슬퍼지지만, 빌이 가져다준 온갖 놀라운 추억들을 떠올리며 즐거워할 때도 있다. 그리고 미래를 내다보면 두렵고 불안한 만큼 앞으로 살아가야 할 날들에 대해서도 생각하게 된다. 빌이 내가 잘 살기를 바란다는 걸, 내가 잘 살아감으로써 그를 추모하고 그의 추억을 지킬 수 있다는 걸 알기 때문이다. 나는 기쁠 때마다 슬픔을 인식하고, 마찬가지로 슬퍼질 때마다 내게 남아 있는 기쁨을 인식한다. 나뿐만이 아니라 빌을 위해서다.

이 모든 것을 나는 직관적으로 느낀다. 나의 여정은 이제 앞으로 살아가야 할 모든 날을 빌과 함께해도 괜찮다는 생각에까지 이르렀다. 비교적 최근에 제기된 애도 이론도 이와 비슷한 결론을 내린다. 오랜 연구 끝에 다른 유족들도 나와 똑같이 느낀다는 사실이 밝혀진 것이다. 우리는 앞으로 '나아가'거나 고인을 '가슴에 묻을' 필요가 없다. 그들과 함께 살아가면 되는 것이다.

🝡

'지속적 유대 이론'은 1990년대에 데니스 클래스Dennis Klass,

필리스 실버먼Phyllis Silverman, 스티븐 닉먼Steven Nickman에 의해 제기되었다. 그들은 당시 지배적이던 이론, 즉 '새로운 애착 관계를 맺으려면 고인과의 유대를 끊어야 한다'는 애도 관념이 실제 상담 사례에서 나타난 결과와 어긋난다는 것을 깨달았다.

세 사람이 광범위한 면담 조사를 바탕으로 수립한 지속적 유대 이론에 따르면, 고인을 억지로 '떠나보내기'보다는 그와의 관계를 유지하는 것이 더욱 건강한 방식이다. 유족과 고인의 관계가 발전하고 진화해야 유족 스스로나 변화한 세계와의 관계도 발전할 수 있다는 것이다. 지속적 유대 이론에 따르면 관계의 유지는 건전하고 정상적인 것이며, 지속적 애착 또한 자연스럽고 인간적일 뿐 아니라 상실을 견뎌내기 위한 **필수적** 반응이다.

우리는 고인과의 관계를 끊어버리는 대신 조정하고 재구축하여 죽음 뒤에도 지속 가능한 유대를 형성할 수 있다. 앞으로의 삶에서도 고인과 함께하는 방식을 찾아낼 수 있다. 살아 있는 관계란 계속 변하기 마련이다. 우리가 함께 성장하고 변화해나가듯, 우리와 고인의 관계 또한 그럴 수 있다.

세 사람의 연구는 유족이 고인과의 관계를 유지하는 다양한 방식을 보여준다. 고인의 유품을 간직하고, 고인이 나오는 꿈을 꾸고, 고인에게 말을 걸고, 고인의 존재를 인식하고, 그들의 목소리를 듣는다. 심지어 고인이 자기를 지켜본다고 느끼거나 그들에게 영향을 받아 변화하기도 한다. 이 모두가 고인과의 소통을 지속하고 고인을 내면세계에 살아 있게 하는 방식이다. 또 다른 중요한 사실은 고인과의 관계가 그대로 멈춰 있는 것이 아니라 계속 진화한다는 것이다. 이는 부모를 잃은 아이들에 대한 연구에서 가장 명확히 드러난다. 아이들이 자라면서 나이에 따라 내면의 부모와 맺는 관계도 변화한다는 것이다.

이들의 연구에 따르면 그 어떤 유족 집단도 죽음을 받아들이고 앞으로 나아가는 것이 '해결책'이라고 여기지 않았다. 그들의 '해결책'은 고인과 함께한 시간을 앞으로 살아갈 세계의 일부로서 받아들이는 것이었다.

이 연구는 내가 직관적으로 느끼고 행동하는 바와도 맞아떨어진다. 나는 여전히 빌에게 말을 건다. 크게 소리 내어 말하기도 하고 머릿속으로만 말을 걸기도 한다. 나를 바라보며 지켜주는 빌의 존재를 느낄 수 있다. 빌은 내 행동이나 결정에도 영향을 미친다. 나는 빌이 내 생각에 동의해주길 바란다. 빌이 선택했을 방식으로 행동하려고, '빌을 닮아가려고' 노력한다. 매번 그에게 "당신이라면 이 상황에서 어떡할래?"라고 물어봐야 할 것만 같다. 빌의 친절과 관대함을 잊지 않으려고 노력한 덕에 나는 한층 너그럽고 다정다감한 사람이 될 수 있었다. 1970년대에 릴리 핀커스Lily Pincus가 수행한 연구는 내가 발견한 것과 비슷한 결과를 보여준다. 많은 유족이 고인의 장점을 내면화하려고 노력함으로써 새롭고 유연한 자의식을 형성하게 되었다는 것이다.

핀커스에 따르면 고인의 특성과 장점을 내면화하는 것은 고

착이 아니라 오히려 그들의 존재에 대한 의존성을 줄이는 방법
이다. 고인이 유족의 내면에 공존하게 되기 때문이다. 또한 이
같은 내적 대리자와의 대화는 고인이 정적 현상이 아니라 유족
의 외부 상황에 따라 부단히 변화하고 적응하는 존재임을 의미
한다. 실제로 유족에 관해 쓴 핀커스의 책 마지막 장에는 '적응
Adaptation'이라는 제목이 붙어 있다. 나는 이런 관념이 다른 애도
이론에서 제시되는 '수용acceptance' 단계보다 더 현실적이라고
생각한다.

　유족에게 적합하다고 여겨지는 행동이 아니라 그들의 실제
행동에 집중한다는 것은 기존의 선입견을 재검토해야 한다는
뜻이다. 앞에서 살펴보았듯 이중 과정 이론은 비탄을 해소하려
면 그 감정에 정면으로 맞서야 한다는 생각에 이의를 제기했다.
이번에는 지속적 유대 이론이 고인과의 유대를 끊고 고인을 가
슴에 묻어야 한다는 생각에 이의를 제기한 셈이다. 이 두 이론
의 공통점은 역동성이다. 두 이론 모두 움직임과 진동을 긍정한
다. 비탄은 끊임없이 변화하는 감정이며 우리를 계속 새로운 상
황, 기분, 국면과 협상하고 타협하게 만든다는 점을 인정한다.

　퀴블러 로스와 워든의 이론에도 동의하고 공감하는 지점이
많지만, 나는 이 새로운 이론들이 내가 느낀 현실을 훨씬 잘 반
영한다고 생각한다. 내가 이미 발견했듯이 유족이 느끼는 우울
과 죄책감과 혼란은 결코 단선적으로 진행되지 않는다. 이 모두
가 순서 없이 뒤죽박죽으로 겹쳐지며 지속되고, 그렇기 때문에

지속적 유대 이론을 수립한 학자들도 단계니 과업이니 하는 관념을 전부 폐기해버린 것이다.

이렇게 생각해보면 내가 왜 자꾸 바다를 표류하는 기분인지도 이해할 수 있다. 바다는 절대 잠잠해지는 법이 없으며, 바닷물을 끌어당기거나 밀어내는 달의 중력에 따라 계속 움직인다. 바다가 가장 잔잔한 날 가장 튼튼한 배를 탄다 해도 발아래는 항상 흔들리게 마련이다. 우리는 그때그때 다시 균형을 잡으며 새로운 무게중심을 찾아내야 한다. 자연이 멈추지 않듯 우리도, 우리가 맺는 관계도 멈추지 않는다.

초개인 심리학에 따르면 시각화는 의미를 찾아내는 데 유익한 방식이라고 한다. 그 점을 알게 되니 내 머릿속에 항상 떠오르는 바다의 이미지가 한층 설득력 있게 다가왔다. 그러던 중 지속적 유대 이론을 공부하면서, 남편이 갑작스럽게 사망한 아내의 심리치료 과정에 생생한 이미지가 흔히 활용된다는 사실을 알게 되었다. 이런 지식 앞에서 나 자신의 경험을 되돌아보니 문득 눈물이 솟구쳤다. 지속적 유대 이론 연구자들이 면담한 아내들의 이야기는 상당 부분 내가 느껴온 것과 겹쳐졌다. 정신적, 신체적, 감정적 고통. 죽은 남편의 장점에 대한 경탄과 그것을 자기에게로 옮겨 오고 싶다는 열망. 자신의 성격 변화에 대한 인식. 남편이 잘 있는지에 대한 염려. 남편도 자신을 염려한다는 강력한 직감. 이처럼 부부간에 느껴지는 염려가 결코 죽음으로 끝날 리 없다는 확신. 가장 중요한 것은 그들 모두가 남편의 존재를 느꼈다고 말했다는 점이다. 연구자들은 이런 이미지의 활용과 지속적인 존재감이 내면에 안정성을 부여한다고 추측했다. 이쯤에서 다시 한 번 애착 이론을 되새겨보면 또 하나의 평행선을 그릴 수 있다. 내면화된 안전 기지는 우리의 닻이 되어 상실이라는 끔찍한 현실 속에서도 살아갈 수 있게 해준다. 아내들이 말하는 변화의 경험은 우리의 자존감을 개선시킨다. 배우자를 잃은 사람은 흔히 부부간의 추억에 의지하여 삶의 방향과 원동력을 찾는다.

빌이 죽은 이후로 나는 계속 과거의 나를 잃었다는 상실감과 새로운 정체성의 필요를 느꼈고, 이런 감정 때문에 종종 절망에 빠졌다. 고통스러웠던 세인트루시아 여행길에 입국신고서를 받고 '기혼'과 '비혼' 중 어느 쪽에 표시해야 할지 몰라 혼란에 빠진 순간부터 내가 아직 심리치료사인지, 나를 '유족'이라고 소개해야 하는지, 내 삶의 목적은 무엇이며 내 가족은 누구인지 알 수 없었던 순간들. 더 이상 운동도 할 수 없어서 살찌고 늙어가는 거울 속의 저 사람, 사치스럽게 돈을 펑펑 써대며 쉬지 않고 집 안과 세간을 정리하는 저 사람은 누구인지 알아보지 못했던 순간들까지. 이 모두가 무너진 미래에서 새로운 정체성을 찾아보려는 몸부림의 일환이었다.

하지만 새로운 정체성을 받아들인다고 해서 반드시 기존의 정체성을 포기해야 하는 것은 아니다. 원래 갖고 있던 정체성을 덜어내는 것이 아니라 추가하고 확장시킬 수도 있다는 얘기다.

아마도 빌을 사랑하고 그에게 사랑받았던 자아를 버리기보다
는 구석에 잘 간직해두었다가 언제든 필요할 때 무대로 끌어내
는 편이 나을 것이다. 새로 합류한 두 자아에게도 이따금 특별
한 독백 장면을 내줄 수 있으리라. 둘 중 하나는 '유족으로서의
나'로, 혼란에 빠진 이 자아는 무척 감상적이며 아직도 무대 위
에서 불쑥 괴상한 짓을 한다. 한편 다른 하나는 '빌을 닮은 나'
라고 부를 수 있을 것이다. 내가 (심리치료 용어를 빌리자면) '투사
introject'한 빌의 면모들로 이루어진 자아, 한층 친절하고 사려 깊
으며 빌의 장점들을 닮아가려고 노력하는 자아 말이다.

6

＊

출항하다

＊

언제든 상태가 후퇴하여 압도적인 감정에

휩쓸릴 수 있음을 명심할 것.

여름이 다가온다. 나의 희망차고 긍정적인 자아는 이 사실을 또 하나의 눈부신 보석처럼 받아들인다. 빛나는 햇살과 당당하고 화사하게 피어나는 자연이 생명의 풍요로움을 과시하며 내 기분을 북돋운다. 하지만 전혀 다른 감정을 느끼는 또 다른 자아는 정반대의 메시지를 들고 무대에 올라가려 한다.

여름은 내가 가장 좋아하는 계절이지만, 이 계절의 경쾌함 때문인지 나는 다시금 예기치 못한 우울 삽화*에 빠졌다. 최근에는 기쁘고 감사한 순간도 많았다. 하지만 길어진 해와 환한 날씨는 가장 깊은 어둠이 지나갔다는 반가운 안도감만큼 예의 양가적 슬픔도 가져왔고, 내가 지금 마땅히 그래야 하는 만큼 행복하지는 않다는 사실을 잔인하게 환기시켰다. 정점에 다다른 여름 햇볕이 몇 주 전에 위안을 주었던 좋은 것들을 전부 지워버릴 듯 이글거렸다. 내가 생각할 수 있는 거라곤 돌무더기뿐이

---

* 기분장애에서 삽화는 증상이 지속되지 않고 일정 기간 나타났다가 호전되기를 반복하는 패턴을 의미한다.

었다. 내면세계와 바깥세상의 무시무시한 괴리가 느껴졌다.

춥고 어둡고 비 오는 날씨는 그나마 평소 기분과 잘 어울렸는데, 이제는 주변 세상이 온통 나를 적대시하는 것만 같았다. 나는 이렇게 고통스러운데 세상은 어쩌면 저토록 아름다운 걸까? 햇살조차 빌이 내 곁에 있었다면 이 모든 게 얼마나 더 즐거웠을지 적나라하게 비추어 보여주려는 듯했다. 평소에는 '빌이 지금 여기 있다면' 같은 생각을 피하려고 노력했지만, 혼자 산책하며 아이스크림을 먹는 것이 예전과 같을 리는 없었다. 원예용품 상점에 가는 것도, 정원을 손질하는 것도, 그저 "날씨가 정말 좋네"라고 말하는 것도 예전 같지 않았다. 친구들과 이런 일을 하는 건 아무래도 달랐다. 빌 없이는 그 무엇도 예전만큼 즐겁지 않았다. 하지만 이처럼 아름다운 풍경을 뒤로한 채 집에 돌아오는 건 더욱 괴로운 일이었다. 이 아름다운 저녁에 나는 왜 혼자 집 안에 앉아 있는 거지?

무엇보다 끔찍한 것은 내 쉰 살 생일이 다가온다는 사실이었다. 남편을 잃고 비참함과 두려움 속에 홀로 남기 전에도 딱히 기대되는 날은 아니었다. 쉰 살은 정말이지 끔찍한 나이다. 마흔만 되어도 아직 젊은 편이고 앞으로 살아갈 날이 많다고 자부할 수 있지만, 쉰이 되면 그야말로 명실상부한 중년임을 부정하기 어렵다. 이 충격을 완화하기 위해 빌과 나는 성대한 파티를 열기로 계획했었다. 가장 친하고 가까운 사람들과 집이 아닌 다른 곳에서 주말을 보내자고 말이다. 하지만 이젠 설사 축하할 기분이 난다 해도 (물론 그렇지 않았지만) 나만을 위해 성대한 파티를 여는 건 불가능하겠다는 생각이 들었다. 정말로 슬픈 일이었다. 정당한 슬픔이라기보다는 지질하고 한심한 슬픔이었지만 그래도 슬픈 건 마찬가지였다.

빌과 함께 살면서 자신감이 많이 늘긴 했어도, 내가 사람들이 주말 이틀을 포기할 만큼 매력적인 존재일 거라는 생각은 들지 않았다. 재미난 사람은 빌 쪽이었다. 사람들은 기꺼이 빌과 시간을 보내려고 했다. 빌과 함께 있으면 정말로 유쾌했으니까. 파티를 열 엄두를 낸다 해도, 날 위해 배꼽 빠지는 축하 연설을 해줄 빌은 거기 없을 터였다. 심지어 그날 아침 내 곁에서 함께 잠을 깰 사람도 없었다. 나는 텅 빈 침대에서 홀로 눈을 뜨고 빌어먹을 쉰 살이 되었음을 알아차릴 것이다. '쉰 살이라니! 퇴물 다 됐네.' 가장 고통스러운 건 이처럼 중요하지 않다 못해 사소하고 하찮은 일들이었다.

4월이야말로 가장 잔인한 달이었지만, 6월도 잔인함에 있어서는 뒤지지 않을만큼 눈부신 활약을 펼쳤다. 끔찍한 여름. 끔찍한 여름날의 영국인들. 무엇을 하든, 무엇을 보든, 지금까지 미처 인식하지도 못했던 상실감이 왈칵 몰려드는 듯했다. 백화점 안을 걷다 보니 바비큐 용품 매장을 지나치게 되었고, 문득 두 번 다시 바비큐 파티는 열지 못하겠구나 하는 생각이 들었다. 내가 여자라서가 아니라 (빌도 바비큐 실력은 형편없었다) 그냥 나 혼자 그런 행사를 열고 싶지 않아서였다. 여름휴가 계획을 짜는 사람들의 이야기 소리가 들려왔다. 내겐 아무 계획도 없었다. 여름이면 우리는 친구들과 집을 맞바꾸어 지내곤 했는데…… 또다시 우울한 생각에 빠져들었다. 이제는 집 맞바꾸기도 못 하겠구나. 혼자 사는 사람에게는 도무지 어울리지 않는 일이니까. 나 혼자 외국의 낯선 집에 가서 부스럭대며 돌아다닌다고? 그보다 더 끔찍한 휴가도 없을 것 같았다. 거의 모든 일이 이런 식으로 마음에 내키지 않았다. 빌 없이는 아무것도 의미 없었다. 날씨가 좋아봤자 무슨 소용이지?

이렇게 슬퍼하는 자아의 입을 막기 위해 비판적인 자아가 결연하게 나섰고, 내 앞에 완전히 다른 진실을 내던졌다. 남들은 혼자서 뭐든지 잘만 하던데. 그만 좀 징징거려. 그냥 살아가라고. 언제까지 그렇게 눈물 짜고 있을 거야?

자기 연민에 징징거리는 내 목소리를 듣기가 부끄러워졌다. 빌이 죽은 지 거의 여덟 달이 지났는데도 여전히 이 상태라는 사실이 민망했다. 한 걸음 나아가기 위해서는 한 걸음 물러서야 할 때도 있다는 건 잘 알지만, 도대체 얼마나 뒷걸음 쳐야 하는 걸까? 언제쯤 뒷걸음질을 멈출 수 있을까? 앞으로 나아간다는 게 가능하긴 할까? '시간이 치유해준다'는 상투적 문구 따위는 꺼지라지. 지금 나는 치유는 고사하고 악화 일로를 걷고 있을 뿐이니까. 악화는 이미 지긋지긋하게 겪었다고. 아주 진절머리가 나. 예전의 분노에 새삼 불이 붙었다. 나를 감싸주던 부정 상태라는 완충재도 바람이 빠져 납작해진 터라 현실이 더욱 끈덕지고 가차 없이 다가왔다. 빌이 세상에 없다는 건 이미 평범한 일이 되었고, 바로 그 사실이 가장 끔찍하게 느껴졌다. 마지막으로 빌을 본 뒤로 어마어마하게 긴 시간이 흐른 것 같았다. 결혼 생활 14년 동안 우리가 떨어져 있었던 기간을 다 모아도 그 시간의 일부에 불과할 터였다.

온몸이 저리도록, 꺼이꺼이 울고 싶도록 빌이 그리웠다. 다른 사람들은 빌을 잊었고 (적어도 내겐 그렇게 느껴졌다) 내가 여전히 괴로워한다는 사실도 잊은 듯했다. 내가 괜찮은 듯이 행동해서 정말 괜찮아진 줄 아는 모양이었다. 사실은 나의 비판적인 자아가 슬픔을 드러내는 걸 용납하지 않았을 뿐인데. 남들이 내 징징거림에 넌더리를 내는 게 아닐까, 끝없이 투정하는 나를 버리고 갈 핑계를 찾는 건 아닐까 하는 두려움 때문이었다. 그러다 보니 슬퍼하는 자아가 목소리를 낼 경로는 점점 더 줄어갔다. 그 자아가 밖에 나올 수 있는 것은 나 혼자 있을 때뿐이었고, 그나마도 항상 가능한 것은 아니었다. 비판적인 자아는 슬퍼하는 자아를 꼴도 보기 싫어서 최대한 가둬두려고 했다.

나는 또다시 폭풍우 치는 바다에 있었다. 최근 들어 바다가 한결 안전하게 느껴지는 건 사실이었다. 이제 내게는 커다랗고 멋진 요트와 사랑하는 친구들인 승무원, 그리고 자라나는 목표 의식이라는 원동력이 있었으니까. 하지만 지금 당장은 거대한 폭풍과 날뛰는 파도가 우리 앞을 가로막고 있었다. 이러다 바다 속으로 휩쓸려갈까 봐 두려웠다. 나는 몸을 돛대에 묶고 배가 침몰하기 전에 날씨가 나아지기만을 빌었다.

◊

지금쯤이면 독자 여러분도 내가 비탄의 개별성, 예측 불가능성, 무규칙성을 신봉한다는 걸 잘 알 것이다. 하지만 이젠 이런 원칙을 깨고 단 하나의 예외, 애도의 유일한 규칙을 언급하려고 한다. 좋은 원칙에는 예외가 존재하는 법이니까. 그 규칙이란 이것이다. 언제든 상태가 후퇴하여 압도적인 감정에 휩쓸릴 수 있음을 명심할 것.

몇 달, 몇 년이 지나고 우리의 삶이 아무리 즐겁고 단단해진다 해도, 언젠가는 반드시 무언가가 우리를 타격할 것이다. 그 계기가 분명한 것일 수도 있고 각자의 무의식만이 아는 무언가일 수도 있지만, 어쨌든 우리가 또다시 감정의 구렁텅이에 빠지게 되리라는 점만큼은 확실하다. 분노, 슬픔, 절망, 그 어떤 감정이든 돌아올 수 있으며 반드시 돌아온다. 유족에게 있어 단 한 가지 불변하는 것은 (고통을 제외하면) 상태가 후퇴할 수 있다는 사실뿐이다. 그것도 여러 번이나. 후퇴는 짧고 미약할 수도 있지만, 처음 있던 자리에서 한 발짝도 움직이지 못한 것처럼 느껴질 수도 있다.

이 책은 직선적으로 진행되며 또한 그럴 수밖에 없지만, 비탄은 그렇지 않다. 비탄은 나선을 그리며 계속 형태를 바꾼다. 1년

남짓한 애도의 여정을 추적한 이 책에서는 시간의 흐름을 지표로 삼는 것이 유용했다. 빌이 쓰러진 날 마찬가지로 떨어져 죽어가던 가을 낙엽들, 그 뒤에 이어진 엄청나게 끔찍하고 절망적인 겨울, 초기화된 삶의 시작이라 할 무언가와 함께 돌아왔던 봄의 새싹들. 짧게 스쳐 가는 순간들과 내가 살아남았다는 생각에서 기쁨을 느끼곤 하는 여름날까지.

하지만 현실은 그렇게 단순하지도 직선적이지도 않다. 나는 겨울 동안에도 유머와 도움의 손길을 받았고, 삶의 재건 과정과 평소 같으면 즐거웠을 '봄 대청소'의 흥청망청한 낭비 가운데서도 고통과 몰이해를 느꼈으며, 이제는 화사하고 푸른 여름 하늘을 보며 괴로워하고 있었다.

이 모든 시간 속에서 온갖 모순과 혼란과 후퇴가 끊임없이 소용돌이쳤다. 사실 뒷걸음쳐 물러난 상태를 암시하는 '후퇴'라는 말 자체도 마음에 들지 않는다. 실제로는 끊임없이 변화하며 (때로는 안 좋은 방향으로) 펼쳐지는 여정의 가장 최근 구간일 뿐인데 말이다. 차라리 '재발'이라는 말이 나을지 모른다. 아니면 단순히 '파도'라거나. 그런 상태는 비탄이라는 달이 차고 기욺에 따라 정말이지 파도처럼 꾸준히 몰아쳐 오니까. 어쩌면 우리도 그런 상태를 그저 파도처럼 덤덤히 받아들여야 하는 것이 아닐까. 그러다 보면 언젠가는 이 파도를 비탄과 맺어가는 부단한 관계의 긍정적인 한 요소로 여기는 것도 가능해지지 않을까.

어쩌면 지금 여러분은 이런 생각을 하는 것조차 몸서리쳐지는 비탄의 단계(혹은 파도) 속에 있을지 모른다. 그저 고통이 멈추기만 바랄 뿐 철학적 사고 따위는 불가능한 상태일지도 모른다. 그래도 괜찮다. 아니, 사실은 괜찮은 게 아니라 끔찍한 일이고 그런 생각을 단호히 거부한다 해도 안 될 건 없지만, 언젠가는 이런 생각이 여러분에게 도움이 될지도 모른다. '재발' 혹은 '파도'는 해저를 파헤쳐 소중한 고인의 파묻혀 있던 기억을 끄집어낸다. 그런 파도의 위력을 얕보지 말되, 파도를 억눌러야 할 존재라기보다 지속적 유대의 일환으로 재해석해보는 것은 어떨까. 그러한 시도조차 너무 버겁다면 그만두어도 괜찮다. 앞에서도 말했듯 자신에게 맞는 애도의 방식을 찾아야 하며, 그건 틀렸다는 남들의 말에는 귀 기울일 필요가 없다.

혼란을 구조화하여 깔끔하고 명확한 단계로 나누고자 하는 것은 인간의 천성이다. 하지만 그런 선형성 안에 순환 고리가 존재한다는 점을 잊어서는 안 된다. 마치 뱀과 사다리 게임*처럼 말이다. 자연만 보아도 그런 사실을 확인할 수 있다. 겨울에도 때로는 따스한 날이 있고 여름에도 가끔은 서늘한 날이 있지 않은가. 어떤 해는 여름 내내 기온이 낮아서 더위가 느껴지지 않는가 하면, 겨울이 너무 포근한 나머지 12월에 꽃이 피는 해도 있다. 비탄도 마찬가지다. 퀴블러 로스가 말한 애도의 단

---

* 주사위를 굴려서 나온 수만큼 전진하다가 뱀을 만나면 뱀을 따라 내려가고 사다리를 만나면 사다리를 타고 올라가는 보드게임.

계는 하나씩 혹은 한꺼번에, 순서 없이 아무 때나 불쑥 찾아올 수 있고 얼마든지 오래 지속될 수 있다. 워튼이 말한 애도의 과업 역시 하나씩 혹은 한꺼번에, 몇 차례고 거듭 수행되어야 할 것이다. 그리고 우리는 목록이나 저서의 형태로 깔끔하게 정리되지 않은 온갖 감정과 행동을 경험하게 될 것이다. 그것들은 익숙하거나 혹은 낯선 얼굴로, 아마도 여생 동안 반복해서 우리 앞에 나타날 것이다.

내가 계절의 비유뿐 아니라 바다의 비유로 계속 돌아가는 건 바로 그런 이유가 아닐까. 바다를 예측 가능한 존재로 여기는 사람은 아무도 없다. 바다에는 잔잔한 날도 있지만, 폭풍우 치는 날도 있다는 건 누구나 안다. 잔물결이 일거나, 유쾌하고 기분 좋은 파도가 칠 수도 있고, 장벽처럼 무시무시한 해일이 몰려올 수도 있다. 우리는 배에서 떨어지기도 하고 돛을 올린 채 즐겁게 나아가기도 한다. 그러나 다시금 폭풍이 몰아쳐 우리를 파도 속에 빠뜨리기도 하는 것이다. 우리는 힘차게 헤엄쳐 배로 돌아오거나, 지쳐서 익사하거나, 운이 좋다면 수면을 떠다니게 될 수도 있다. 가능성은 무한하다. 여러분도 분명 자기만의 비유나 은유를 찾아낼 수 있을 것이다. 나는 바다의 비유로 충분하니, 여러분에게 만족스러운 이미지를 직접 찾아보시길.

그러니까 다가오는 쉰 살 생일에 대한 이런저런 생각은 내가 배에서 떨어졌다는 의미였다. 큰일이야. 끔찍해. 다 젖었네. 짜증 나. 하지만 이번에도 나는 배 위로 돌아왔다. 가족과 친구들이 다시 방향타를 잡아주었고, 배의 흔들림은 수그러들었다. 모두 내가 쉰 살 생일을 혼자 보내서는 안 된다며 단호하게 나서주었다.

생일 직전 주말에는 대학 시절부터 친하게 지낸 몇몇 친구들이 나를 코츠월드*로 데려갔다. 우리는 그야말로 중년답게 먹고 마시고 수다를 떨며 보드게임과 크로켓을 하고 놀았다. 정말로 유쾌한 주말이었다.

생일 전날 밤에는 빌의 누나 제이니가 친구 피오나와 함께 나를 불러냈다. 우리는 전시를 보고 저녁도 먹었다. 두 사람이 그날 밤 내 집에서 자고 간 덕분에 다음 날에도 나는 정갈한 아침 식사와 말벗의 존재를 즐길 수 있었다. 점심은 학창 시절 친구인 에마와 함께했고, 저녁에는 빌의 가장 가깝고 오래된 친구들이 나를 초대해주었다. 우리는 또 한 번 차분하면서도 즐거운 저녁을 보냈다. 모두가 커다란 결핍감을 느끼지 않을 수 없었지만, 그럼에도 행복한 시간이었다. 다들 먹고 마시고 추억을 나누었다. 웃고 울기도 했다. 빌을 가장 아껴주었던 이 친구들과 한자리에 모이면 도저히 울지 않을 수가 없었다.

우리는 포옹과 키스를 나누며 작별 인사를 했다. 그리고 식당에서 나와 지하철을 타는 순간 등에 힘이 쭉 빠졌다. 어떻게 된 거지?

---

*   런던 근처의 전원 마을들로 이루어진 관광지.

아무 이유도 없이 등에 문제가 생겼다고는 생각할 수 없었다. 정말이지 전혀 잘못한 게 없었는데. 나는 똑바로 걸었고, 몸을 비틀거나 구부리거나 무리하게 뻗지도 않았다. 술에 취해 비틀거리지도 않았고, 하이힐도 신지 않았다. 그런데 갑자기 이상이 생긴 것이다. 나는 내 상상이라고, 그냥 쥐가 난 거라고 나를 타이르며 집으로 돌아가 침대에 누웠다. 그리고 한밤중에 다시 고통을 느끼며 잠에서 깨어났다. 아냐, 이건 실제 증상이야. 20대에 카약을 타다가 허리 디스크가 빠져나왔던 때랑 비슷한 느낌인데. 그때랑 아픈 곳도 똑같고 통증도 똑같아. 오늘은 카약이라고는 구경도 못 했지만.

접골사를 찾아가니 그때 그 부분이 다시 빠져나왔다고 했다. 몇 주 동안 물리치료를 받아야 했다. 아무리 생각해도 이건 내 감정 상태에 대한 신체 반응 같았다. 쉰 살 생일을 맞아 내 몸이 분명하게 선언한 것이다. 먹고 마시며 즐기는 시간이 아무리 좋았다 해도 내가 여전히 받아들이지 못한 것이 있다고. 그러니까 내가 쉰 살이 되었다는 것과 빌이 곁에 없다는 것, 내가 계획하고 기대했던 인생 제2막과는 전혀 다른 삶을 시작해야 한다는 것 말이다. 너무 무거운 짐을 짊어졌다는 부담감 때문에 요통이 생긴다고 해석하는 사람들도 있다는데, 어쩌면 나도 낯설고 달갑잖은 50대로 들어서는 이 기념비적인 시점에 빌이 없다는 사실을 감당하기 어렵다는 걸 인정해야 하는 게 아닐까.

하지만 정말 그럴까? 내가 그런 사실을, 아니면 다른 뭔가를 수용할 필요가 있는 걸까? '수용'이란 매우 미심쩍은 말이지만, 퀴블러 로스의 애도 이론 중 마지막 단계이기도 하다.

◆

가을이 되었고, 빌의 사망 1주기가 다가오고 있었다. 한 해를 무사히 넘긴 것이다. 이쯤에서 수용과 '마무리'에 관해 한마디 하며 이 책을 끝낼 수 있다면 얼마나 깔끔할까. 모든 단계를 무사히 통과해서 정말 기쁘다고, 다가오는 두 번째 해도 무사히 (아마도 좀 더 수월하게) 넘길 수 있으리라고 이야기할 수 있다면. 여러분도 짐작하겠지만, 나는 그런 깔끔한 마무리를 받아들일 수 없다. 비탄은 결코 끝나지 않는데 왜 이 책이 끝나야 한단 말인가? 아니, 물론 어떻게든 마무리를 지어야 한다는 건 안다. 하지만 아직은 끝낼 수 없다. 끝없이 변화하는 비탄의 본질을 좀 더 들여다보아야 한다.

퀴블러 로스의 이론에 따르면 '수용'은 우리의 목적지이자 마지막 5단계지만, 나로서는 그 단어 자체를 받아들이는 게 가능한지 잘 모르겠다. 일단 그것은 너무나 모호한 말이며, 사람에 따라 매우 다른 의미로 이해될 수 있다. 물론 무척 근사하게 들리는 해석도 있다. 우리에겐 지금 이 순간밖에 없으며 세상 만물은 변한다는 사실을 인정하고, 현재 상황과 그로 인한 슬픔 및 고통을 있는 그대로 수용하며, 할 수 있는 일과 할 수 없는 일을 받아들이라는 것이다. 반면 딱히 끌리지 않는 해석도 있다. 다 끝났으니 이제 그만 슬퍼하라고, 시각화니 메시지니 하는 멍청한 소리는 집어치우고 새로운 사람을 만나보라는 이야기 말이다. 맙소사, 정말 생각하기도 싫다. 나는 지속적 유대 이론과 직접적인 경험을 통해 그런 해석을 피할 수 있었지만, 많은 사람에게 '수용'이라는 말은 큰 오해를 일으킬 뿐만 아니라 과거에서 벗어나 달라져야 한다는 무거운 부담감을 느끼게 한다.

워든이 말한 애도의 네 번째이자 마지막 과업은 다음과 같다. '죽은 이와 지속적 관계를 수립하며 새로운 삶에 착수하기.' 이쪽이 한층 더 '수용'할 만하게 느껴진다. 새로운 삶을 받아들이는 동시에 고인과의 관계를 지속한다는 이야기는 지속적 유대라는 관념과도 맞닿아 있는 듯하다. 하지만 여기서도 '새로운'이라는 표현은 빼면 좋겠다. 이전의 삶도 충분히 새로운 삶의 일부로 포함될 수 있다는 점을 감안해서 말이다. 내가 발견한 새로운 자아들을 맞이해 기존의 자아들과 함께 살아가게 하는 것, 기존의 자아들을 교체하는 것이 아니라 새로운 자아들을 무대에 합류시키는 것이야말로 내가 납득할 수 있는 내 나름의 '수용' 방식인지도 모른다.

항상 그랬듯 나는 손쉬운 정의나 깔끔한 정리, 심지어 언어적 서술 자체에도 거부감을 느낀다. 이 문제에 대한 나의 복잡하고 본능적인 감정을 표현하기에 언어란 너무도 불충분한 수단이다. 따라서 이번에도 시각적 비유를 빌려보려 한다.

일본에는 긴츠키金継ぎ라는 전통예술이 있다. 긴츠키란 '금으로 수리하다'라는 의미로, 깨진 도자기를 금가루와 옻칠로 수선하는 기술을 가리킨다. 긴츠키의 요지는 도자기를 버리거나 깨진 부분을 숨기는 대신 오히려 가장 값진 재료인 금으로 상처를 강조하는 것이다. 이처럼 깨진 것을 수선하고 재건하는 과정이 흠집에 아름다움을 부여하고 상처를 가다듬어 고귀하게 만든다. 그리하여 깨진 도자기는 연약함과 강인함을 동시에 보여주는, 완전히 새로운 존재가 된다. 이는 새롭고 놀라운 예술, 원래의 도자기와 전혀 다르며 그 형태와 소재에 바탕을 두되 빛나는 상처를 당당하게 드러낸 작품이다. 긴츠키는 파편 더미에서 아름다움을 탄생시키며, 원래의 도자기를 단 한 조각도 빠짐없이 변신시켜 새로운 생명을 부여한다.

"그의 뼈에서 산호가 만들어졌도다." 셰익스피어는 이렇게 적었다.* 이 또한 죽음에서 아름다움이 나올 수 있다는 의미다. 애도의 과정이 창조성의 도가니로 해석될 수도 있을까? '변신'이 '수용'을 대신할 더욱 나은 명칭일 수 있을까? 죄책감 없는 희망의 표현이자, 빌의 영혼을 생생하게 간직하는 동시에 또 다른 내 모습을 찾아가는 방법이 될 수 있을까?

이처럼 긍정적인 생각들로 고무된 나는 한동안 좀처럼 하지 않던 일, 아직도 무척 어렵게 느껴지는 일을 과감히 시도해보았

---

*   〈템페스트〉 제1막 제2장.

다. 나의 미래를 생각해본 것이다. 내가 아직도 두 발을 차례로 내디디며 걸어갈 수 있을지 몰라서 줄곧 내리깔고 있던 눈을 들어 지평선을 내다보았을 때, 당연하게도 눈부신 햇살 몇 가닥이 보였다. 하늘의 갈라진 틈새로 빛이 스며들고 있었다. 하지만 서서히 모여들기 시작하는 먹구름도 보였다. 또다시 끔찍한 크리스마스가 다가오고 있었다.

크리스마스는 예전에도 늘 나를 불편하게 했다. 나는 가을부터 계속 크리스마스가 다가오는 걸 두려했다. 크리스마스마다 판치는 소비주의 때문이기도 했지만, 가족과의 갈등도 스트레스의 원인이었다. 빌을 만난 뒤로는 매년 크리스마스 무렵 휴가 여행을 떠났다. 그렇게 하니 크리스마스도 즐길 만했지만, 그건 아예 그날에 대해 생각하지 않아도 되어서였다. 그리고 우리가 아이를 가질 수 없다는 사실이 분명해지자 크리스마스는 더욱 고통스러운 날이 되었다. 어디로 떠나든 마찬가지였다. 아이라는 축복을 받은 다른 가족과 함께 보내는 크리스마스는 생각만 해도 고통스러웠고, 우리가 가질 수 없는 것을 더 잔인하게 상기시켜줄 뿐이었다. 그래서 우리는 더더욱 서로에게 단단히 매달리며 근사한 휴가 여행을 계획했다. 여행도 딱히 보상이 되는 건 아니었지만 집을 떠나 있으면 슬픔에서 좀 더 멀어질 수 있었고, 남들이 성대한 가족 모임 이야기를 늘어놓을 때 우리가 써낼 얘깃거리도 생겼으니까.

빌이 죽은 직후였던 지난해 크리스마스는 나를 거의 죽기 직

전까지 몰고 갔다. 그래서 이번 해에는 미리 넉넉히 시간을 잡고 먹구름으로부터 배를 돌려 잔잔한 바다를 찾아가기로 했다. 몇몇 장소들이 떠올랐다. 그중에는 무척 오래 전부터 내 관심을 끌었던 스리랑카의 요가 수행지도 있었다. 어쩌면 그곳이 나라는 깨진 도자기를 수선할 금가루가 되어주지 않을까?

7

＊

헤엄치다

＊

나는 새로운 모습의 나와 새로운 관계를 쌓아갈 것이다.

인생은 달라졌지만 그래도 행복할 수 있다.

'더 나아질' 수는 없겠지만, 달라진 삶 역시 괜찮을 수 있다.

울포타Ulpotha는 전기도 와이파이도 휴대전화도 쓸 수 없는 외딴 정글 마을이다. 이 작은 호숫가 마을에서는 스리랑카인 소규모 공동체가 직접 먹거리를 가꾸며, 똑같이 작은 마을들로 이루어진 주변 지역 주민들을 위해 작은 아유르베다Ayurveda* 클리닉을 운영한다. 울포타는 1년의 절반 동안 소수의 요가 수행자들을 받아 황무지에 지어진 작고 소박한 진흙 오두막 숙소를 제공한다. 오두막에 욕실 같은 건 딸려 있지 않다. 사실은 사면을 막는 벽조차 없다. 정글 땅바닥에 말린 진흙을 한 단 쌓고 모기장 달린 매트리스와 야자수 잎을 엮은 지붕, 네 개의 진흙 기둥을 올린 게 전부다. 몇몇 오두막에는 가슴 높이까지 벽이 세워져 있기도 하지만 나머지는 그마저도 없다. 어느 쪽이든 안으로 기어들거나 날아들고 싶어 하는 온갖 야생동물들에게 완전히 개방되어 있기는 마찬가지였다.

---

* 고대 힌두교에서 유래한 대체의학 체계로 현재까지도 인도, 네팔, 스리랑가 등에서 널리 활용된다. 개인과 환경, 정신과 신체의 균형을 중시한다.

　나는 오래전부터 울포타에 가보고 싶었지만 빌이 내키지 않아 했다. 거친 야영장이 그의 섬세한 취향에는 맞지 않았던 것이다. 지금 와서 생각해보니 빌이 거부했던 게 정말로 다행이다. 빌과 함께한 추억에 휩쓸릴까 봐 두려워할 필요가 없다는 뜻이니까. 이는 또한 내가 빌이 살아 있었더라면 하지 않았을 일들을 할 수 있다는 뜻이기도 했다. 다시 한 번 스키와 승마를 배우려고 결심한 것처럼 말이다. 물론 그것이 충분한 보상이 될 수는 없다. 남편이라는 존재와 휴가 여행을 양쪽에 두고 저울질한다는 건 말도 안 된다. 하지만 지금 같은 상황에서는 그런 여행도 나름대로 위안이 되며, 돌무더기 속에서 찾아낸 또 하나의 보물로서 내가 계속 수면에 떠 있는 데 도움을 주리라.

　나는 올겨울에도 비행기에 오르게 되었지만, 다행히 이번엔 실존적 위기를 가져올 입국신고서가 없었다. 비행기에서 내리고 나서는 차로 스리랑카의 깊은 시골로 들어갔다. 오랜 시간에 걸쳐 먼 거리를 통과하는 동안 내 마음은 초조하게 날뛰기 시작했다. 내가 무슨 짓을 벌인 거야? 지난해 세인트루시아에서는 정신을 놓지 않으려고 매일 친구들과 영상통화를 해야 했지. 이번엔 와이파이는 고사하고 전화도 못 쓸 테니 영상통화는 물론 문자메시지라는 안전망조차 없어. 지난해보다 상태가 훨씬 나아지긴 했지만, 그래도 정말 괜찮을까? 이곳에서 난 가라앉을까, 아니면 헤엄쳐 나갈 수 있을까?

　나는 햇볕에 바싹 마른 붉은 흙길을 따라 정글에 숨어 있는

벽 없는 오두막으로 갔다. 한눈에 봐도 정말이지 소박한 장소였다. 빌이 내 설득에 넘어가 여기 왔더라면 얼마나 경악했을지 생각하니 슬그머니 웃음이 나왔다. 아마 택시에서 내리지도 않고 곧장 돌아갔으리라. 하지만 이상하게도 나는 전혀 당황하지 않았다. 초조했던 마음이 가라앉고 평온과 만족이 느껴졌다. 나는 런던 교외에서 태어난 사람치곤 생각보다 훨씬 쉽게 정글 생활에 익숙해졌다.

저녁 식사 장소로 걸어가는데 눈앞의 호수 위로 거대한 보름달이 널따란 빛줄기를 뿌리고 있었다. 내 발밑에서 하늘까지 아름다운 은빛 길이 만들어졌다. 좋은 징조라는 확신이 들었다. 빌리가 내 앞길을 근사하게 밝혀주려는 것이다. 은빛 광선의 긴 츠키. 여기 온 것이 옳은 일이라는 확신이 들었다. 내가 있어야 할 곳에 왔다고 느껴졌다.

요가 강사는 와데 고트왈스라는 사람이었다. 그는 재치 있고 박식했으며, 까다롭지만 흥미롭고 도전해볼 만한 요가 동작들을 알려주었다. 와데가 내 마음에 든 이유 중에는 그의 말버릇도 있었다. "느낌이 올 때까지 움직이세요." 요가에 있어서 이는 훌륭한 강령일 뿐 아니라 (요가를 할 때 이상적인 자세는 도전한다는 느낌이 들 만큼 몸을 뻗되, 고통이 느껴질 정도로 무리하진 않는 것이다) 비탄과 타협하는 훌륭한 방식이기도 하다. 해리 상태에 빠져들지 않고 느낄 수 있는 상태를 유지할 만큼 아픔을 받아들일 것. 하지만 견디기 어렵다 싶을 때까지 무리하게 버티진 말 것. 의식적인 중단, 가족과 친구들의 도움, 반려동물, 운동, 음식 등 모든 자원을 활용해 극단적 상황으로부터 빠져나올 힘을 유지할 것. "느낌이 올 때까지 움직이세요." 그야말로 양극단을 대체할 수 있는 완벽한 주문이다. 모든 것이 정체 상태에 이를 만큼 지나치게 자신을 보호하려 들지 말되, 고통이 고문으로 변하는 지점까지 자신을 몰아붙이지도 말 것.

요가 수행자로서의 자아 되찾기, 날마다 호수에서 헤엄치기, 가벼운 등산, 자연 속에서의 수면. 이 모두가 오랫동안 잊고 있던 내 몸과의 연결감을 되돌려주었다. 그런 느낌이 기뻤지만, 그와 함께 반갑지 않은 다른 감정도 돌아왔음을 알 수 있었다. 슬픔 말이다. 요가 강습에 참여하면서도, 산에 올라서도, 잠자리에 누워서도, 내 속의 무거운 슬픔을 실감하며 요가 매트나 마사지 침대, 숲 바닥이나 베개에 눈물을 떨구지 않는 날이 없었다.

슬픔은 어느 날 저녁 요가 강습 시간에 더욱 심각하고 노골적으로 침입해 왔다. 우리는 호숫가 언덕에 올라가서 그곳 정상을 이루는 평평한 암반에 걸터앉았다. 해가 지평선 너머로 사라지는 동안 와데를 따라 기도문을 외우기 시작했다. 문득 새롭게 해방된 몸속으로 음악이 흘러드는 것 같더니 수문이 열린 듯 크게 울음이 터졌다. 눈물이 흐르자 예전의 익숙한 강박이 돌아왔다. 이 눈물은 멈추지 않을 거야. 난 빠져나오지 못하고 익사하겠지. 그와 함께 빌의 물리적 실재에 대한 강렬하고 육체적인 갈망, 그리고 따뜻한 품에 안기고 싶다는 욕구가 되살아났다. 다행히도 기도문을 외우는 소리가 울음소리를 거의 묻어주었고, 일그러져 콧물 범벅이 된 얼굴도 짙게 내려앉은 어둠에 숨겨졌다. 하지만 울포타의 관리자인 수지가 내 상태를 눈치채고 다가와 날 꼭 껴안아주자 새삼 티슈를 챙겨 올걸 그랬다는 생각이 들었다.

기도문 소리와 어둠에도 불구하고, 수지는 누군가와 연결되고 싶다는 내 마음을 느끼고 공명해준 것이다. 놀라울 만큼 단순하면서도 위안이 되는 일이었다. 나를 잘 알지도 못하는 사람이 내 슬픔을 감지하고 지극히 인간적인 연민의 차원에서 반응해주다니. 말이 아니라(말은 필요하지 않았다. 나를 슬프게 한 것 역시 말이 아닌, 음악과 주변 풍경이었다) 정확히 내게 필요했던 것, 바로 나의 고통을 알아주는 인간의 손길로 말이다. 수지는 자기가 매고 있던 아름다운 목도리 자락을 내밀며 코를 풀라고 말해주기까지 했지만, 나도 그걸 거절할 정신은 남아 있었다. 그건 우정의 차원에서 요청할 수 있는 범위를 넘어서는 일이었다. 수지의 도움으로 나는 마침내 눈물을 거두고 어두워진 언덕을 내려왔다. 울포타에서 항상 그랬듯이 횃불과 달빛에만 의지해서.

그렇다. 울포타는 내 마음에 드는 만큼 정말이지 너무나 감정적으로 고통스러운 장소였다. 신체적 해방, 자연과의 접촉, 마음 기는 데로 지내고 생각하고 느낄 수 있는 여유. 이 모두가 지금까지 내가 피해왔던 것들을 이끌어냈다. '더 브리지'에서 그랬던 것처럼, 내가 몇 겹의 감정을 풀어내든 항상 그 아래서 더욱 겹겹이 쌓인 감정이 따라 나오는 듯했다.

울포타에서 나는 많은 눈물을 흘렸다. 느리고 차분한 눈물이든, 격렬하고 숨 막히는 눈물이든 모두 내가 여지껏 파묻어두었던 장면을 소환해내는 것 같았다. 병원에서의 끔찍한 기억들. 빌이 죽은 직후 현실을 받아들이려고 애썼지만 도저히 혼자 있는 걸 견딜 수 없었던 시간들. 지난 몇 달 동안 비교적 잘 묻어두었던 그런 기억들이 다시 나를 맹렬히 공격했다. 하루는 호숫가에서 해먹에 누워 유유히 음악을 듣는데, 잊고 있던 병원에서의 기억 하나가 갑자기 생생히 나를 덮쳐 왔다. 장기기증 담당 간호사들 앞에서 무너졌다가 빌에게 정말로 최후의 인사를 하러 갔을 때, 어느 간호사가 날 위해 빌의 머리를 빗질하고 이를 닦아주고 있었다. 그 모습이 얼마나 충격적이었던지 숨이 턱 막히는 것 같았다. 나는 다시 그 자리로 돌아가 그 순간을 체험하고 있었다. 뱃속에서 커다란 흐느낌이 터져 나왔다. 내 해먹이 호수 맨 끄트머리에 있는 게 천만다행이었다.

하지만 몇 분 뒤 호숫가 건너편에서 사람들이 웃으며 뛰어다니는 소리가 들려왔고, 그러자 물 위에서는 소리가 아주 잘 전달된다는 불편한 진실이 떠올랐다. 맙소사, 느긋하게 휴가를 즐기러 온 사람들이 미안하게도 내 끔찍한 울음소리에 시달렸겠구나. 원숭이가 짝짓기를 하거나 싸우는 소리로 생각해준다면 좋겠는데. 나는 비탄이 일상생활에 얼마나 깊이 새겨져 있는지 새삼 실감했다. 그것은 분리해서 치워둘 수 있는 존재가 아니다. 내가 세상의 일부이듯 비탄 역시 나의 일부이며, 나는 고통에 목이 메여 절규하다가도 다음 순간 남들이 들었을까 봐 민망해할 수도 있다. 그런 전환은 눈 깜짝할 사이에 일어나지만, 절규와 민망함이라는 극단적 감정을 오가는 과정이 얼마나 진 빠지는 일인지 생각해보면 아득해진다. 내가 항상 지쳐 있는 것도 당연한 일이다.

크리스마스는 그럭저럭 무사히 넘길 수 있었다. 무덤덤하지만 편안한 하루였다.

새해 전날 새벽에는 빌이 죽는 꿈을 꾸다가 울면서 깨어났다. 이렇게 멋진 곳에서 멋진 사람들과 평화롭고 아늑하며 즐거운 시간을 보내는 와중에도 슬픔은 이렇게 불쑥 찾아들었다. 하지만 괜찮았다. 설사 고통스럽다 해도 나는 빌이 곁에 있어주길 바랐다. 행복한 순간에도 빌이 곁에 있다는 것을 기억해야 했다. 그때 문득 한 가지 사실이 떠올랐다. 그날은 "내 남편이 작년에 죽었어요"라고 말할 수 있는 마지막 날이었다.

사랑하는 이가 죽고 난 이듬해에 견뎌야 할 온갖 '처음'이 얼마나 고통스러운지는 다들 들어보았거나 예상할 수 있을 것이다. 처음으로 남편 없이 맞는 크리스마스, 남편의 생일, 내 생일, 결혼기념일, 휴가 여행, 사교 모임, 그리고 남편의 1주기. 내가 예상치 못했던 것은 '마지막'이었다. 빌이 너무 갑작스럽게 죽은 탓에 나는 모든 '마지막'을 알지 못하고 흘려보냈으며, 그 모두를 나중에 한층 고통스럽게 되새겨야 했다. 빌의 유골을 어머니 곁에 묻어주기 위해 그의 노팅엄 본가를 찾아간 것처럼 중요한 사건들부터, 빌이 사둔 마지막 샴푸를 다 써버린 것처럼 사소한 일들까지. 내게는 '마지막'이 '처음'만큼이나 끔찍하고 힘겨웠다. 하지만 그것도 이젠 다 끝났다고 생각했는데, 지금 와서 또 한 번 치명타를 얻어맞은 셈이었다.

내일부터 나는 "남편이 작년에 죽었어요"가 아니라 "남편이 죽은 지 1년이 넘었어요"라고 말하게 될 것이다. 그 말이 얼마나 내 삶에 가해진 충격을 축소시키는지, 빌과의 거리가 얼마나 멀어져버렸는지 생각하며 나는 울음을 터뜨렸다. 이렇듯 시간은 어느 정도 충격을 완화해주겠지만 한편으로 거듭 새로운 타격을 가해 오기도 하리라. 내가 빌을 마지막으로 본 순간과 현재 사이에 그렇게 긴 시간이 놓여 있다는 것이 싫다. 빌이 내 과거로 스러져가는 것이 싫다. 우리 둘 사이에 달력 한 권만큼의 부재가 생겨났다는 게 싫다. 나는 아직도 빌을 놓아줄 수 없다. 어찌어찌 빌의 부재에 익숙해졌다고 생각할 때마다 예기치 못했던 또 다른 아픔이 튀어나오는 데 지쳤다. 오늘은 고통스러운 하루가 될 것이다.

🌢

정말이지 길고 괴로운 하루였다. 저녁 요가 강습과 송년 의식

직전까지는. 와데는 우리더러 새해에 버리고 싶은 나쁜 습관들을 종이에 쭉 적어보라고 했다. 나는 처음엔 생각 없는 폭식과 텔레비전 중독(혹은 그 두 가지를 동시에 하는 것)처럼 뻔한 내용을 적었지만, 그 아래 '괜찮지 않은데 괜찮은 척하는 것'이라는 내용도 덧붙였다. 나 혼자 있을 때만이 아니라 누가 곁에 있을 때도 해당되는 얘기였다. 그렇게 덧붙인 이유는 이곳에서의 요가 강습과 마사지를 통해 지난해 느꼈던 '괜찮음'이라는 게 대부분 표피적인 것에 불과했음을 깨달았기 때문이다. 내가 잘해내고 있다는 다른 사람들의 기만에 나 역시 동참하고 있었을 뿐, 내 몸 구석구석에는 깊디깊은 고통이 묻혀 있었다. 관절과 근육, 신체 기관마다 새겨져 있던 고통이 이제야 풀려 나오려는 참이었다.

나는 태국식 장기 마사지를 받았다. 내장 기관에 작용한다는 그 마사지가 어찌나 아픈지 눈물이 펑펑 쏟아졌다. 눈물의 단어장에 따르면 '고통스럽지만 후련한 물리적 해소'에서 나오는 눈물이라고 할 수 있었다. 지난 며칠간의 움직임을 통해 나도 모르게 숨기고 있던 것이 드러났으니, 그건 바로 한 해 동안 노력해왔음에도 내 몸은 여전히 '버텨내려고' 긴장해 있다는 사실이었다. 몸속 깊은 곳은 여전히 상실의 충격과 공포로 얼어붙고 마비되고 정체된 상태였다. 나는 고통으로부터 나를 지키기 위해 굳어져 있었다. 내 신체는 기의 회복된 것처럼 보였지만, 사실 몇 걸음 나아간 수준에 불과했을 뿐이다.

이제는 숨을 곳이 없었다. 새해가 한층 더 벌려놓을 빌과 나의 거리(상징적으로 표현하자면)에 대한 생각이 좀처럼 머릿속을 떠나지 않았다. 지금 내가 행복하고 상쾌하며 울포타가 정말 마음에 든다는 긍정적인 생각들도 결국은 고통이었다. 그런 생각들은 내가 애초에 떠나고 싶지 않았던 이 여정을 얼마나 멀리까지 이어왔는지 드러내줄 뿐이었으니까. 물론 나도 이 여정을 즐기고 싶었으며 빌 역시 그러길 원하리라는 걸 알았다. 하지만 내가 실제로 이 시간을 즐기고 있다는 것은 기쁜 만큼 고통스러운 일이었다. 그것이야말로 빌과 나 (빌 없는 나) 사이의 점점 멀어져가는 거리를 분명히 보여주는 증거였다.

와데는 계속 송년 의식을 진행해나갔다. 우리는 차례차례 방 한가운데로 나가 버리고 싶은 습관들을 적은 종이를 태웠다. 내가 종이를 촛불에 갖다 댔을 때 정확히 어떤 표정이었는지는 모르겠지만, 무표정을 유지하지 못했던 것은 확실하다. 의식이 끝나자마자 수지와 이곳에서 사귄 또 다른 친구 조이가 다가와 날 껴안으며 내가 너무 슬퍼 보인다고 말했으니까. "네겐 친구들이 있잖아." 두 사람의 말에 나는 더 크게 울고 말았다. 나와 알고지낸 지 일주일밖에 안 되었는데도 너무나 사려 깊고 따스한 그들에게 감동해서였다.

머릿속에 또다시 바다의 이미지가 떠오른다. 빌이 죽은 직후부터 바다는 쭉 내 동반자였고, 그 끊임없는 변화의 기록을 통해 내가 정말로 얼마나 먼 바다를 건너왔는지 실감할 수 있었

다. 해일에 휩쓸려 익사할 것만 같던 초기에 나는 간신히 찾아
낸 조잡한 뱃짐에 매달린 채 내 삶을 재구축하려고 애썼다. 그
러다가 물이 새고 마구 흔들리는 카누를 찾아낼 수 있었고, 카
누는 충실한 친구들이라는 승무원과 새로운 목표 의식이라는
원동력을 통해 점점 더 크고 안정적인 배로 변해갔다. 하지만
그러는 동안에도 나는 여전히 배에서 떨어지거나 돛대에 몸을
묶어 간신히 위기를 면하곤 했으며, 그렇게 몇 달이 지나는 사
이 내 몸도 상응하는 변화를 겪었다. 그동안 나는 필사적으로
돛대에, 혹은 뱃전에 매달려 있었다. 바람과 파도에 맞서느라
온몸을 긴장시킨 채 의지와 근육의 힘만으로 내 연약한 배가 다
시 전복되는 걸 막으려고 애썼다.

　몇 달이나 그 자세로 굳어 있던 내 몸은 아예 풀어지는 법을
잊어버린 것 같았다. 이곳에서 한 요가, 수영, 등산, 마사지는 모
두 근육을 풀어주려는 시도, 이제 몸에게 그렇게 꽉 매달려 있
지 않아도 된다고 알려주려는 행위였다. 효과가 없지는 않았지
만, 그렇게 몸을 해방시키면서 더욱 많은 고통이 풀려나왔다.
오랫동안 긴장했던 몸에 쌓인 피로가 밖으로 드러난 것이다. 마
사지사가 풀어주려고 한 것은 바로 그 긴장, 나를 침몰시키려
도사리고 있던 다음번 파도의 끊임없는 도발이었다. 나는 울부
짖었다. 마사지사가 내 신장을, 간을, 비장을 찔러댈 때마다 비
탄과 마찬가지로 고통도 꼭 필요하다는 사실을 느낄 수 있었다.
밖으로 꺼내놓고 뭉친 곳을 주무르고 근육을 헤집어야 했다. 모

든 감정이 풀려날 때까지.

　감정이 요동쳤던 오늘 하루도 (그리고 이번 해도) 바비큐 파티와 함께 마지막을 향해 달려가고 있었다. 호숫가에 거대한 모닥불을 피우고, 스리랑카 록밴드와 서구인 DJ가 연주하는 음악에 맞춰 마을 사람들과 방문객들이 한데 어울려 춤판을 벌였다. 오늘이 '빌이 죽은 다음 해'의 마지막 날이라는 걸 생각할 때마다 눈물이 솟구쳤지만, 그럼에도 지금 내 모습이 지난해 마지막 날과 얼마나 달라졌는지 분명히 느낄 수 있었다. 새해를 눈앞에 둔 나의 태도가 지난해 이맘때와 얼마나 달라졌는지도. 그때는 도저히 올해를 살아서 넘기지 못할 것 같았는데, 나는 지금 여기서 웃고 춤추며 휴가를 즐기는 중이다. 그리고 어쨌든 되돌아보면 이번 해에도 즐거운 일을 많이 겪었다.

　나는 이제 고통도, 눈물도, 빌에 대한 그리움도 결코 사라지지 않으리라는 걸 안다. 그 감정들은 형태와 색채를 바꾸어가며 다른 모습으로 돌아올 것이다. 처음에 그랬듯이 충격적이고 기진맥진하도록 격렬한 감정은 아닐 수 있지만, 어쨌든 항상 마음 한구석에 도사리고 있을 것이다. 어떤 면에서는 시간이 지날수록 더 힘들어질 수도 있다. 그리움과 애절함은 점점 깊어지는 반면 빌의 실재성과 존재감은 희미해질 테니까. 빌의 목소리에 대한 기억도 흐려질 것이며, 기억 속 빌은 계속 중년의 모습인 반면 나는 늙어가리라. 하지만 나는 내 상황이 얼마나 힘겨운지만이 아니라 내가 얼마나 다른 사람이 되었는지도 느낄 수 있었다. 내 삶에 빌이 존재했기 때문에, 그리고 이제는 빌을 잃었기 때문에.

흥겨운 파티 한가운데서 나는 울포타의 아름다움과 특별함을 느꼈고, 우리가 정말로 하나가 되었음을 알아차렸다. 10개 국가에서 온 25세에서 75세까지의 사람들이 동서양이 어우러진 음악에 맞춰 빙빙 돌며 춤추고 있었다. 우리 모두 다섯 가지 요소를 동시에 누리고 있었다. 발아래로는 햇볕에 바싹 마른 흙이, 한쪽에는 호수의 물이, 다른 한쪽에는 모닥불의 열기가 있다. 우리 주위로는 따스한 공기가 흐르고, 눈을 들면 천상의 별들이 보인다.

이것이야말로 나의, 그리고 우리 모두의 여정이 순환적이면서도 개인적이라는 사실을 인식하는 최고의 방식이 아닐까. 자연과 완벽하게 조화된 이곳의 분위기는 인위적으로 만들어낼 수 없는, 길고 유기적인 진화 과정을 통해서만 형성되는 것이다. 자연과 좋은 사람들과 훌륭한 가치관을 한데 녹여낸 일련의 사건들을 통해서 말이다. 앞날의 가능성을 내다본 선구적인 땅주인들, 이곳에 사는 스리랑카인들, 편리함을 기꺼이 버리고 온 방문객들, 동식물과 비와 해, 더위가 모두 특정한 시간에 특정한 방식으로 어우러져야 했다. 빌과 나, 우리 가족과 친구들이 그토록 특별하고 유일한 관계를 이루기 위해 특정한 방식으로 맺어진 것처럼.

내가 느낀 그 모든 죄책감에도 불구하고 감히 말하자면, 나는

빌의 인생에서 최고의 14년을 그에게 주었다고 확신한다. 빌이
내 인생 최고의 14년을 주었듯이. 그리고 그 14년 동안 우리는
대부분의 사람들이 30년 넘는 시간 동안 겪었을 것보다 더 많은
모험을 함께했다. 빌은 내가 여생 동안 다 말하지 못할 만큼 많
은 것을 주었고, 죽고 나서도 여전히 가치를 매길 수 없을 귀한
것들을 주고 있다. 자기 인식, 더 넓은 세계, 내세에 대한 확신,
죽음에 대한 초연함, 너그러운 마음, 더욱 유연한 자세, 나에게
사랑과 지지와 힘을 주며 나 역시 확고히 헌신하고 죽는 날까
지 보살필 가족. 물결은 계속 번져나간다. 단지 빌의 이름을 딴
상뿐만이 아니라, 나와 마찬가지로 빌을 잃는 고통을 겪으면서
도 나를 떠받쳐주고 그 과정에서 영원히 변화한 사람들을 통해,
그리고 우리 사이의 관계를 통해서. 울포타의 길고 느린 진화처
럼, 우리가 공유한 경험 역시 사랑과 배려가 겹겹이 쌓여 이루
어진 것이다.

◆

　나는 계속 그런 걱정을 했다. 비탄이 결코 끝나지 않는 것이
라면 이 책을 어떻게 끝맺어야 할까? 시간적으로 본다면 한 해
의 마지막 날은 글을 마무리하기에 딱 좋은 시점이다. 게다가
나는 이처럼 멋진 곳에서 한 해를 돌아보며 내가 얼마나 변했는
지 실감하고 있다. 그러니 호숫가 모닥불을 빙빙 돌며 넋 나간

듯 춤추는 내 모습을 마지막으로 무대의 막을 내리려고 한다. 하지만 이것이 내 이야기의 결말임을 암시하는 실수를 저지르 지는 않을 것이다. 우리는 문제가 해결되기를, "이제 괜찮아"라 고 말할 수 있기를 바란다. 하지만 삶에서 대부분의 문제는 '해 결'할 수 없다. 우리는 그저 문제를 다룰 새로운 방법을 찾아낼 뿐이다.

여러분도 내 경험에 어느 정도는 공명했을 것이다. 내 경험 의 일부가 여러분의 경험과 겹쳐질지도 모른다. 하지만 한편으 로 우리의 경험은 무척 다를 수 있다. 여러분이 잃은 사람이 부 모나 자식, 형제자매, 친구라면 많은 것이 여러 면에서 다를 것 이다. 나처럼 배우자를 잃은 사람이더라도 상황이 더 복잡할 수 있다. 서로 많이 다투었거나, 둘 중 하나가 바람을 피웠거나, 이 혼을 고려했던 사이였을지도 모른다. 아니면 고인이 오랜 병환 끝에 사망했거나 자살했을 수도 있다.

이처럼 다양한 요인으로 인해 당신의 여정은 오직 자기만의 것이 되며 다양한 양상을 띤다. 여러분은 많은 면에서 나와 전 혀 다르게 행동했을 수 있다. 성적 방황을 겪었거나(배우자의 죽 음 후 흔히 일어나는 일이다. 자신이 아직 살아 있음을 확인하고 누리려는 욕 망 때문이다), 일에 매진하여 엄청난 양의 업무를 처리했거나, 산 을 정복했을(아니면 무엇이든 자기 나름의 성공을 거두었을) 수도 있다. 1년 내내 침대에 처박혀 있거나 무감각 상태에 이를 때까지 술 을 퍼마셨을지도 모른다. 어머니나 아버지를 잃은 자식들을 보살피는 데 전력을 쏟았을 수도 있다. 나는 남들보다 훨씬 오래 일을 쉴 수 있었다는 점에서 지극히 운이 좋은 경우다. 그런 사치를 누리지 못하거나 혹은 시간과 공간의 여유를 견딜 수 없는 사람들도 있다. 사별의 경험은 너무도 다양하며 그중에는 우리가 통제할 수 있는 것도, 그럴 수 없는 것도 있다.

　나의 가까운 친구를 포함해 많은 사람이 배우자를 잃은 후 비교적 쉽게 새로운 인연을 만났다. 다행이고 잘된 일이라고 생각한다. 그런 경험은 경이롭고 행복한 것이며 비탄을 견뎌내는 여정의 일부이기도 하다. 하지만 나의 여정에는 포함되지 않는다. 내가 그렇게 된다는 생각은 여전히 탐탁지 않게 느껴진다. 이런 생각이 앞으로도 쭉 이어질 수도, 그렇지 않을 수도 있으리라. 나는 여전히 한두 주 이상의 시간을 내다볼 수 없는 상태이므로 어떤 감정이 평생 지속될지 예상하는 것은 엄두도 나지 않는다. 현재로서는 어찌 되든 상관없다. 다만 다음 주까지 버티며 살아가고 싶을 뿐이다. 단기적 사고방식은 지금까지 내게 유용했고, 현재로서는 그것을 버릴 이유도 없다. 지금 당장 분명한 것은 내 이야기가 (적어도 지금까지는) 혼자서도 다양한 면에서 기쁨을 느끼며 새해를 맞는 나의 모습으로 끝나서 만족스럽다는 사실뿐이다.

　나는 비탄과 친구가 됨으로써 비탄을 견뎌낼 수 있었다. 이 순간 외롭고 두렵고 고통스러운 상태라면 그런 감정들을 이용해 자신을 더욱 잘 이해해보자. 자신이 무엇을 할 수 있는지, 얼마나 유연한 존재인지 깨닫게 될 것이다. 사랑과 보살핌은 핵가족 구조 바깥에도 존재하며 오래되었거나 새로운 친구들, 새로운 경험과 장소, 움직임과 탐험과 창조성, 무엇보다도 관계를 통해(다른 사람, 그리고 특히 자기 자신과의 연결에서) 찾아낼 수 있다는 것도 알게 되리라.

비탄은 숨길 수 없다. 비탄으로부터 도망칠 수는 있어도 숨는 것은 불가능하다. 아이를 잃은 뒤 다시 아이를 가졌거나 배우자를 잃고 새로운 연인을 만난 친구들도 이를 부인하진 않는다. 그들이 사랑하는 이와 얼마나 잘 지내든 간에, 상실의 고통은 여전히 그들이 새롭게 얻은 보물과 공존한다.

나의 해피엔드는 세상에 명확한 해피엔드란 존재하지 않음을 인식하는 것이다. 해피엔드를 포기하는 것 자체가 해방이자 기쁨이다. 또한 나의 해피엔드는 빌의 기억을 내 마음속에서만이 아니라 더 넓은 바깥세상에서도 지켜나가기 위해 내가 할 수 있는 일들 속에 있다. 일상에서 발견하는 작은 행복, 부질없어 보이는 삶도 아직 살아갈 가치가 있음을 일깨워주는 사소한 기쁨 속에 있다. 그와 더불어 나는 매일 찾아드는 고통을 받아들여야 한다. 어떤 장면을 목격하거나 말 한마디를 듣거나 특정한 장소를 지나치거나 냄새를 맡으며, 내가 잃은 소중하고 대체 불가능한 사람을 떠올리고 그를 향한 그리움을 절절히 느끼는 순간들을 마주해야 한다. 그 고통을 내가 그를 깊이 사랑했다는 인식으로서 달게 받아들이고, 그런 순간 또한 환희의 순간처럼 덧없으며 결국엔 지나가리라는 것을 깨달아야 할 것이다. 고대로부터 사람들은 "이 또한 지나가리라"라고 말해왔다. 그렇다, 모든 것이 지나간다. 고통도, 분노도, 공포도, 기쁨도, 빛과 즐거움도, 선한 사람과 악한 사람도 결국엔 저 하늘의 구름처럼 사라질 것이다. 세상에 영원한 것은 없다. 사람이든, 시간이든. 우리가 지닌 것은 지금 이 순간뿐이다. 동화 속 해피엔드는 존재하지 않으며 특히 타인에게서는 결코 찾을 수 없다. 설사 운이 좋아 또 다른 소울메이트를 만난다 해도, 그가 우리가 잃은 사람일 수는 없으며 고인에 대한 사랑과 그리움을 멈추게할 수도 없다.

　나는 새로운 모습의 나와 새로운 관계를 쌓아갈 것이다. 내 안의 다양한 자아들과 손을 맞잡고 그들의 목소리에 귀 기울이며 무대에 오르는 시간을 공평하게 나눠주려고 노력할 것이다. 이는 추상적인 형태의 빌과 새롭고 발전적인 관계를 맺는 일일 뿐 아니라 내 친구들과의 새로운 관계이기도 하다. 나는 가족만이 아니라 나 자신 또한 재정립했다. 아내가 아니라 유족으로서, 기혼자가 아니라 비혼자로서, 빌의 유산과 기억을 지키는 사람이자 나 자신의 자아와 창조성을 빚어낼 도가니로서. '더 나은 나'라고 말할 수는 없다. 모든 게 얼마나 좋아지든 간에 빌과 함께했던 시절보다 좋을 수는 없을 테니까. 하지만 아무리 우울해하고 몽상에 빠지고 세상에 분노하며 소리친다 해도 빌이 돌아오지는 않는다. 인생은 달라졌지만 그래도 행복할 수 있다. '더 나아질' 수는 없겠지만, 달라진 삶 역시 괜찮을 수 있다.

이 책에서 나는 깔끔한 정리와 분류, 딱 떨어지는 해석이나 요약을 최대한 피해왔다. 그러기엔 비탄이 너무도 혼란스럽고 개인적인 경험이기 때문이다. 하지만 이야기를 끝내려는 이 시점에서는 느슨하게나마 요약을 시도해보아야 할 것 같다.

사별 이후 내가 최초로 느낀 감정은 세상이 미쳐버린 건 아닐까, 나 역시 함께 미쳐버린 건 아닐까 하는 깊은 공포였다. 익숙한 체제와 신념 들로 이루어진 세상은 사라지고 불확실함과 혼란, 난장판만 남았으며 내가 잘 안다고 생각했던 언어도 더는 통하지 않게 되었다. 이 같은 공포 때문에 우리는 혼란을 통제할 새로운 방법, 불가해한 것을 해석할 수단을 간절히 찾아 나서게 된다. 해석을 찾는 길은 다양한 형태일 수 있으며 온갖 언어를 아우를 수 있다.

아마도 그렇기 때문에 많은 사람이 애도 이론에 매달리는 게 아닐까. 우리는 애도 이론에서 혼란을 이해할 수 있게 해줄 청사진이나 번역기를 찾아내려 한다. 앞서 살펴보았듯 애도 이론은 실제로 도움을 찾는 우리의 절규에 어느 정도 대답을 준다. 비탄을 통과할 경로를 알려주고, 장비도 없이 험준한 지형을 지나야 하는 우리를 알기 쉬운 언어로 이끌어주기도 한다. 애도 이론은 유익하며 여러모로 진실하고 보편적인 내용을 담고 있지만, 결국 규칙이 아니라 경로일 뿐이다. 선불교 스승들이 종종 말하듯 달을 가리키는 손가락과 달을 구분해야 한다. 또한 보편성이 나라는 개인의 의문에는 해답을 주지 못할 수도 있다.

내 제안은 다양한 심리치료 이론 중에서 자신의 경로, 혹은 본보기를 찾아보라는 것이다. 애도 이론을 넘어 더욱 광범위한 심리치료 유파를 둘러보는 것이 중요하다. 우리가 사별에 대처하는 방식은 세상 전반에 대응하는 방식과 분리될 수 없기 때문이다. 우리의 대응 방식은 기질과 서로 영향을 미치며 교차한다. 자신의 기질과 세상에 대응하는 방식을 조금이라도 알아둔다면 사별이 닥쳐왔을 때 어느 정도의 지지대와 회복력을 확보할 수 있을 것이다.

비탄은 실생활에서 분리해 치워둘 수 있는 것이 아니다. 비탄 자체가 실생활이다. 우리가 어쩌다 지금 같은 사람이 되었으며, 왜 이런 방식으로 대응하는지 이해할 필요가 있다. 비탄은 우리의 실체를 대문자로 적어 보여주기 때문이다. 지금까지의 생활 방식은 고착되거나 깨끗이 벗겨져 나갈 것이다. 사별은 우리를 취약하게 만들어 오래 묻어두었던 감정들을 끄집어내고 퇴행적인 행동에 의지하게 한다. 이런 감정과 행동이 표면에 드러나면 평소 그것들을 잘 막아내던 방어기제도 썰물처럼 밀려나간다. 우리는 오래전에 가둬두었다고 믿어온 기억들을 되새겨야 한다는 두려움에 두 배로 방어적인 자세를 취하게 된다. 하지만 장기적으로 볼 때 이런 전략은 악영향을 미칠 뿐이다.

자기 인식은 우리의 삶 전반에서도 매우 유용한 도구지만, 사별 과정에서는 더욱 그렇다. 심리치료를 통해 우리는 사별이 왜 그리 고통스러운 일인지 한층 객관적인 시점에서 살펴볼 수 있다. 사별과 심리치료 모두 다양한 언어로 표현될 수 있으며, 고통과 인과응보와 인간관계 등 (심리치료를 통해 탐색할 수 있고 사별 과정에서 직면할 수밖에 없는) 여러 요소를 탐색하는 다양한 방식을 제공한다. 사별의 여정이 모두에게 각각 다르다는 말은 누구나 자신에게 맞는 상실의 언어와 통역사를 찾아야 한다는 뜻이다. 따라서 자신이 가장 쉽게 대화할 수 있는 언어를 찾는 것이 중요하다.

심리치료는 하나의 통로이며, 우리의 대응 방식을 우리가 살아온 삶에 비추어 해석해줄 수 있는 전문가를 곁에 두고서 도움을 받는 일이다. 하지만 우리 모두에게는 하나 이상의 경로, 하나 이상의 통역기가 필요하다. 누구나 다양한 차원에서 다양한 언어로 비탄을 겪게 되며, 그 언어는 말로 표현할 수 있는 것이 아닐 수도 있다.

나를 삼키려던 혼란으로부터 어떻게 빠져나왔는지 되돌아보면, 그것은 결국 뇌의 인지 활동과 책으로의 도피 덕분이었다. 나는 심리 이론을 되짚어보고 위대한 사상가와 선구자 들이 오랜 시간에 걸쳐 어떻게 인간 본성을 설명해왔는지 학술 언어를 활용하여 살펴봤으며, 그중 상당 부분에 공감했다. 내가 직관적으로 느꼈던 것을 확인했고, 나 혼자서는 파악하기 어려웠던 내용이 명확히 서술되어 있는 것을 발견하기도 했다. 이론을 통해 나의 고착된 습관과 대응 방식, 방어기제, 내적 작동 모델을 살펴볼 수 있었고, 그다음엔 그것들이 아직 나에게 유용한지 혹은 무용해졌는지 확인할 수 있었다. 나는 실존주의 심리학자들의 말대로 새로운 삶의 목표를 찾았다. 애착 이론에서 서술된 바와 같이 내가 재정립한 가족에게서 탄탄한 안전 기지를 발견했다. 초개인 심리학자들의 연구를 따라 현세 너머에 더욱 신성한 세계가 존재한다는 생각에서 위로를 찾았다. 또한 신체 심리치료사들이 연구했듯 나와 내 몸을 다시 연결시켜주는 움직임과 명상에 새삼 몰두했다.

내 경험은 인지적인 것에 그치지 않았으며 결코 언어적인 것에 국한되지도 않았다. 내 경험을 말로 표현하기가 매우 어렵다고, 나의 상실감은 말 이외의 수단을 통해 가장 명확히 표출된다고 느낄 때가 있었다.

상실감은 몸의 통증과 저림과 피로와 버거움 등 온갖 낯선 감각들로 말을 걸어왔고, 따라서 나 역시 내 생각을 전할 신체 언어를 찾아야만 했다. 움직임, 침술, 요가, 두개 천골 요법*, 마사지 등 여러 가지로.

상실감은 꿈의 언어로 나에게 말을 걸었다. 나의 무의식은 의식이 고수하려는 것과 전혀 다른 이야기를 들려주었다.

상실감은 비유, 신화, 상징과 형상화되고 시각화된 언어로 유창하게 이야기했으며, 혼란스럽고 종잡을 수 없는 감정을 더욱 강렬하게 전달하는 이미지들로 나를 압도했다.

---

* 　두개골을 마사지해 뇌척수액의 흐름에 영향을 끼치는 도수 치료의 일종.

상실감은 종종 나로서는 이해하기 어렵거나 으스스한, 그럼에도 강력한 소통 수단이라고 느껴지는 영적인 언어들로 말을 걸었다.

상실감은 고대로부터의 의미화 방식인 이야기를 통해 나에게 말을 걸었다. 그리하여 나는 내 고통을 큰 소리로 표현해야 한다고, 어떻게든 창작력을 끌어모아 이 책을 써야 한다고 생각하게 되었다.

나는 이처럼 다양한 언어를 통해 내 상실의 이야기를 해석하고 전달하려 시도했다. 그리고 이제 여러분도 자신의 언어로 자신의 상실을 이야기하게 될 것이다.

◆

자정이 가까워온다. 모닥불과 열광적인 춤판 때문에 온몸이 뜨겁고 땀투성이다. 나는 몸을 식히려고 호수에 뛰어들어 달빛 속을 헤엄친다. 그러다 문득 내 바다 이미지의 종착지가 바로 이곳이라는 걸 깨닫는다. 이제 나는 내가 원해서 자발적으로 물에 뛰어들었으며, 물속에서도 아득한 두려움이 아니라 자신감과 행복을 느낀다. 능숙하게 몸을 움직여 헤엄치며 지금 이 순간을 즐기고, 물을 내 적수가 아닌 친구로 삼았음에 기뻐한다. 내가 힘차게 헤엄쳐 나아가는 동안 물은 내 몸에 맞서는 대신 온화하게 어우러진다. 하지만 나는 내가 결국 물의 지배

하에 있다는 걸 잊지 않는다. 물이 지닌 잠재적 파괴력을 잘 알
지만, 가끔은 내가 그 힘을 능숙하게 통제할 수 있다는 것도 안
다. 그리하여 자연과 하나 됨을 느끼는 이 순간, 나는 물을 이
용하여 근육을 다지고 체온을 식히며 마음을 차분히 가라앉힐
수 있다. 내가 항로를 벗어나 연꽃 줄기에 얽히는 순간도 있을
것이다. 누군가의 카누가 지나가며 일으킨 물살에 항로를 재조
정해야 할 때도 있을 것이다. 하지만 내가 두려워하지 않고 파
도를 탈 수 있다는 것, 계속 물에 떠 있을 수 있다는 것, 지칠
때면 언제든 기어오를 수 있는 배가 나를 기다리고 있다는 것
은 확실하다.

　여정은 끝나지 않았지만, 주위의 풍경과 분위기는 변화했다.
빌에 대한 나의 사랑이 변화했듯이. 우리의 관계가 함께한 시간
내내 (빌과 처음 만났던 날부터 만난 지 5년, 10년, 14년이 지나고 빌이 죽은
지금까지도) 변화하고 성장했듯이. 사랑은 결코 흔들리지 않는다.
조정될 뿐이다. 모든 인간이 그렇듯 우리 역시 변화하고 성장하
기에, 내가 변화함에 따라 빌에 대한 내 사랑도 계속 변화할 것이
다. 나는 계속 똑같은 사람일 수 없으며 그러고 싶지도 않다.
내 사랑은 약해지지 않되 다만 나의 상황에 맞추어 변화할 것이
다. 빌도 분명 내가 지금의 모습에 가장 잘 맞는 방식으로 변화
하여 잘 살아가기를 원하리라. 빌은 항상 내가 행복하기를 바랐
고 평생 날 행복하게 해주려고 애썼으니까. 내가 행복해지려고
노력할 수 있는 건 빌 덕분이다. 그러지 못한다면 그를 배신하

는 일일 것이다. 빌이 나를 응원하고 있다는 걸, 이 여정의 다음 단계가 어디로 이어지든 나와 같이 가리라는 걸 안다. 나는 빌을 남겨두고 떠나는 것이 아니다. 그는 이제 나의 일부가 되어 함께하며 내게 영감과 용기, 힘, 창작력, 친절함을 준다. 빌이 살아 있었을 때뿐 아니라 죽은 뒤에도 그를 알고 사랑하기에 나는 더 나은 사람으로 죽을 수 있으리라.

호숫가에서 새해맞이 카운트다운 소리가 들려온다. 나는 수면에 등을 대고 눕는다. 물이 몸을 가볍게 떠받쳐준다. 위를 올려다보니 호숫가를 따라 폭죽이 터지며 밤하늘을 밝힌다. 이제야 이 책을 어떻게 끝내야 할지 알 것 같다. 내가 빌의 장례식에서 읽었던 추도사를 되새겨본다.

내 마음은 부서졌지만, 나는 부서지지 않았습니다. 이렇게 말할 수 있는 것은 모두 빌 덕분입니다. 나는 빌을 처음 만났을 때보다 훨씬 강해졌으니까요. 그리고 그건 내가 만난 가장 너그러운 사람으로부터 14년 동안 조건 없는 사랑을 받은 덕분입니다. 빌, 당신과 결혼한 건 지금껏 내가 한 일 중 최고였어.

빌이 말해주던 익숙한 격려의 문구가 다시금 귓가에 울리고, 나는 새해에도 내가 잃은 행복을 떠올릴 때마다 여전히 고통의 파도가 밀려오리라는 걸 깨닫는다. 하지만 바다에 밀물과 썰물이 있듯, 내가 아직 발견하지 못한 새로운 행복의 파도가 밀려오리라는 것도 안다. 기쁠 때든 슬플 때든 내 곁에는 항상 빌이 있을 것이다. 그는 여전히 나의 안전한 배이며, 내 앞에 펼쳐진 미지의 바다를 탐험하러 나설 때 나와 함께 항해할 것이다.

감사의 말

놀랍도록 친절하고 사랑 넘치며 든든한 내 친구들이 없었더라면 나는 이 책을 쓰기는커녕 지난 한 해를 견뎌내지도 못했을 것이다. 나와 마찬가지로 빌과의 이별을 견디는 와중에도 나를 도우러 달려와주었던 사람들에게 끝없는 감사를 드린다. 다음의 특별한 사람들에게 마음 깊은 곳에서 우러나오는 사랑과 고마움을 전하고 싶다.

엘리 베이츠, 크리스 빌턴, 돌리 클루, 줄리아 쿡, 케이티 디아스, 리비 데이비스, 브루 도허티, 제스 포크스, 세라 필딩, 샌드라 길레스피, 조너선 고프, 탬신 그레이그, 루이즈 후퍼, 타냐 허드슨, 사이먼 말로, 팀 말로, 데이비드 머리, 클로디아 넬라. 마리아나 패너이즈, 앤디 파우리, 셰리 라이더, 잉게 새뮤얼스, 니콜 스콧, 피터 스위지, 마이크 심스, 제퍼 월드먼, 폴리 우드퍼드, 애냐 울리엄스, 케리 라이트, 그리고 찰턴, 로, 캐시모어 가족과 해머스미스 퀘이커 신도 모임의 여러분.

무명작가를 믿어준 나의 뛰어난 에이전트 제인 그레이엄 모, 출판인 리즈 고프, 담당 편집자 재키 루이스에게도 감사드린다.

무엇보다도, 내 평생 최고의 14년을 선사해준 빌 캐시모어에게 감사를 전한다. 빌이 떠난 후에도 내가 계속 살아갈 수 있었던 것은 그가 불어넣어준 용기와 확신 덕분이었다.

옮긴이의 말

《상실의 언어》는 남편의 돌연한 죽음이라는 개인적 경험과 심리학적 전문 지식, 혹은 '유족으로서의 나'와 '치료사로서의 나'를 오가는 이중 구조의 회고록이다. 저자는 하루아침에 배우자를 잃고 느끼는 절망과 혼란, 분노를 솔직하게 묘사하는 한편 프로이트, 엘리자베스 퀴블러 로스, 윌리엄 워든, 존 볼비, 스트뢰브와 슈트, 릴리 핀커스 등 고전에서 현대에 이르기까지 다양한 심리 이론을 통해 그런 감정들을 분석한다. 또한 여행, 단기 집중치료, 신앙, 명상, 요가, 마사지 등 다양한 방식의 치유 활동을 시도한다.

마흔아홉 살의 크리스마스에서 쉰 살의 새해 전야까지 1년간의 애도 과정을 겪고 저자가 깨달은 것은, 상실의 경험은 누구에게나 다르지만 이론적 지식이 어느 정도는 위로가 된다는 것이다. 기존의 애도 이론들을 배우고 거기에 공감하면서 자신은 혼자가 아니라는 것을 인식할 수 있어서다. 그러나 단 하나의 결정적인 이론은 존재하시 않으며, 다양한 이론을 알아두면 의지할 수 있는 선택지도 더 많아진다. 예를 들어 우리에게도 익숙한 퀴블러 로스의 '애도 5단계' 이론은 널리 공감을 사지만 그것이 모든 사람의 애도 경험에 적용되진 않는다. 저자는 나아가 애도의 '단계'라는 관념에 이의를 제기한다. 사랑하는 이의 죽음 앞에 닥쳐오는 온갖 강렬한 감정들이 딱 떨어지게 마무리되고 '다음 단계로 넘어가는' 시기란 없기 때문이다.

저자는 배우자의 죽음 이후 1년을 표류와 항해의 이미지로 표현한다. 결혼 생활이라는 든든한 배가 파열되고 폭풍우 치는 바다 한가운데를 떠돌다 자신의 의지로 헤엄칠 수 있게 되고, 나아가 작은 뗏목이나마 만들 수 있게 되는 여정의 끝에 저자가 얻은 결론은 이렇다.

> 나의 해피엔드는 세상에 명확한 해피엔드란 존재하지 않음을 인식하는 것이다. (…) 나의 해피엔드는 빌의 기억을 내 마음속에서만이 아니라 더 넓은 바깥세상에서도 지켜나가기 위해 내가 할 수 있는 일들 속에 있다. 일상에서 발견하는 작은 행복, 부질없어 보이는 삶도 아직 살아갈 가치가 있음을 일깨워주는 사소한 기쁨 속에 있다. (…) 인생은 달라졌지만 그래도 행복할 수 있다. '더 나아질' 수는 없겠지만, 달라진 삶 역시 괜찮을 수 있다.

나는 (아직까지는) 사랑하는 이의 죽음뿐만 아니라 우울증도 겪은 적이 없다. 이런 내가 저자의 심정을 제대로 전달할 수 있을까 걱정도 되었지만, 이 책의 문장을 하나하나 곱씹으며 모국어로 옮기는 동안, 결코 그의 경험을 온전히 공유했다고는 말 못한다 해도 그의 곁을 묵묵히 지켜준 여러 친구들 중 하나 정도는 된 기분이었다.

그럴 수 있었던 것은 무엇보다도 저자의 솔직하고 유려한 문장 덕분이었다. 하루아침에 닥쳐온 남편의 죽음, 그리고 잔인할 정도로 질질 끌었던 작별의 과정을 묘사한 초반부는 읽는 사람도 숨이 턱 막혀 올 만큼 생생하고 통절하다. 조식 뷔페에서의 에피소드 등 소소하고 구체적인 상황들을 통해 전해지는 유족의 심정은 나도 모르게 내가 사랑하는 이를 잃는다면 저 상황에서 어떨지 생각해보게 만든다. 때로는 지질하고 이기적인 속마음, 자신의 중산층적 한계에 대한 자조조차 '뼛속까지 내려가서 쓰는' 저자의 자세 앞에서, 그의 주장과 실행에 일일이 수긍하지는 못할지언정 (예를 들어 초개인 심리치료 같은 것) 그 용기에 마음이 움직이지 않기란 어렵다.

내가 한 사람의 죽음을 이렇게 오래 애도해도 될까? 이렇게 많이 슬퍼해도 괜찮을까? 자책감을 느끼게 되는 가혹하고 고단한 현실 속에서, 이 책이 많은 유족들에게 가닿았으면 좋겠다. 그들이 이 책을 통해 마음껏 슬퍼하고, 그리워하고, 떠나간 이와 '공생하는' 새로운 삶을 그려볼 수 있기를. 하다못해 이 책을 펼친 동안이라도 저자의 여정에 동반하면서 위안을 얻기를 바란다.

옮긴이 신소희

서울대학교 국어국문학과를 졸업하고 출판 편집자 및 번역가로 일해왔다.《야생의 위로》,《내가 왜 계속 살아야 합니까》,《여자 사전》,《피너츠 완전판》,《개와 고양이를 키웁니다》등을 번역했다.

상실의 언어

첫판 1쇄 펴낸날 2021년 6월 25일

지은이 사샤 베이츠
옮긴이 신소희
발행인 김혜경
편집인 김수진
책임편집 임지원
편집기획 김교석 조한나 이지은 유승연
디자인 한승연 성윤정
경영지원국 안정숙
마케팅 문창운 박소현
회계 임옥희 양여진 김주연

펴낸곳 (주)도서출판 푸른숲
출판등록 2003년 12월 17일 제406-2003-000032호
주소 경기도 파주시 심학산로 10 3층, 우편번호 10881
전화 031)955-1400(마케팅부), 031)955-1410(편집부)
팩스 031)955-1406(마케팅부), 031)955-1424(편집부)
홈페이지 www.prunsoop.co.kr
페이스북 www.facebook.com/simsimpress **인스타그램** @simsimbooks

ISBN 979-11-5675-880-8(03180)

심심은 (주)도서출판 푸른숲의 인문·심리 브랜드입니다.